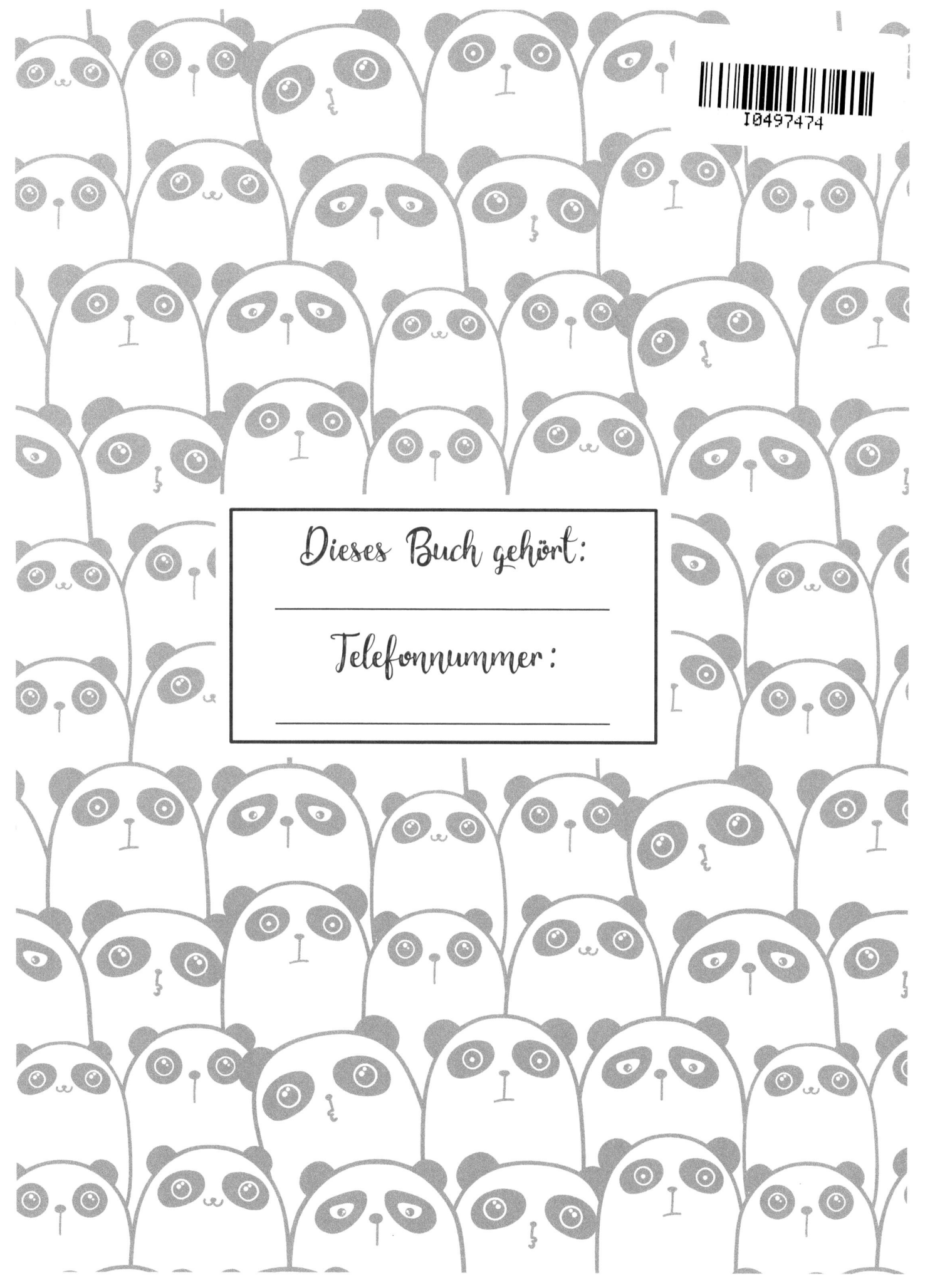

Eine kleine Vorschau:

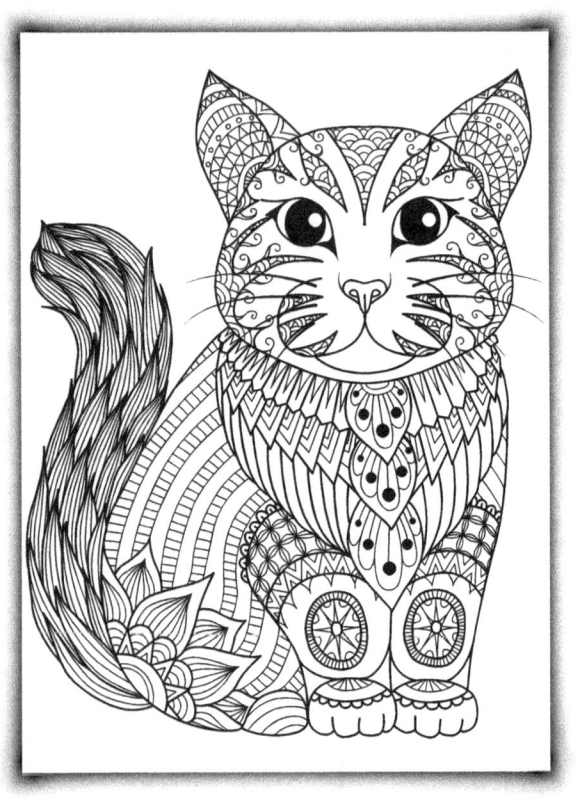
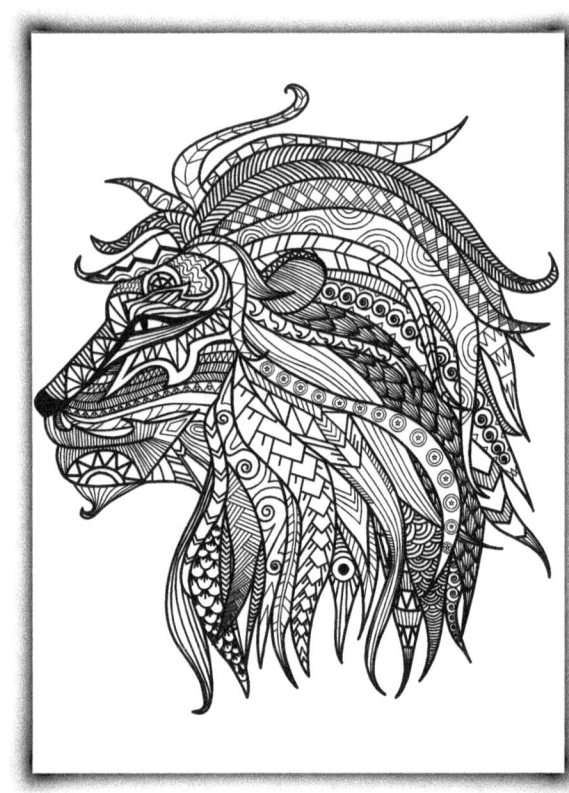
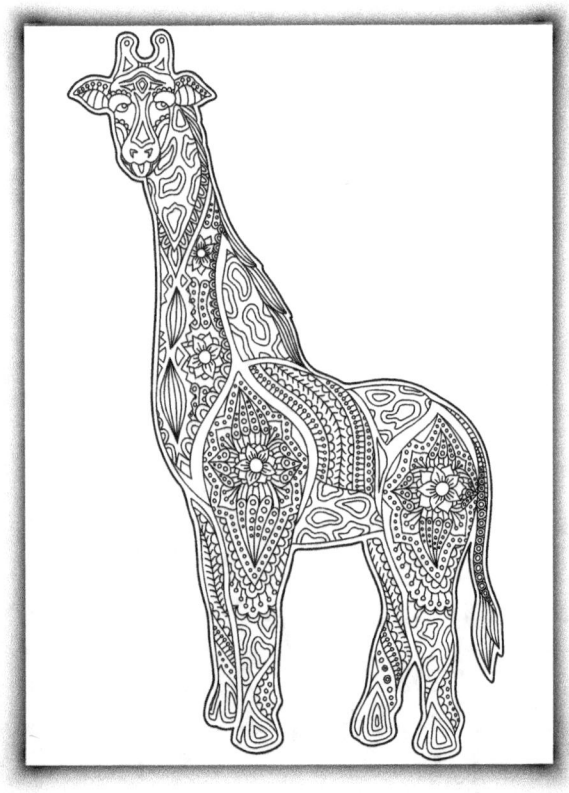
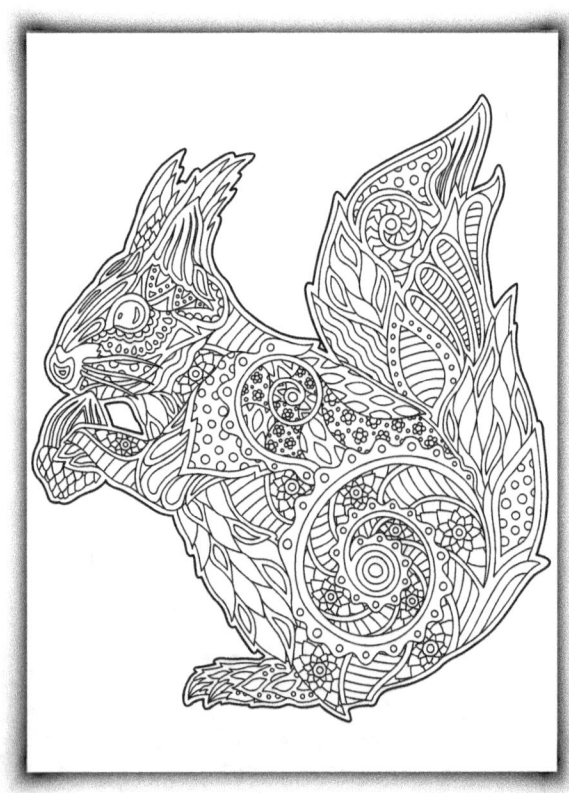

WARNUNG

Manche Stifte färben durch das Papier durch und verfärben somit die Zeichnungen auf der darunter liegenden Seite.

Bitte legen Sie ein Blatt Papier unter die Seite, die Sie gerade färben um Verfärbungen und Frustration zu vermeiden!

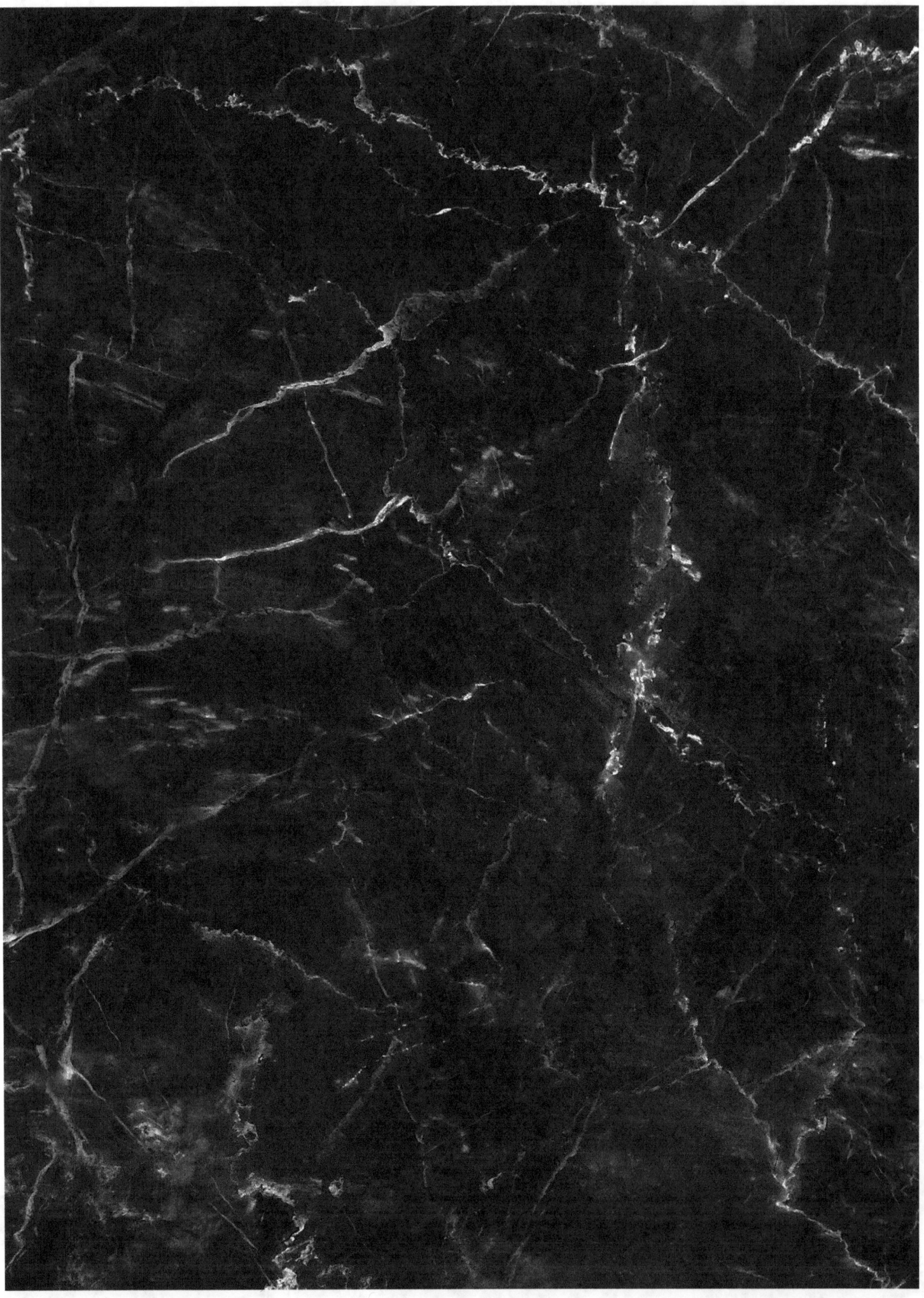

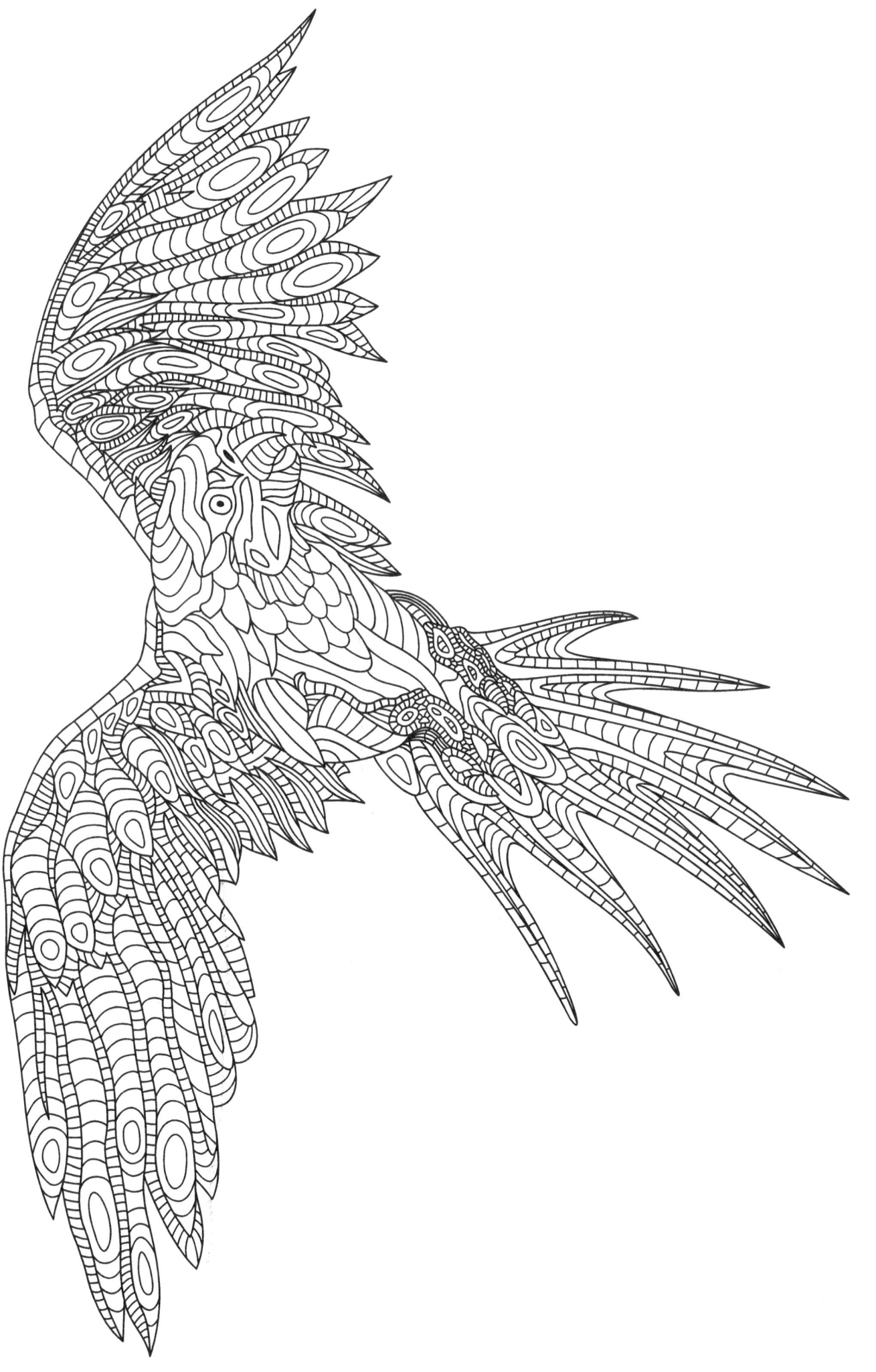

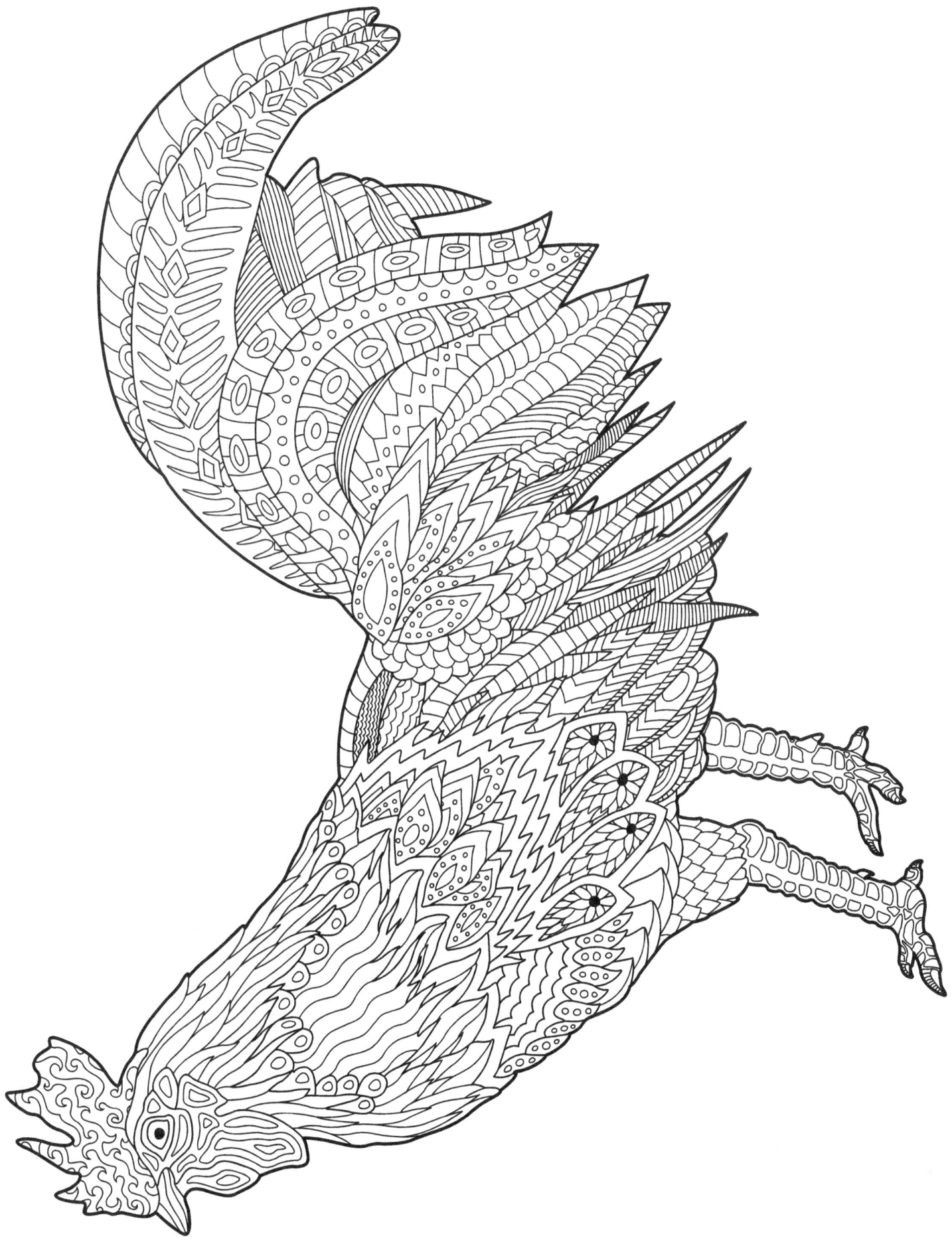

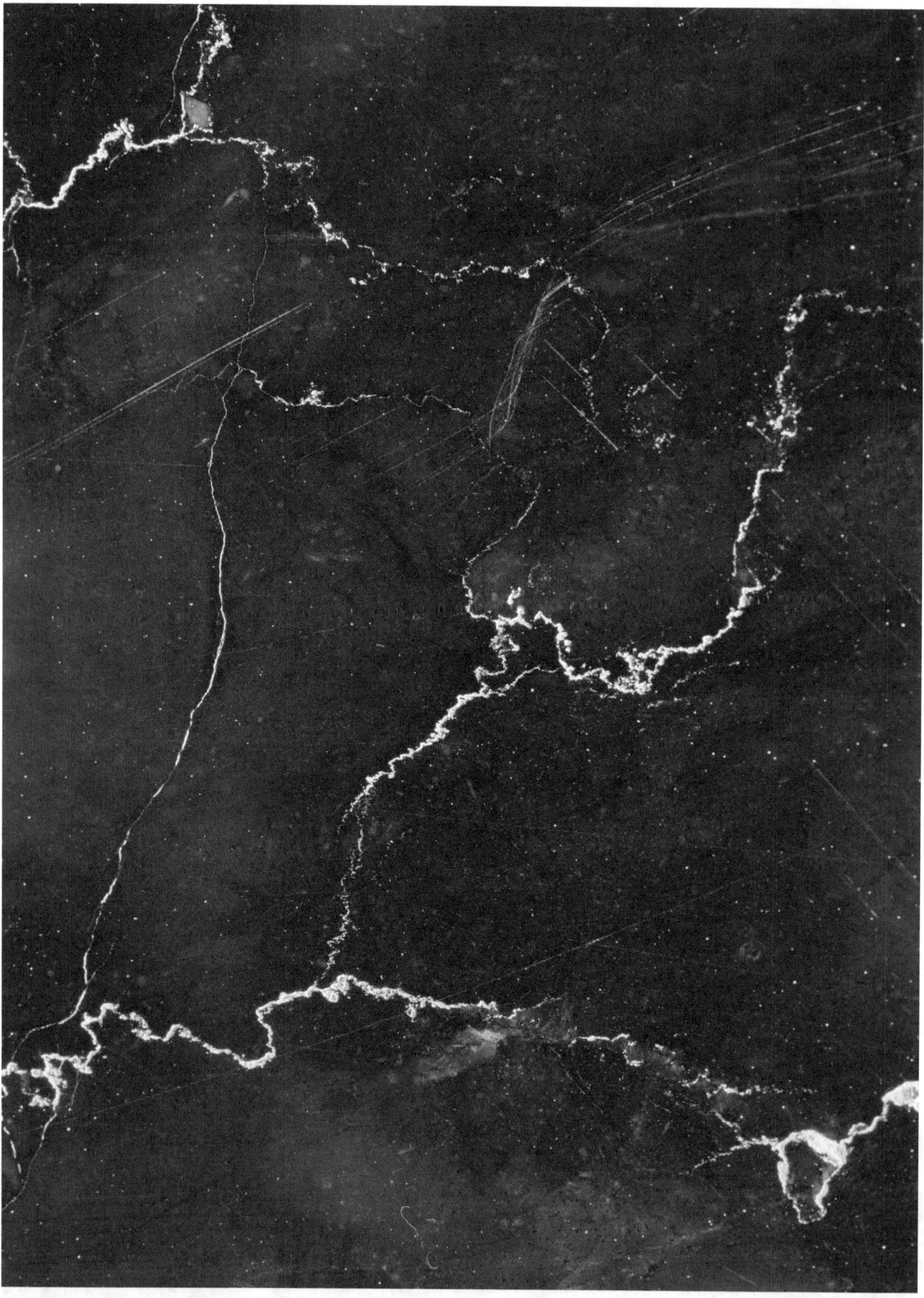

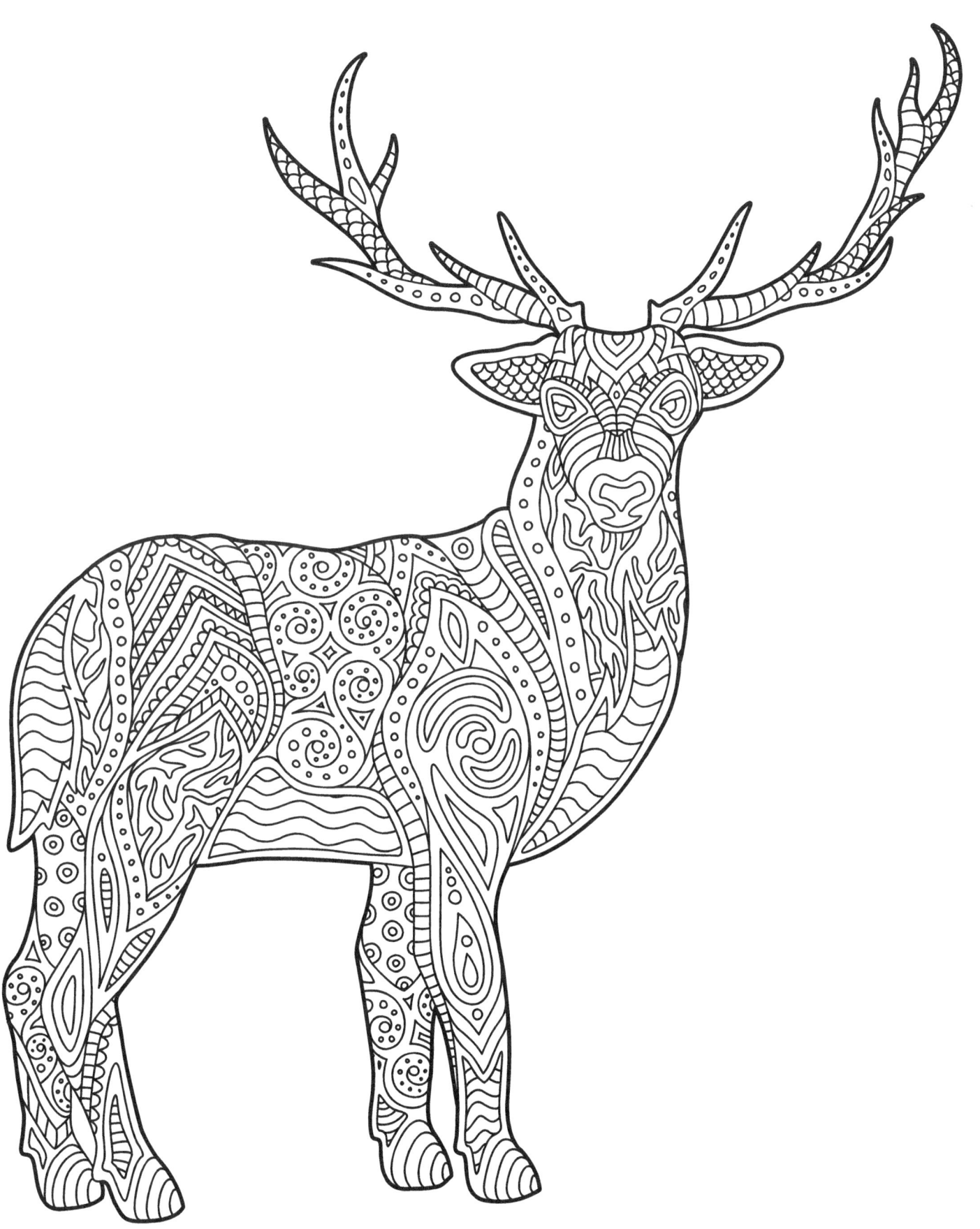

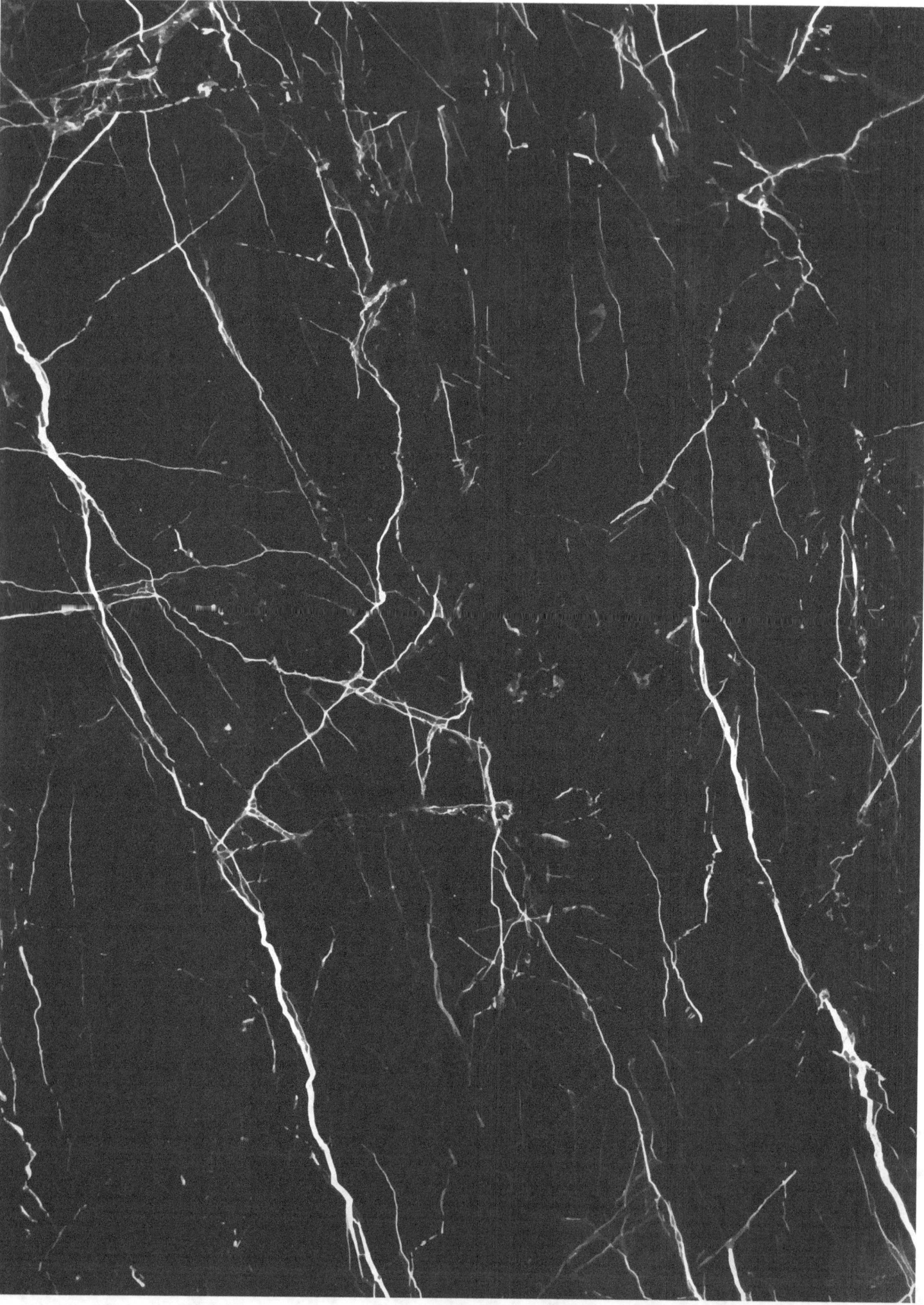

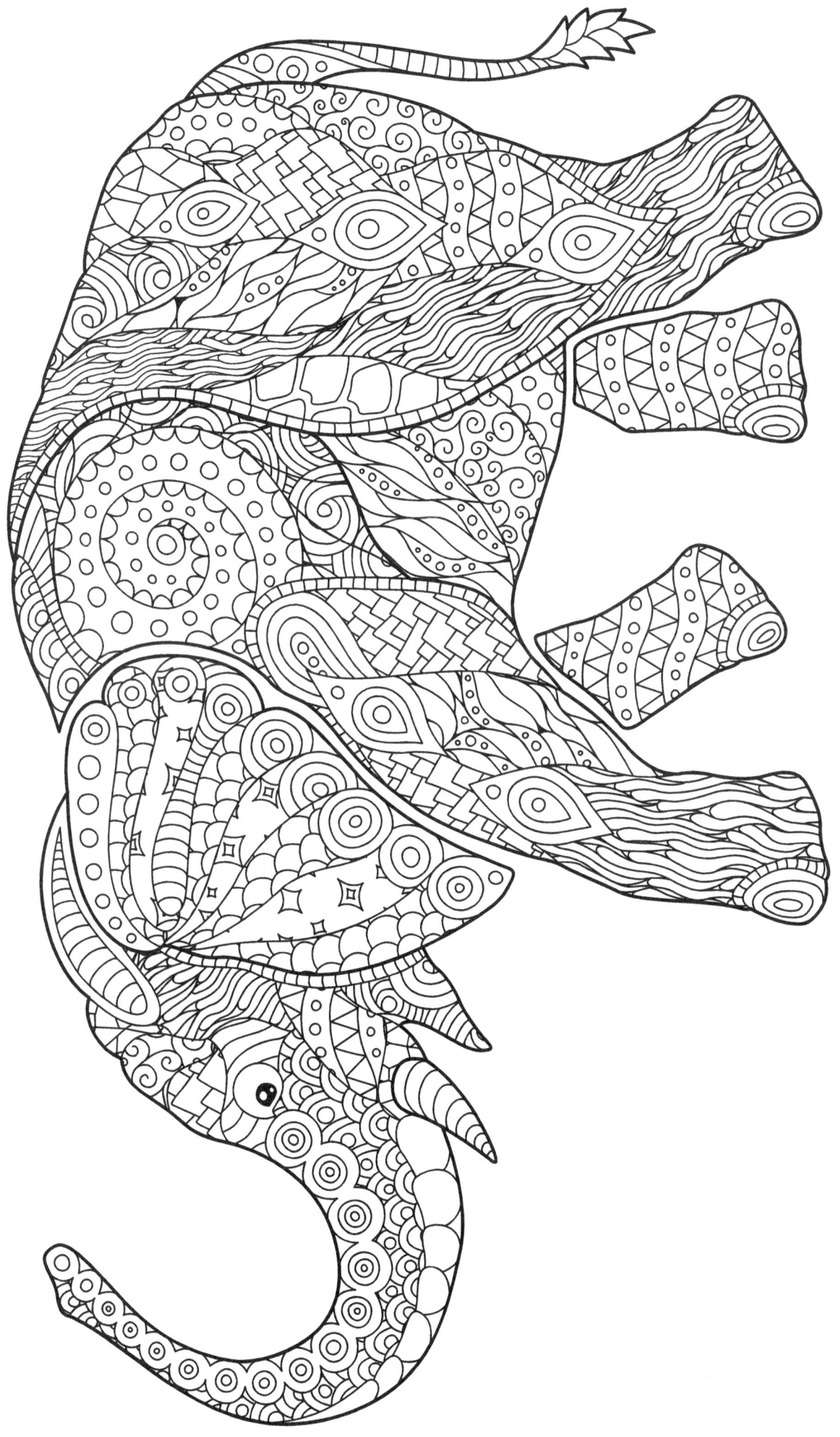

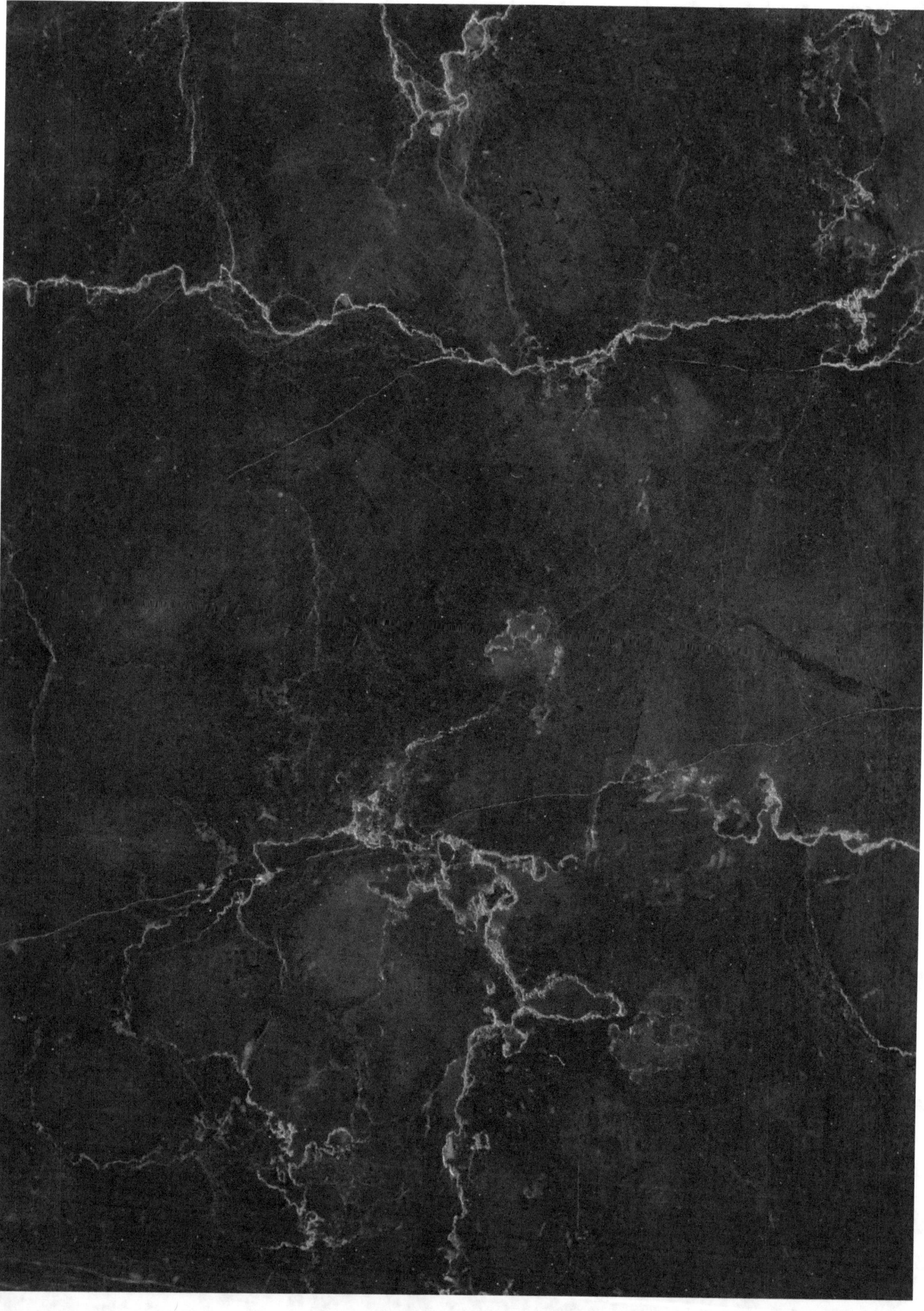

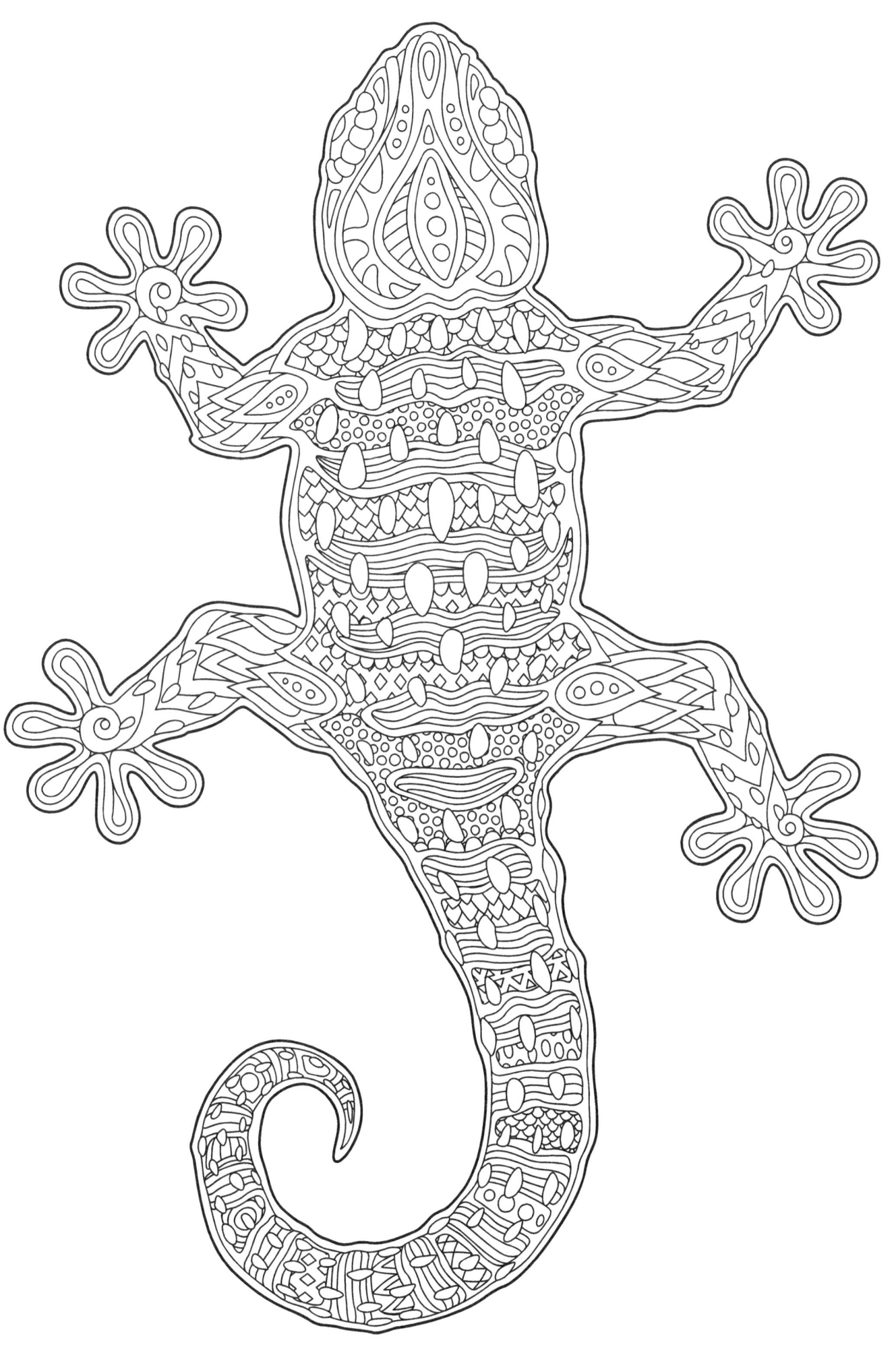

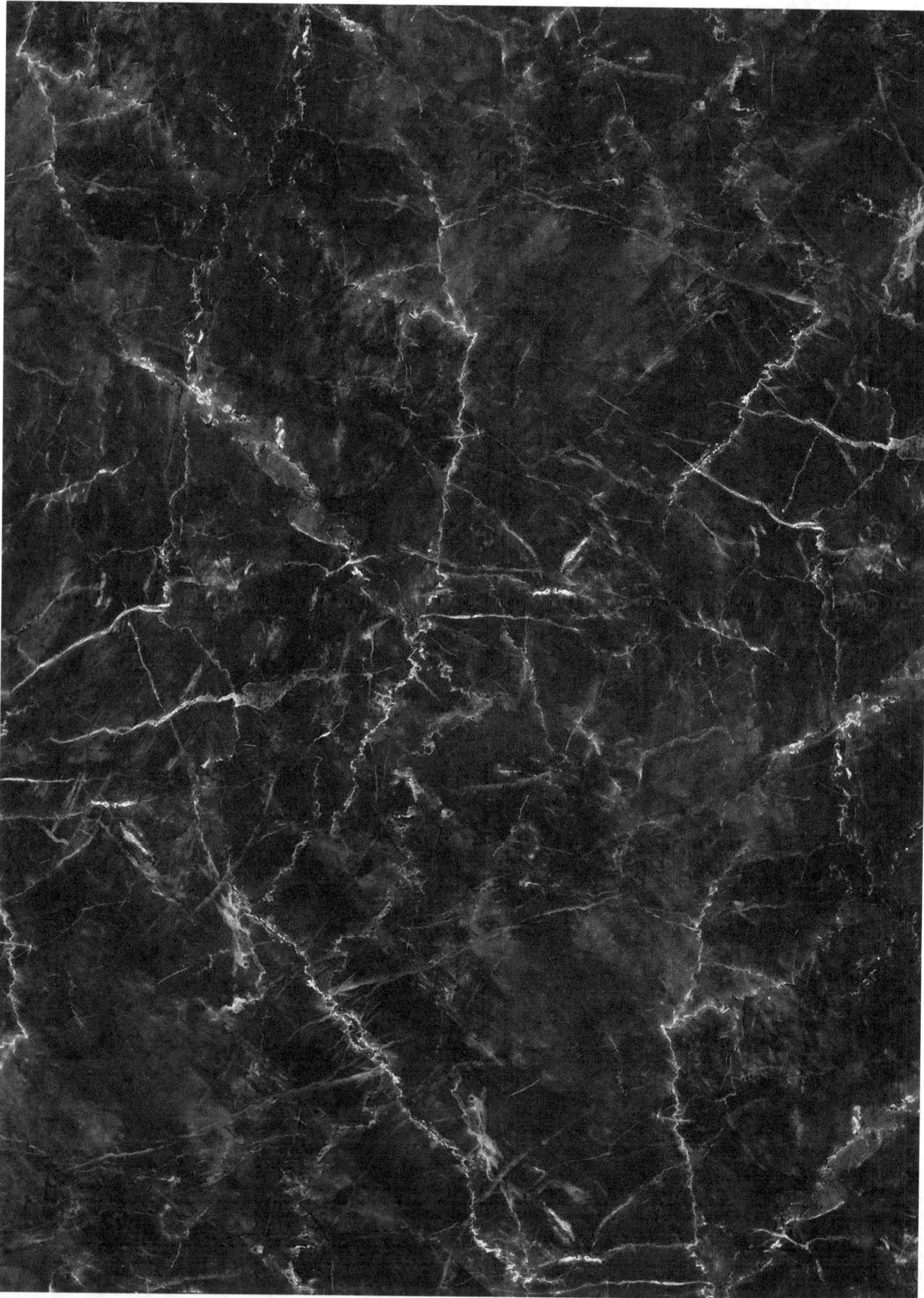

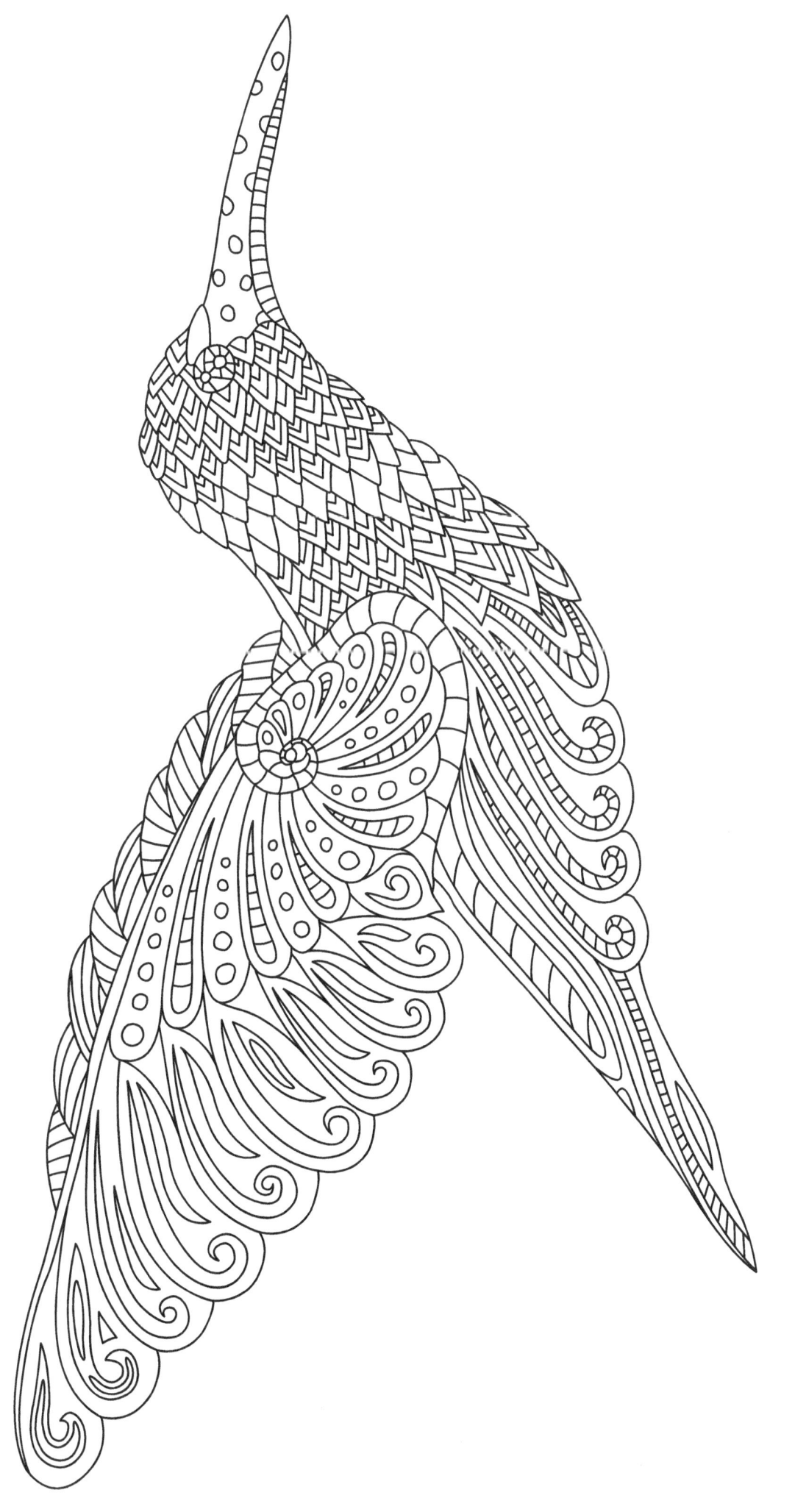

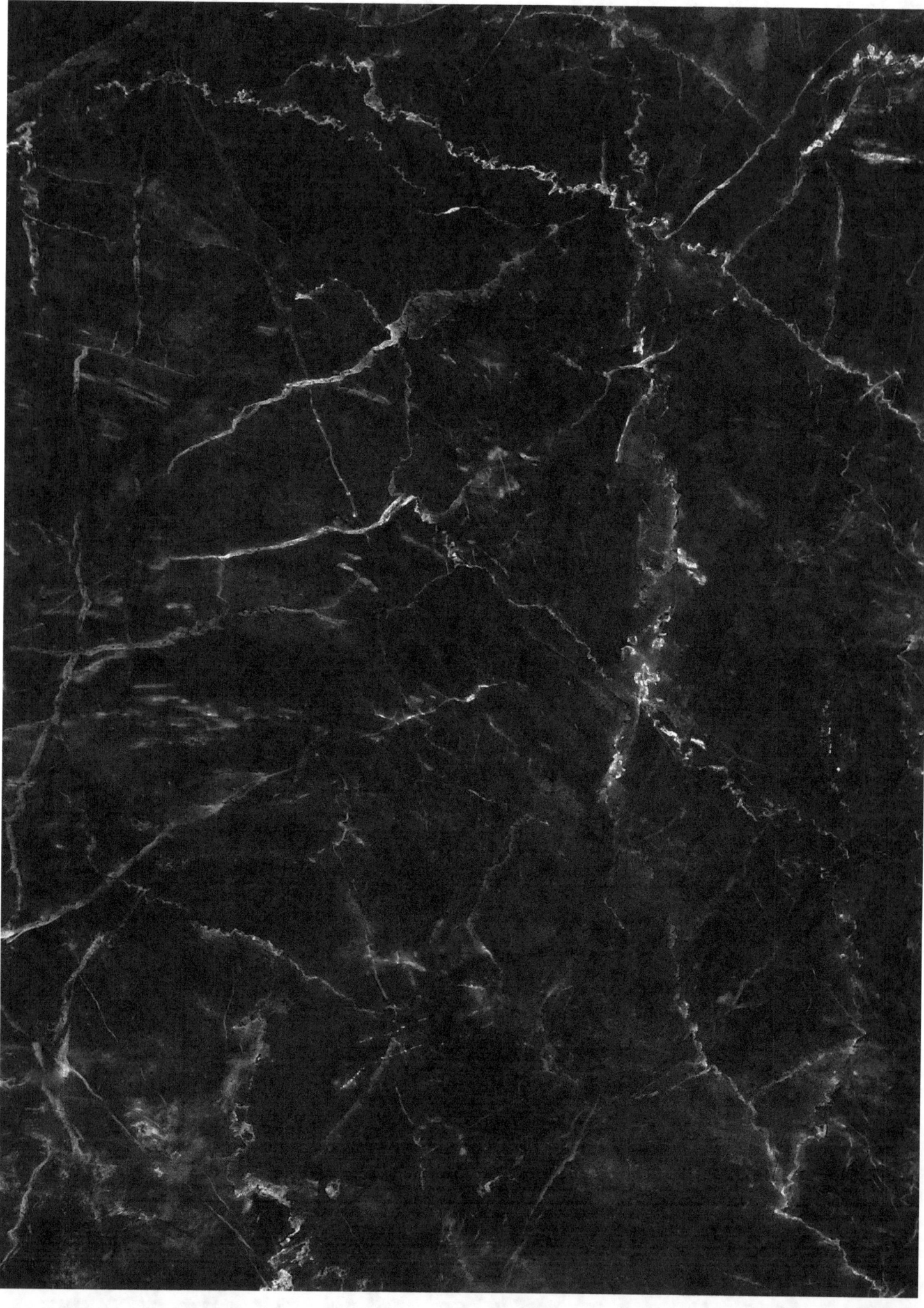

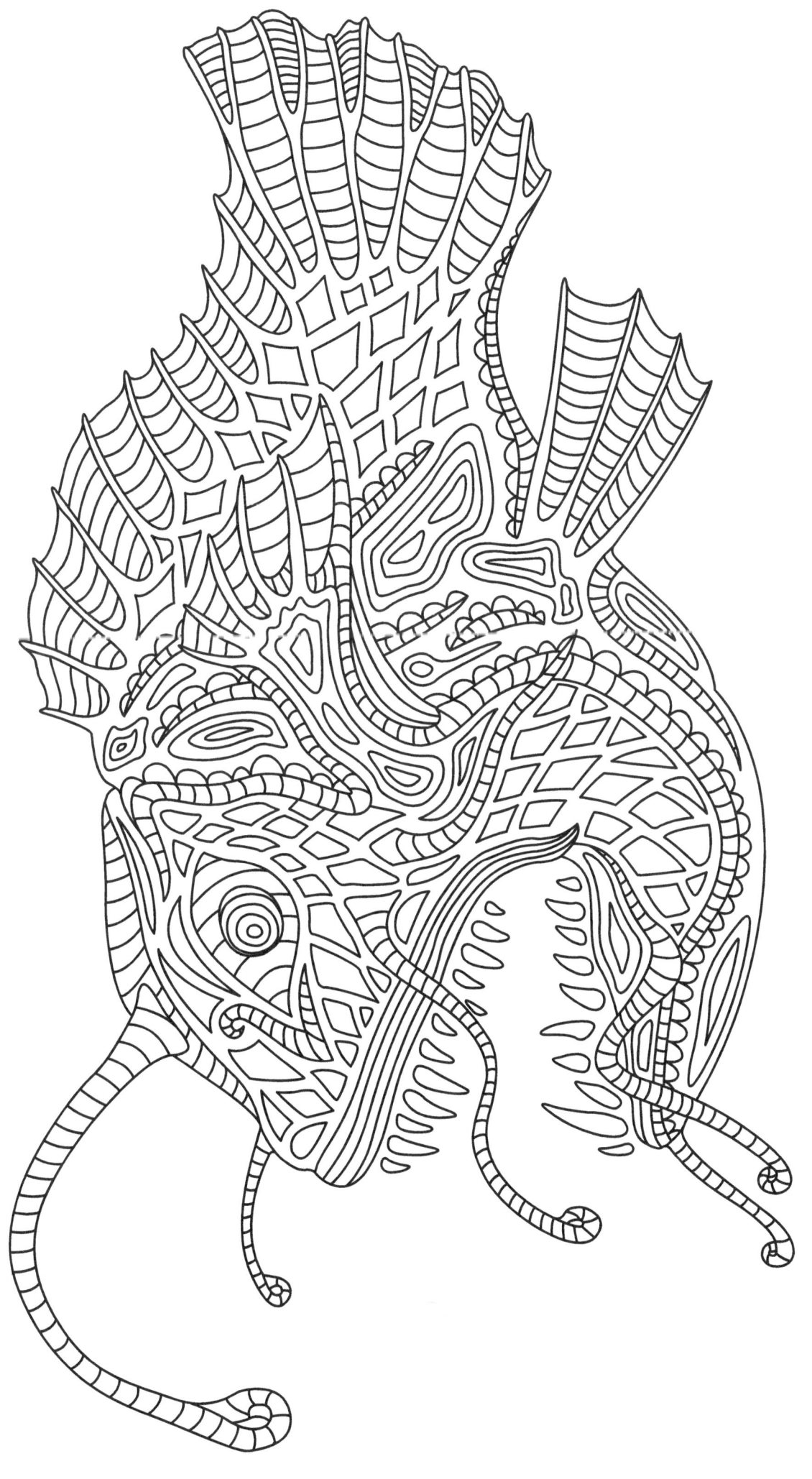

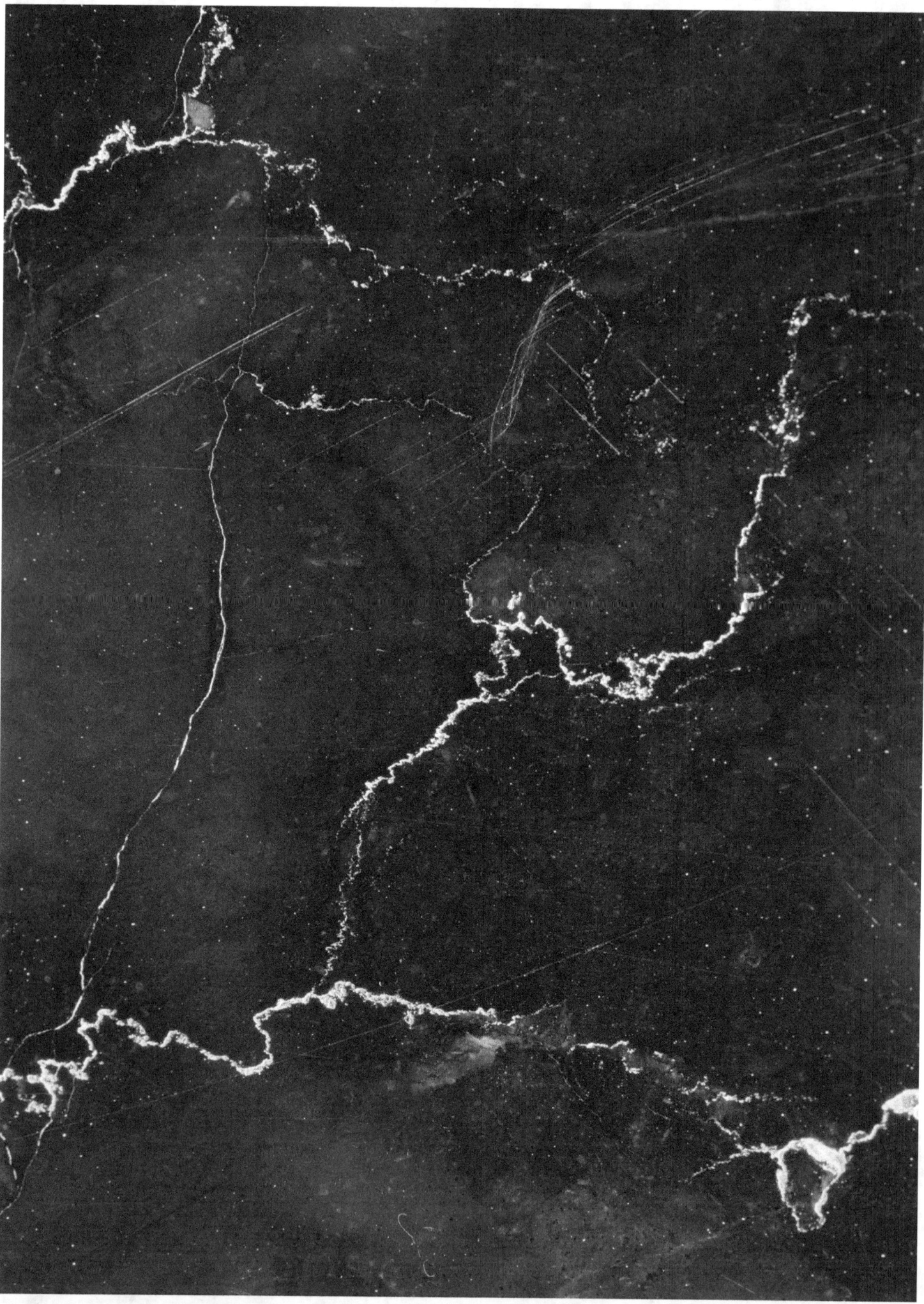

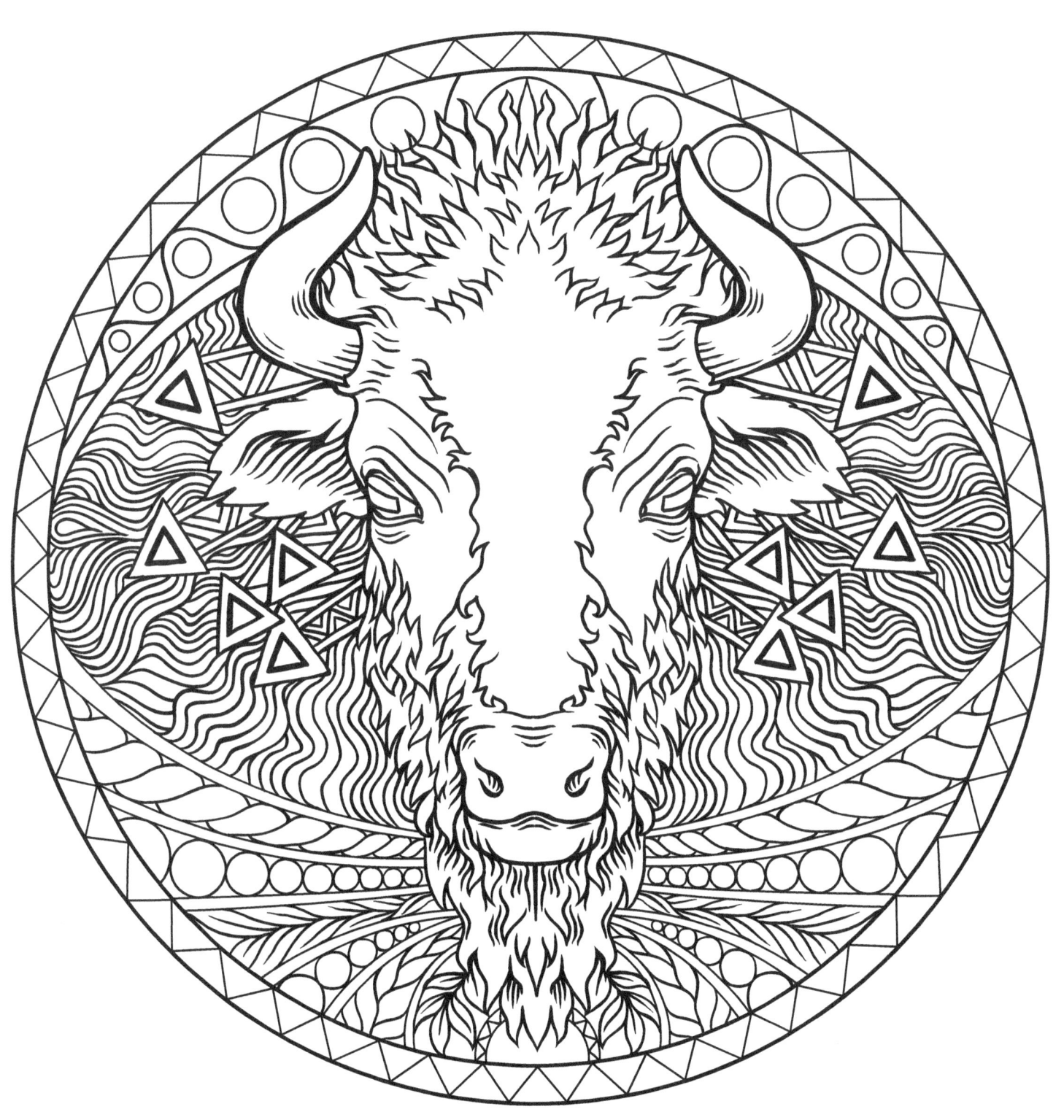

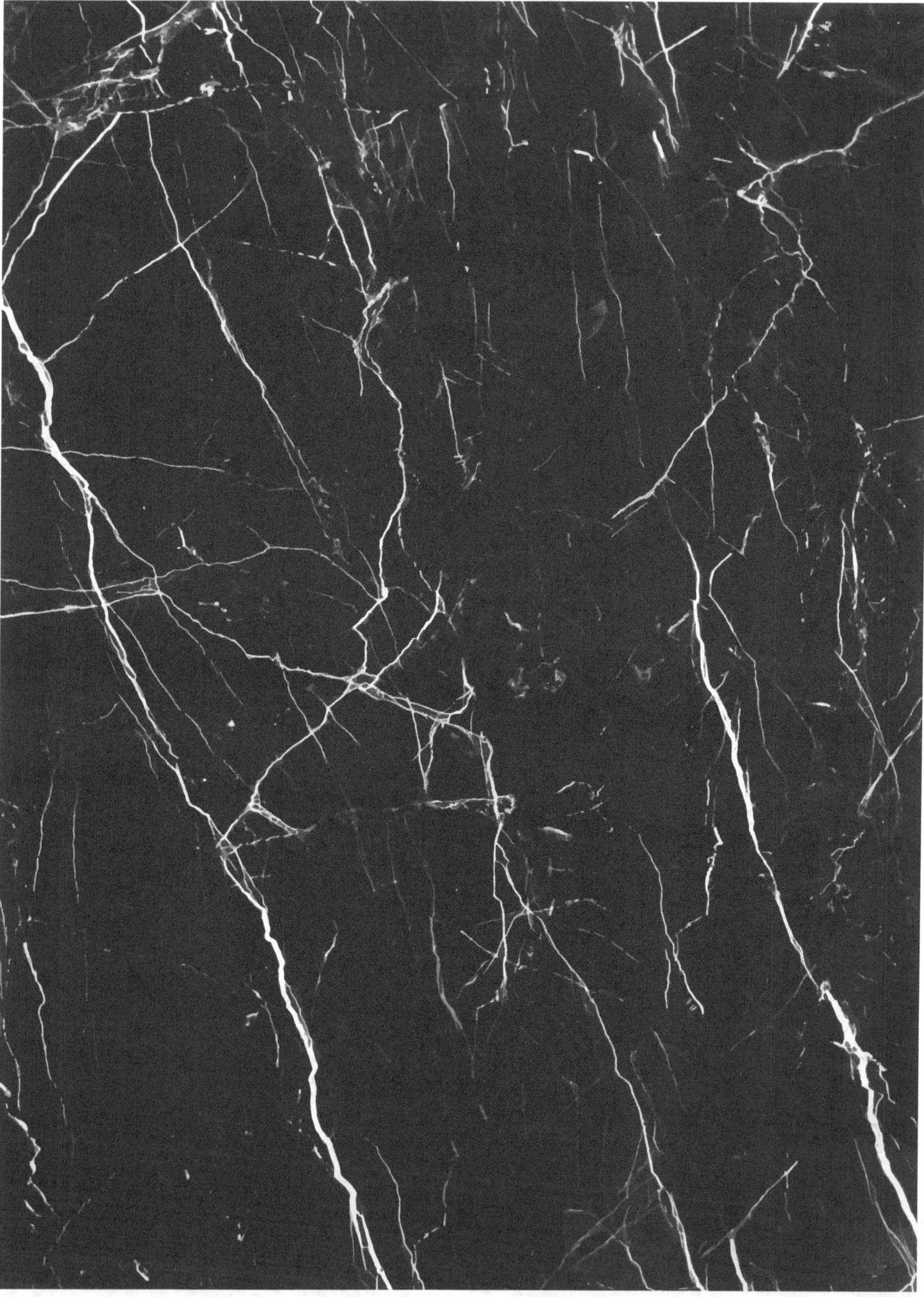

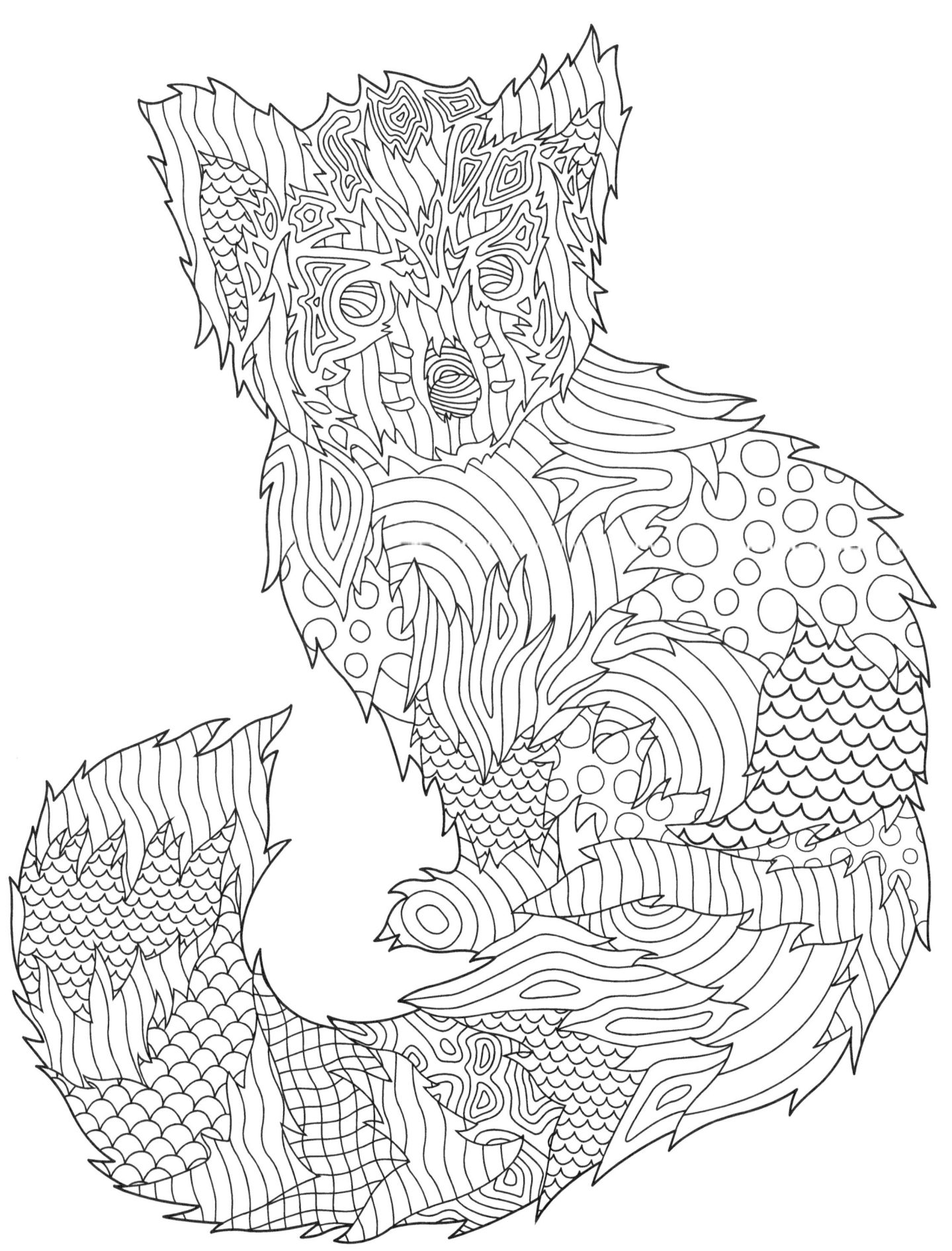

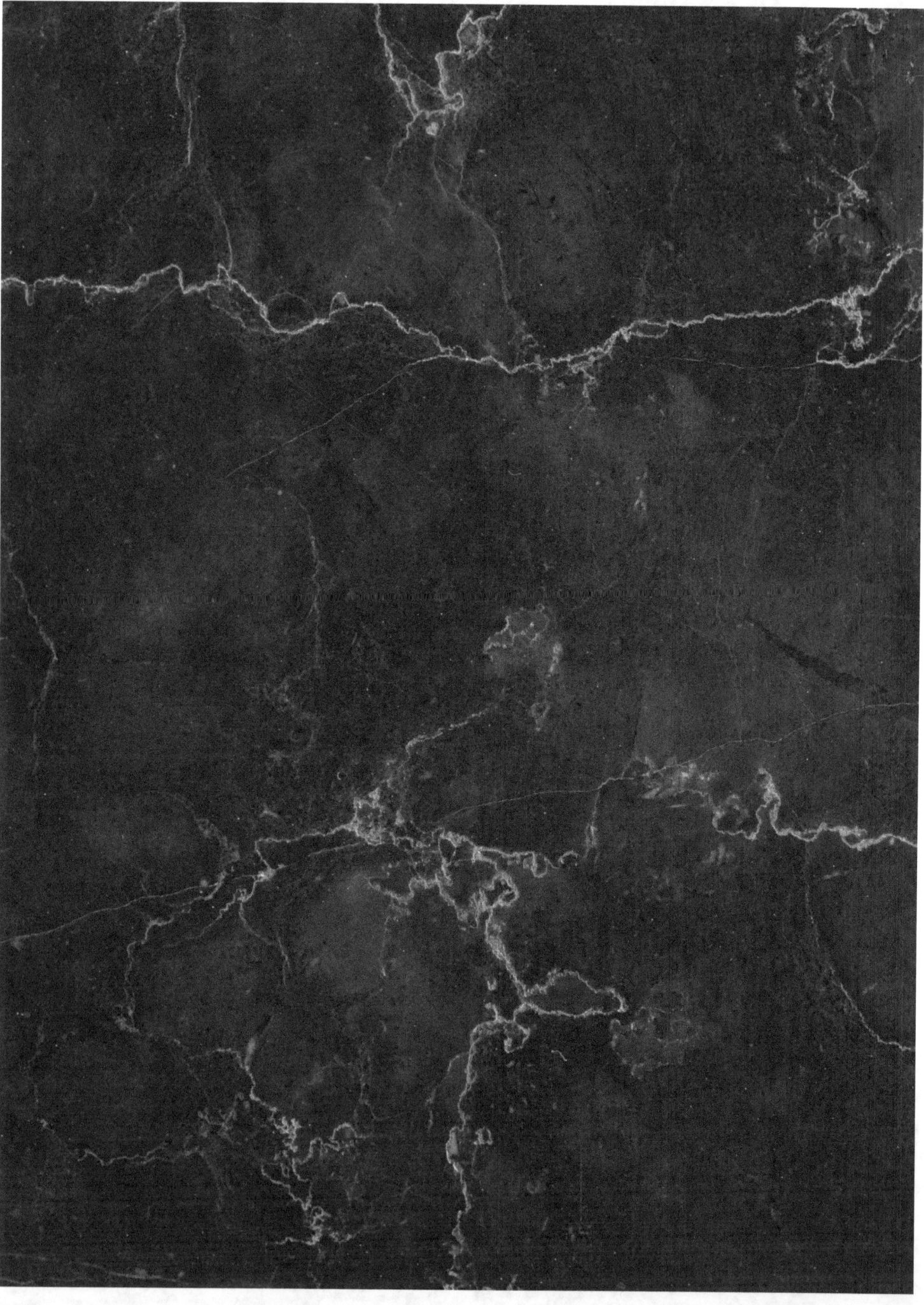

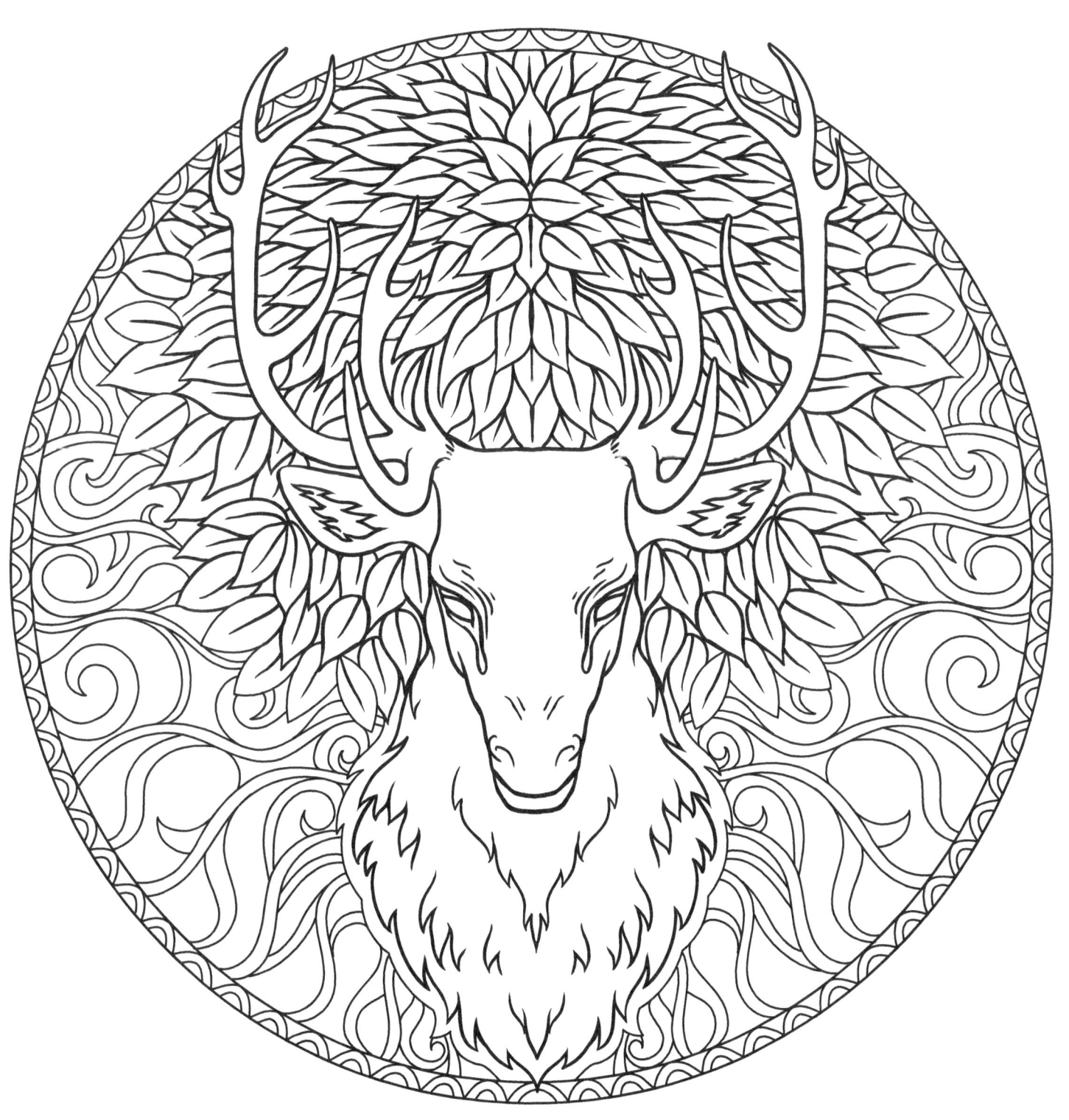

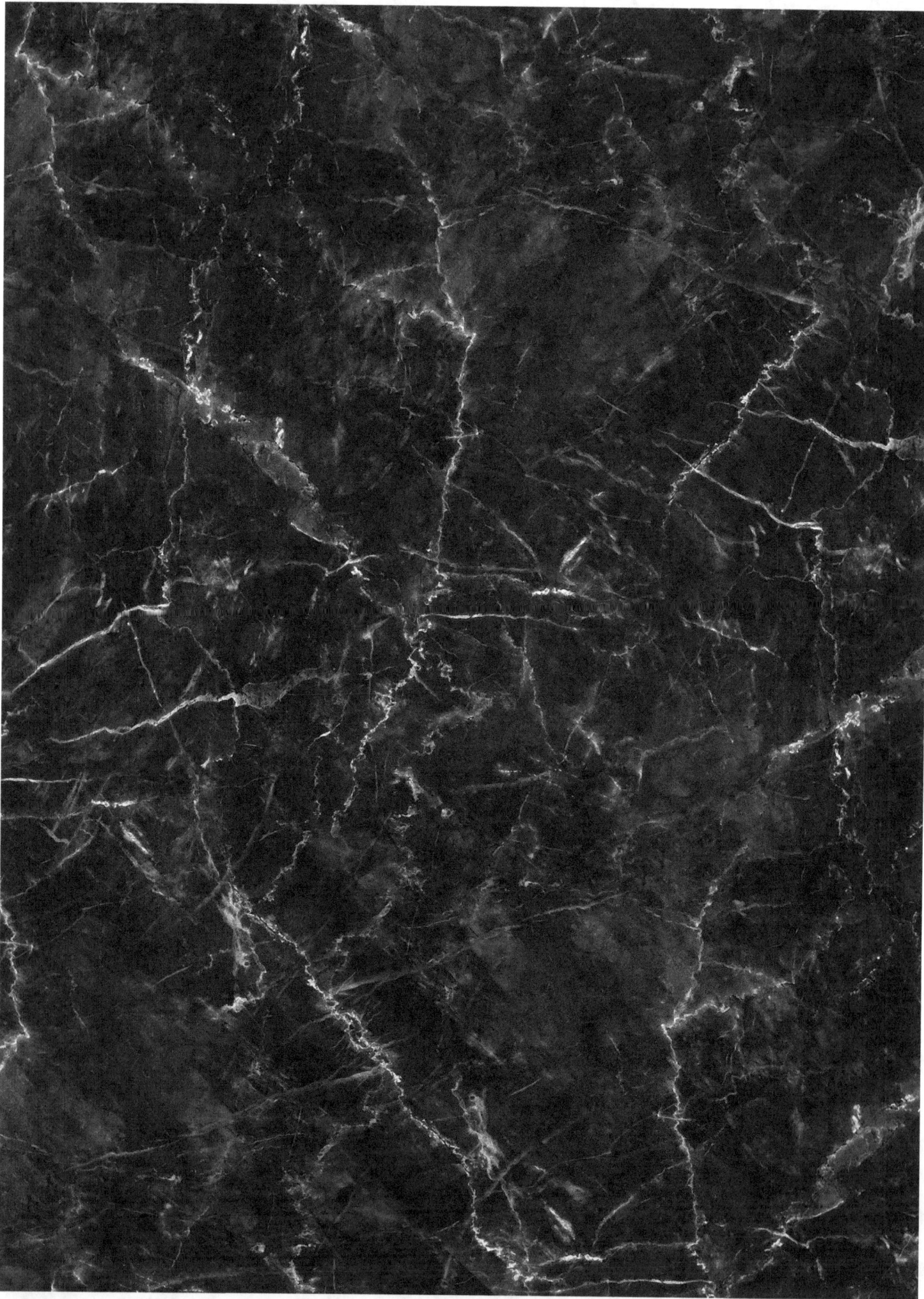

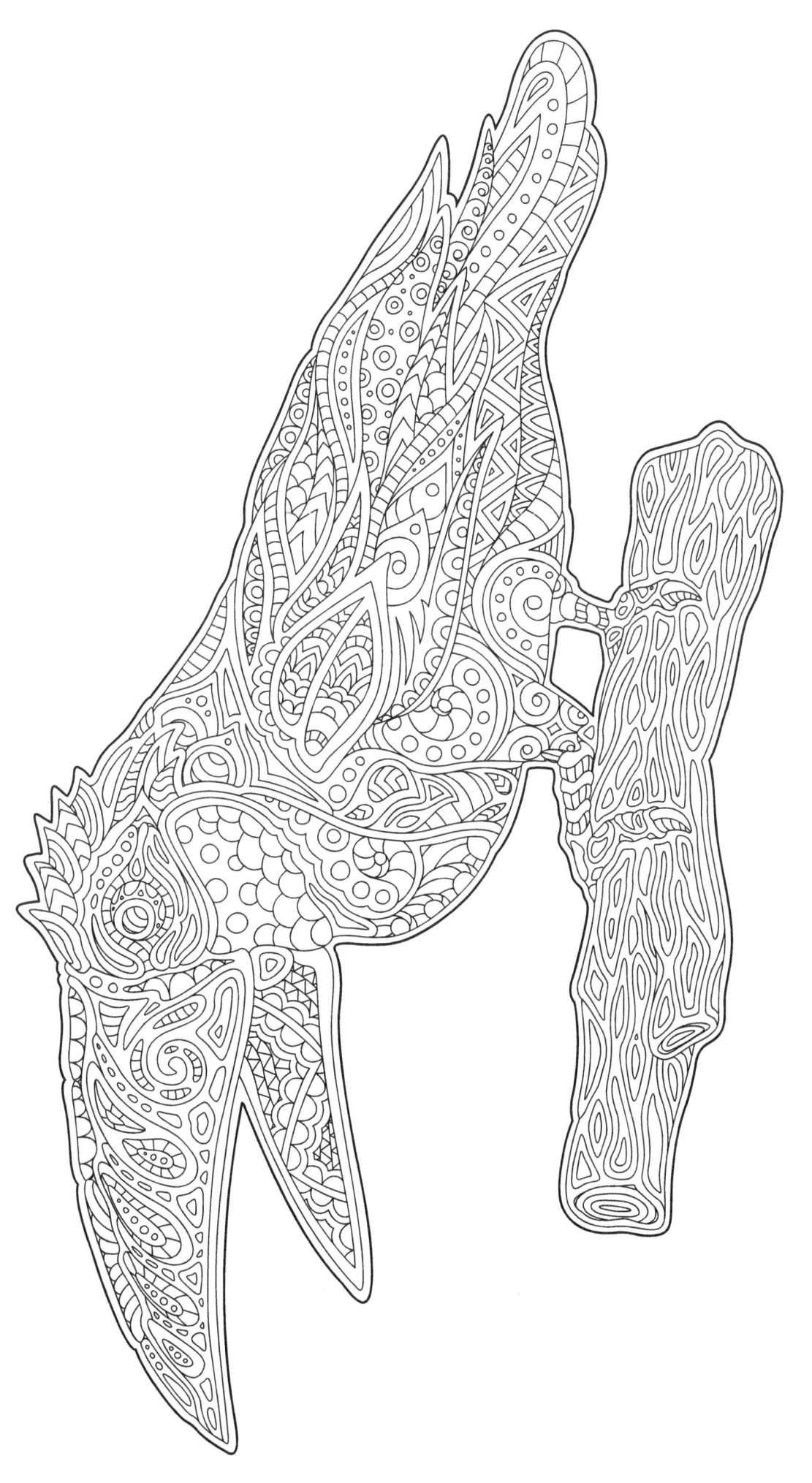

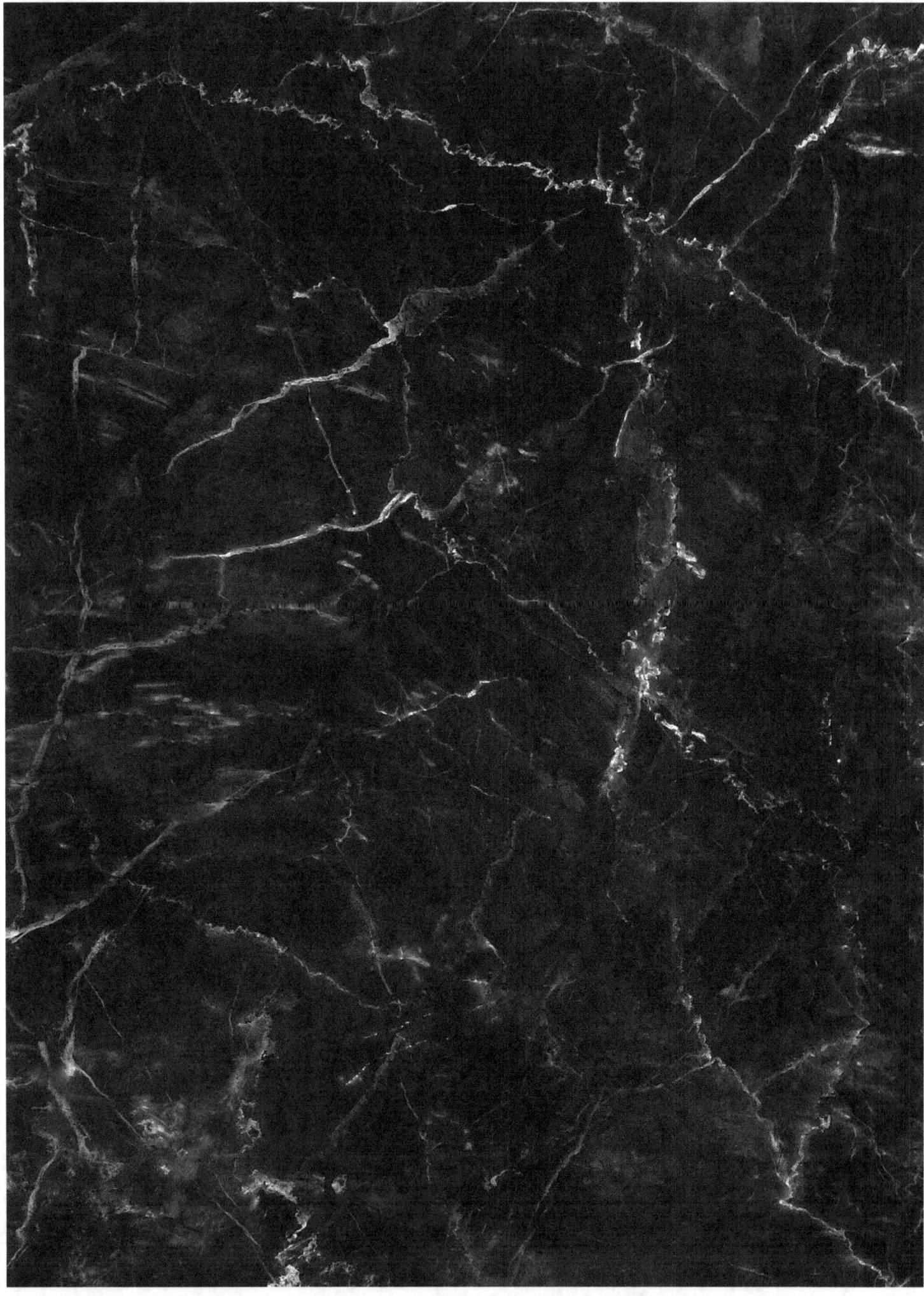

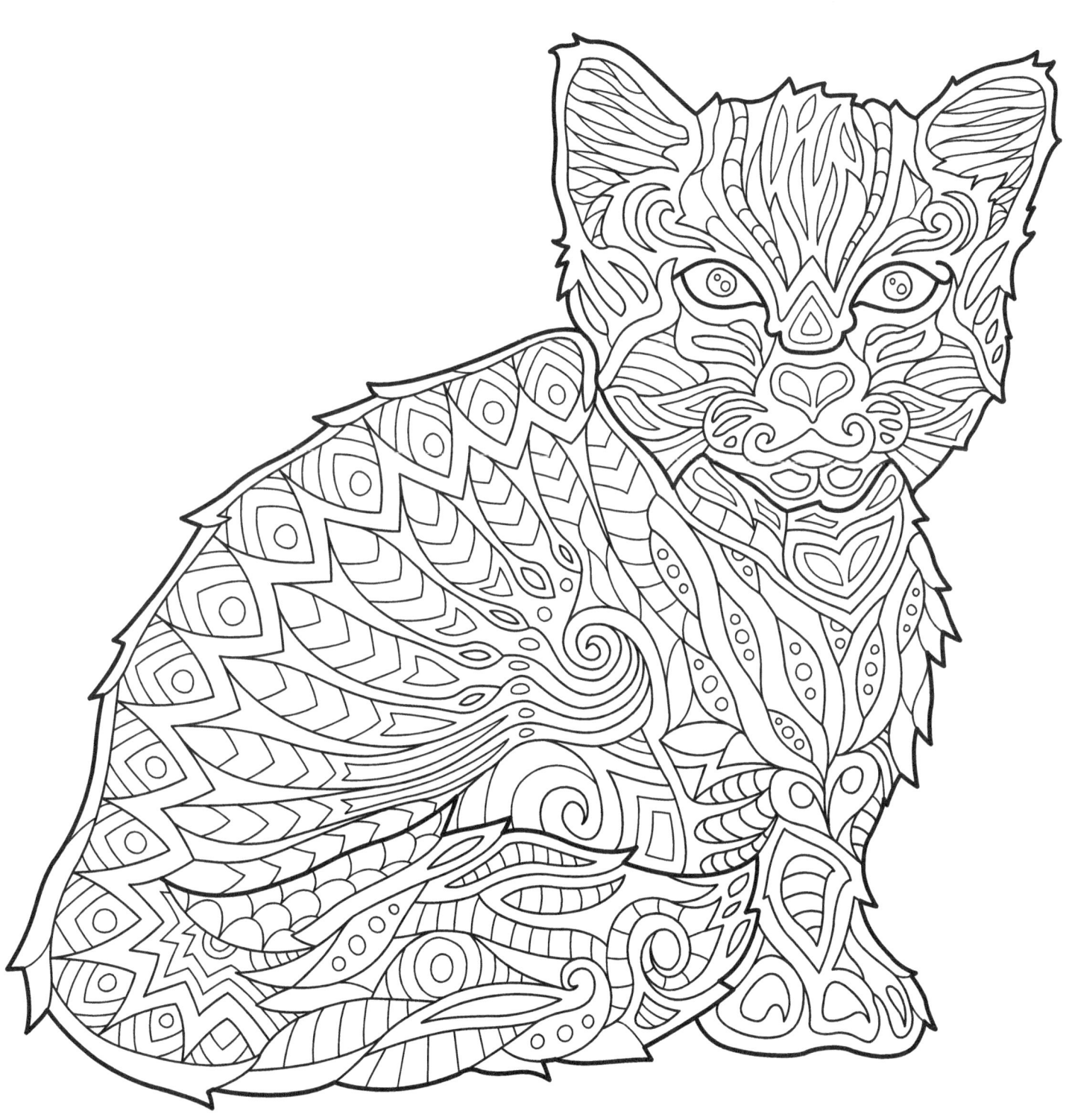

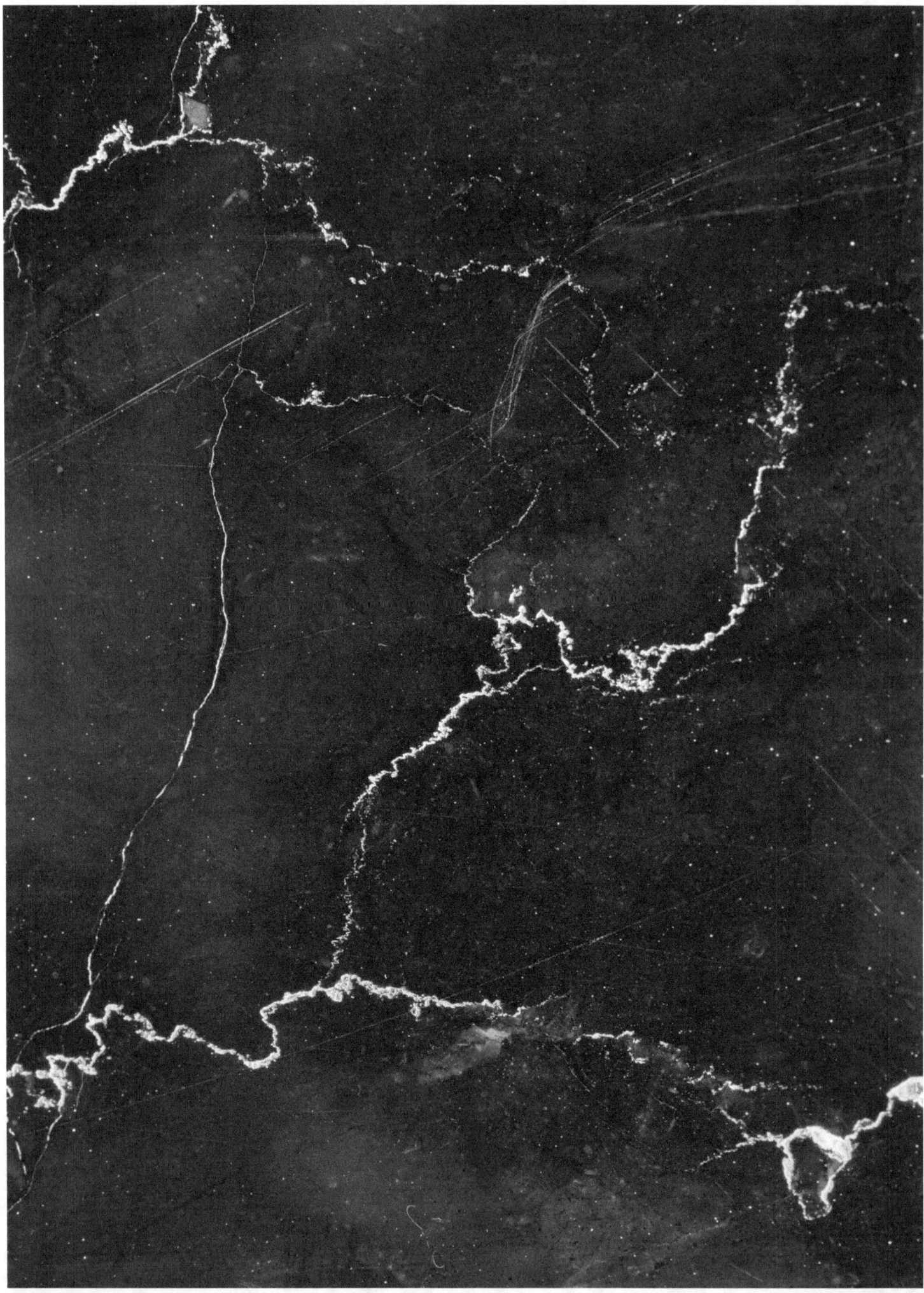

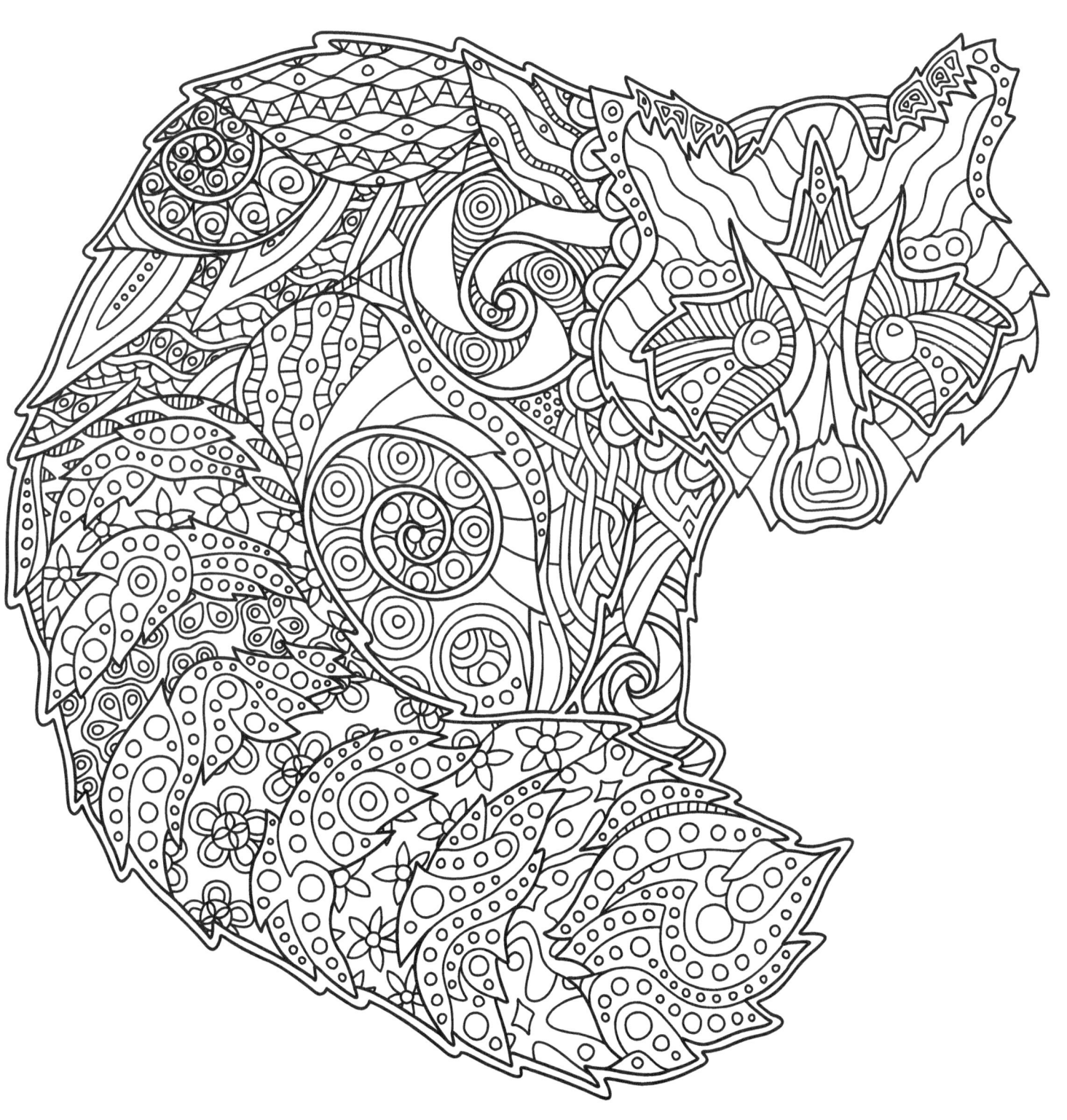

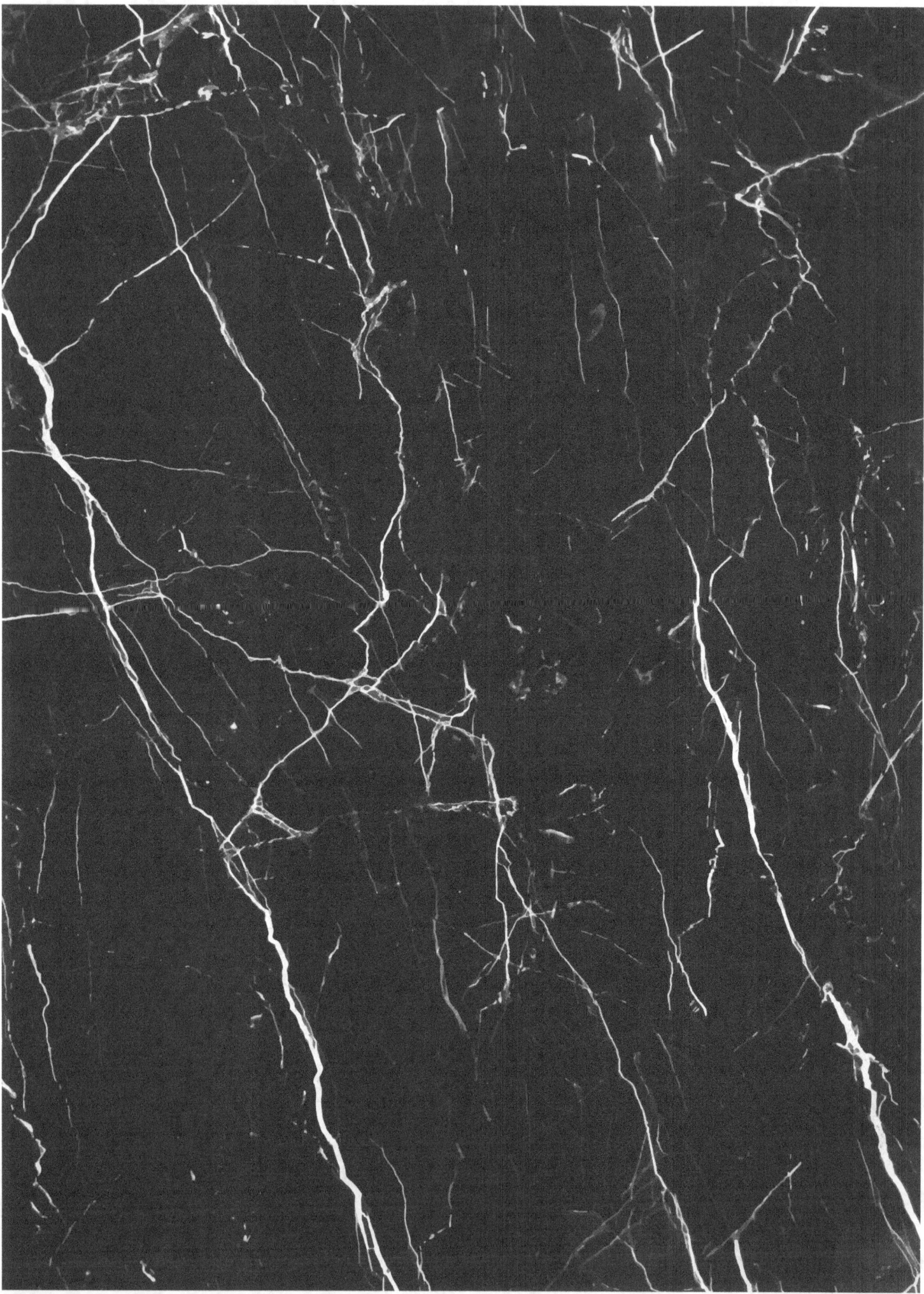

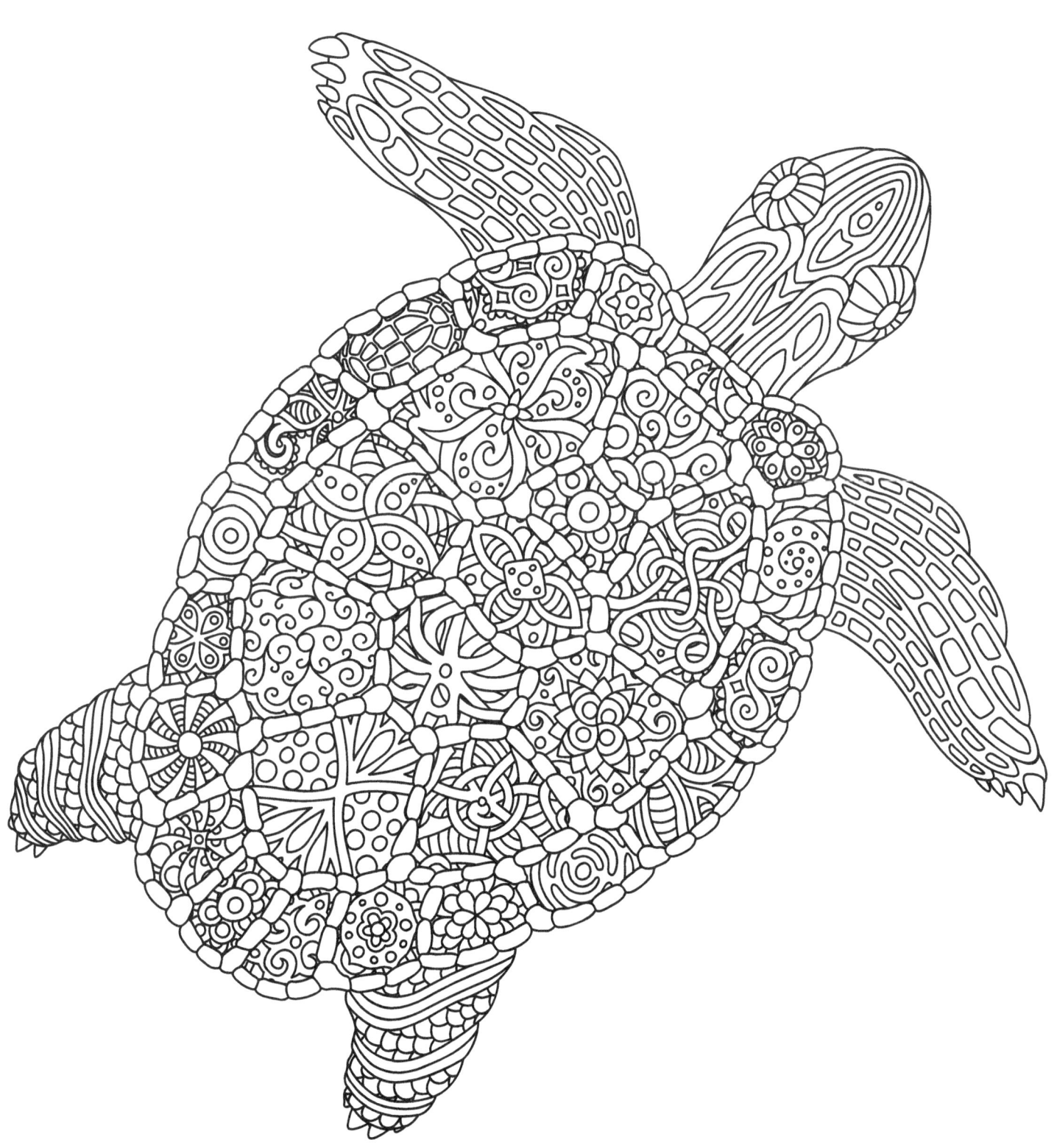

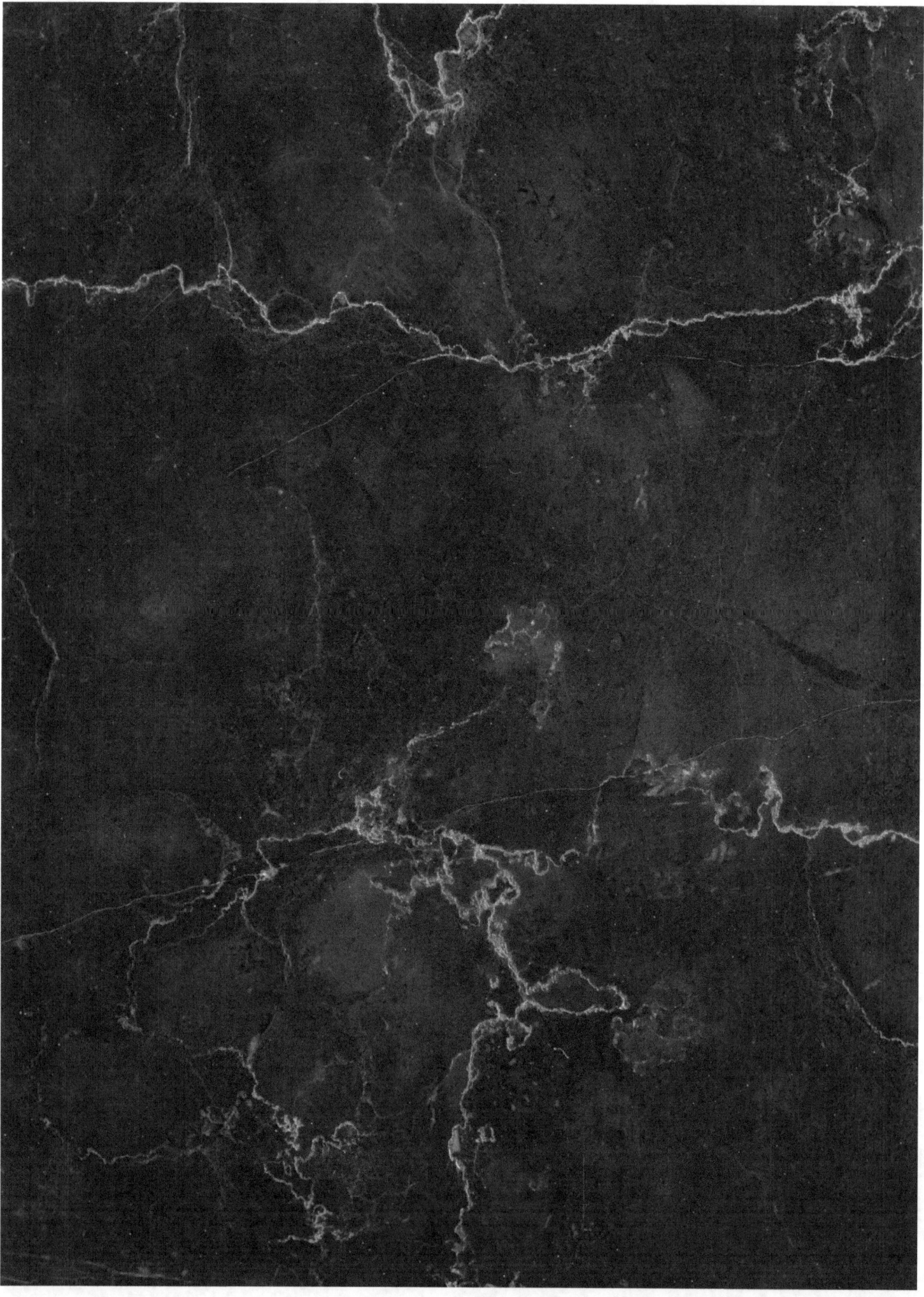

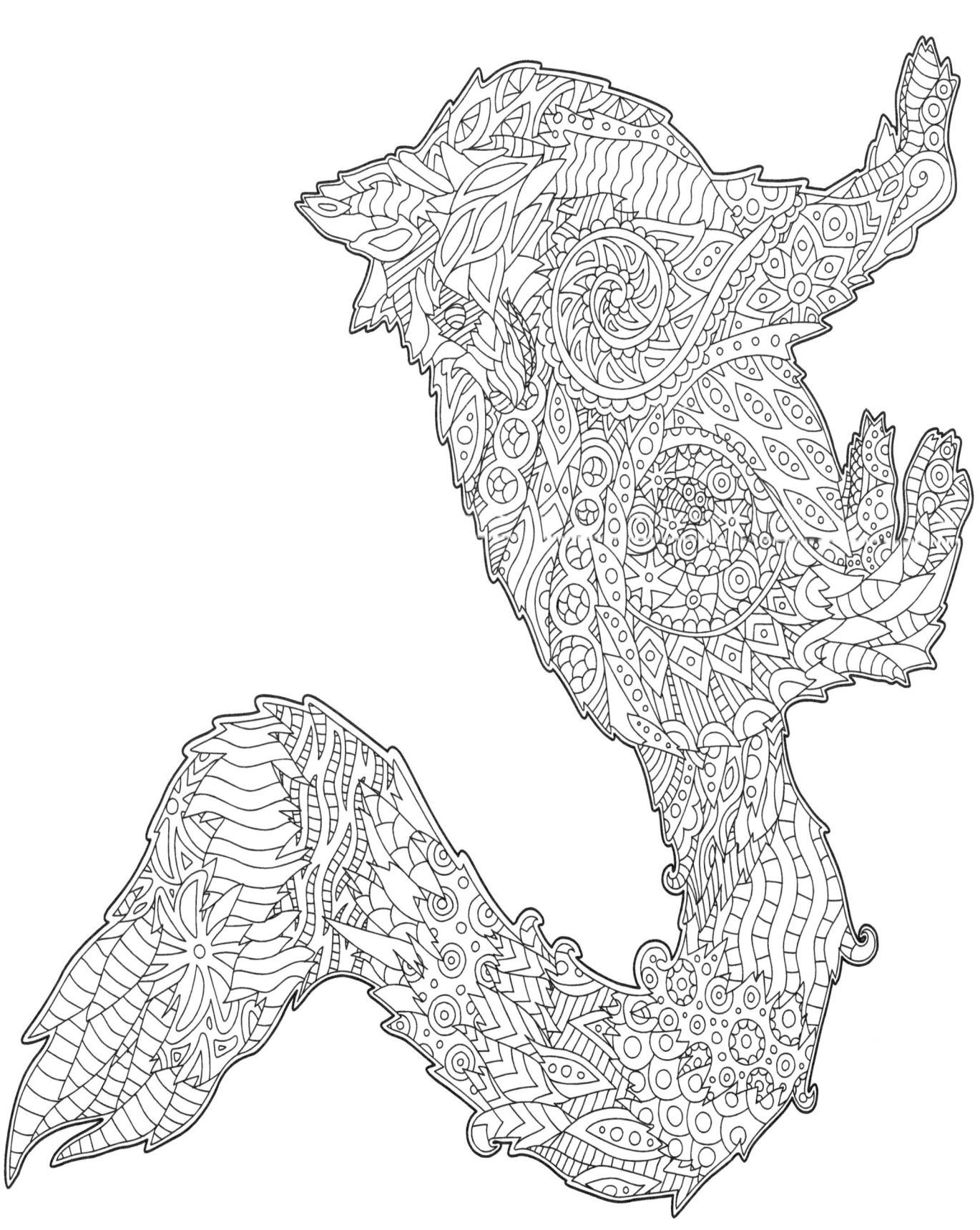

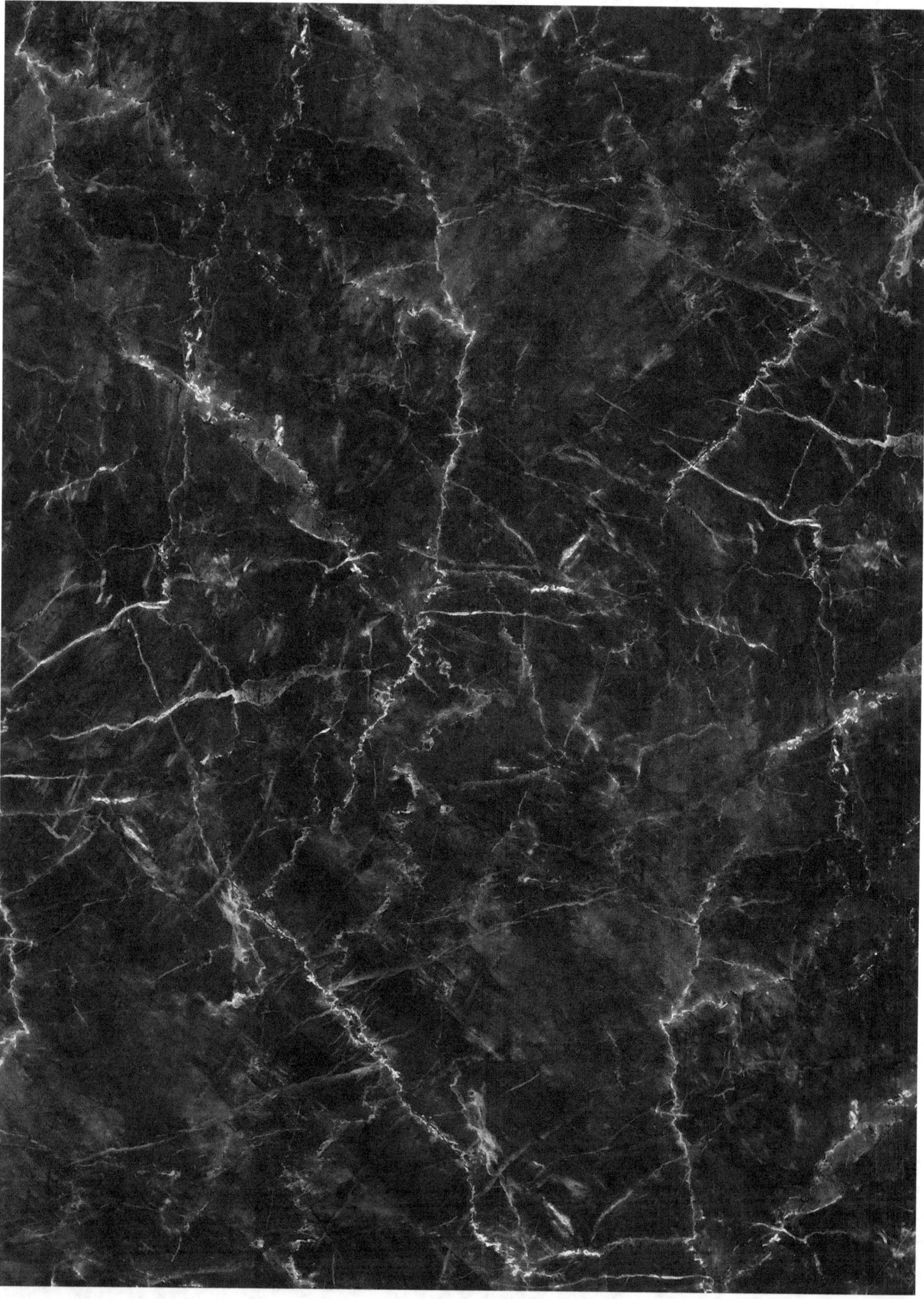

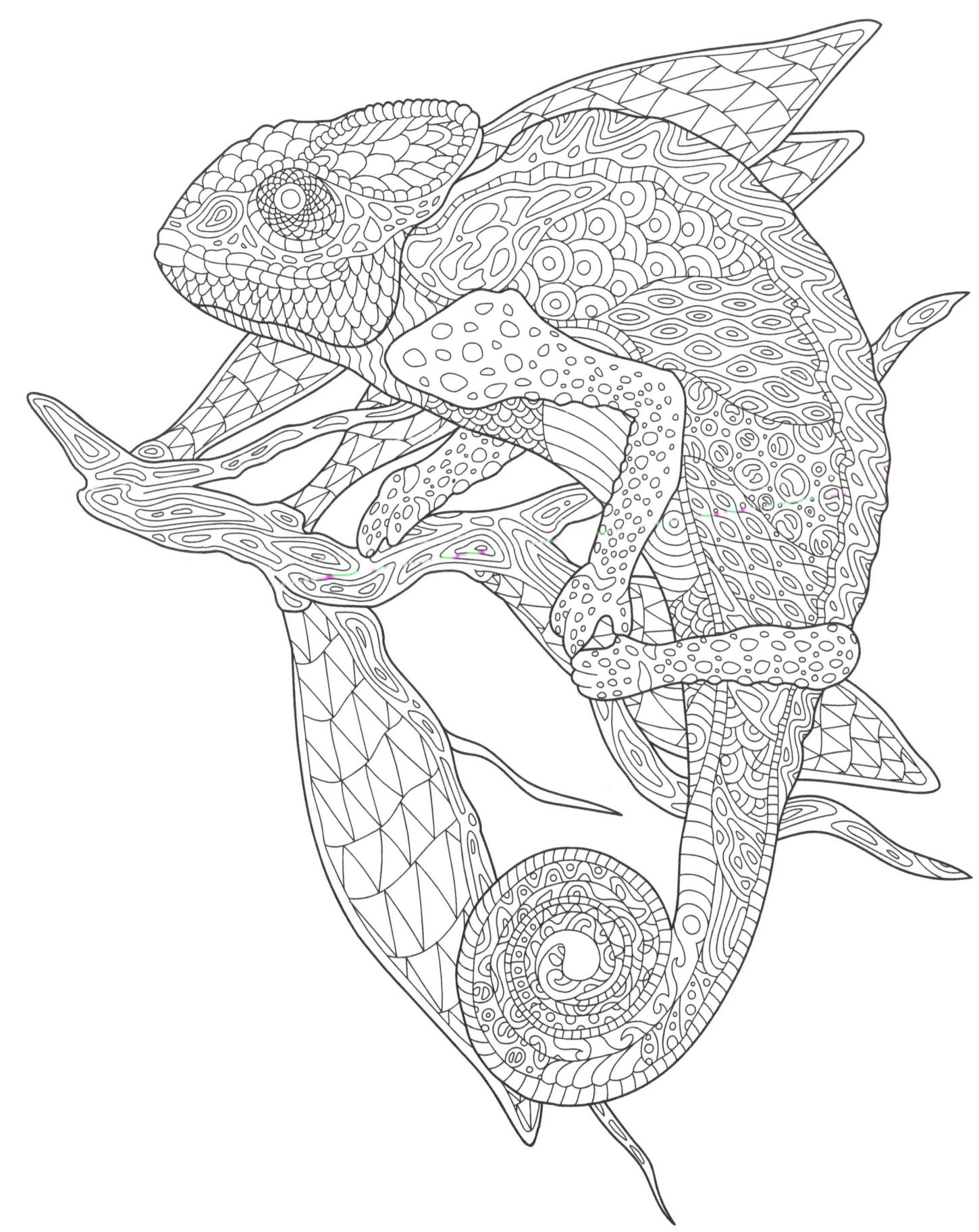

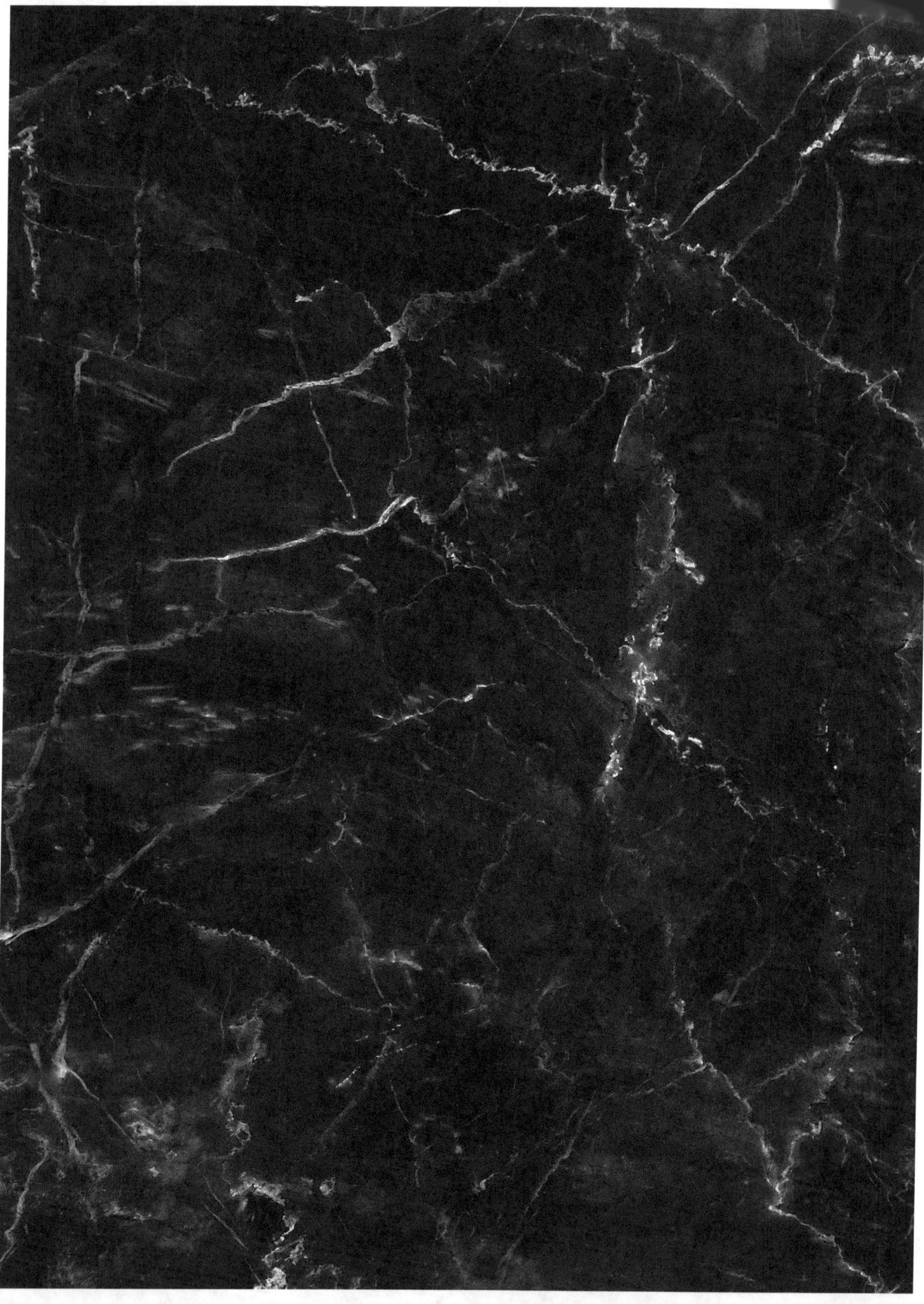

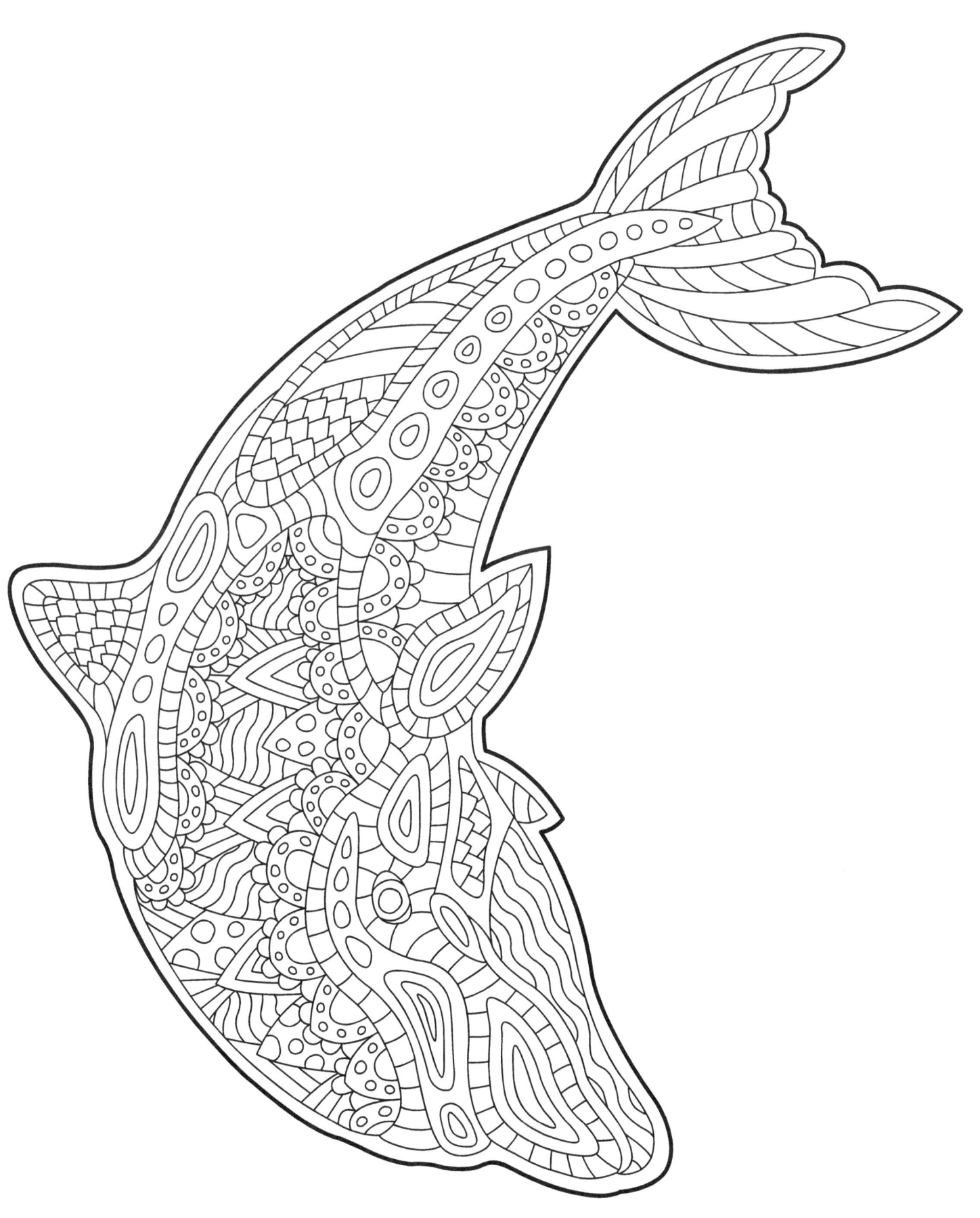

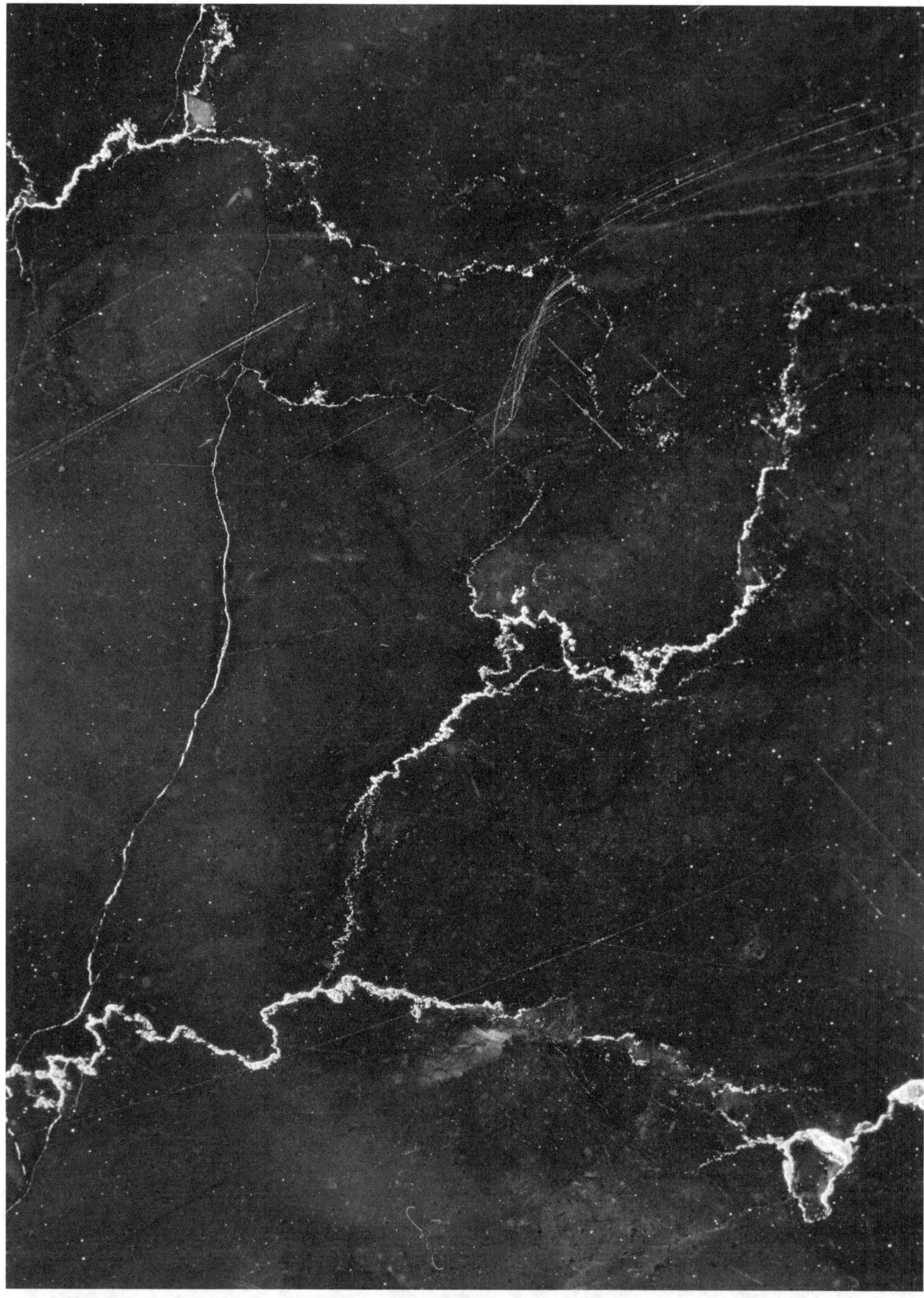

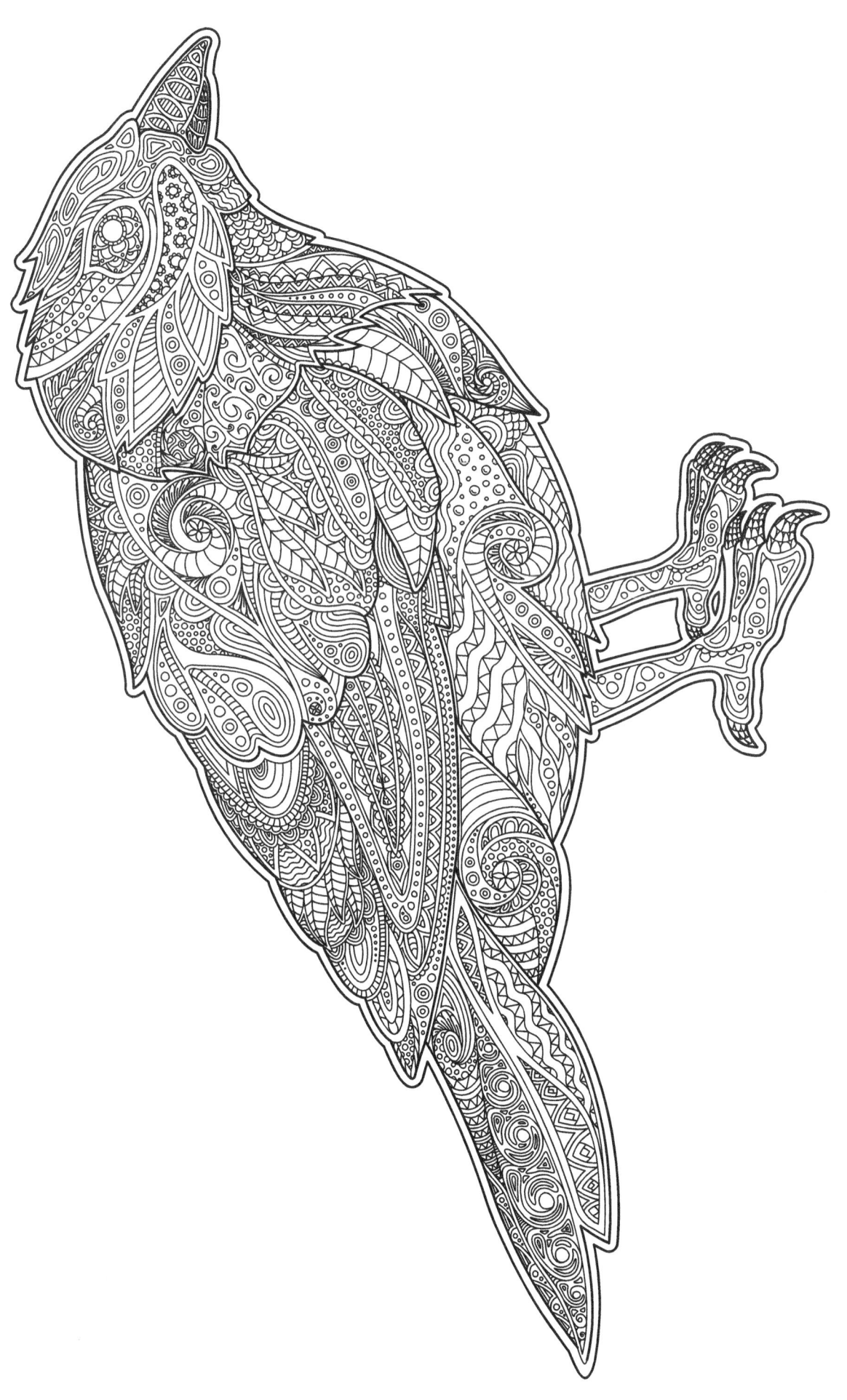

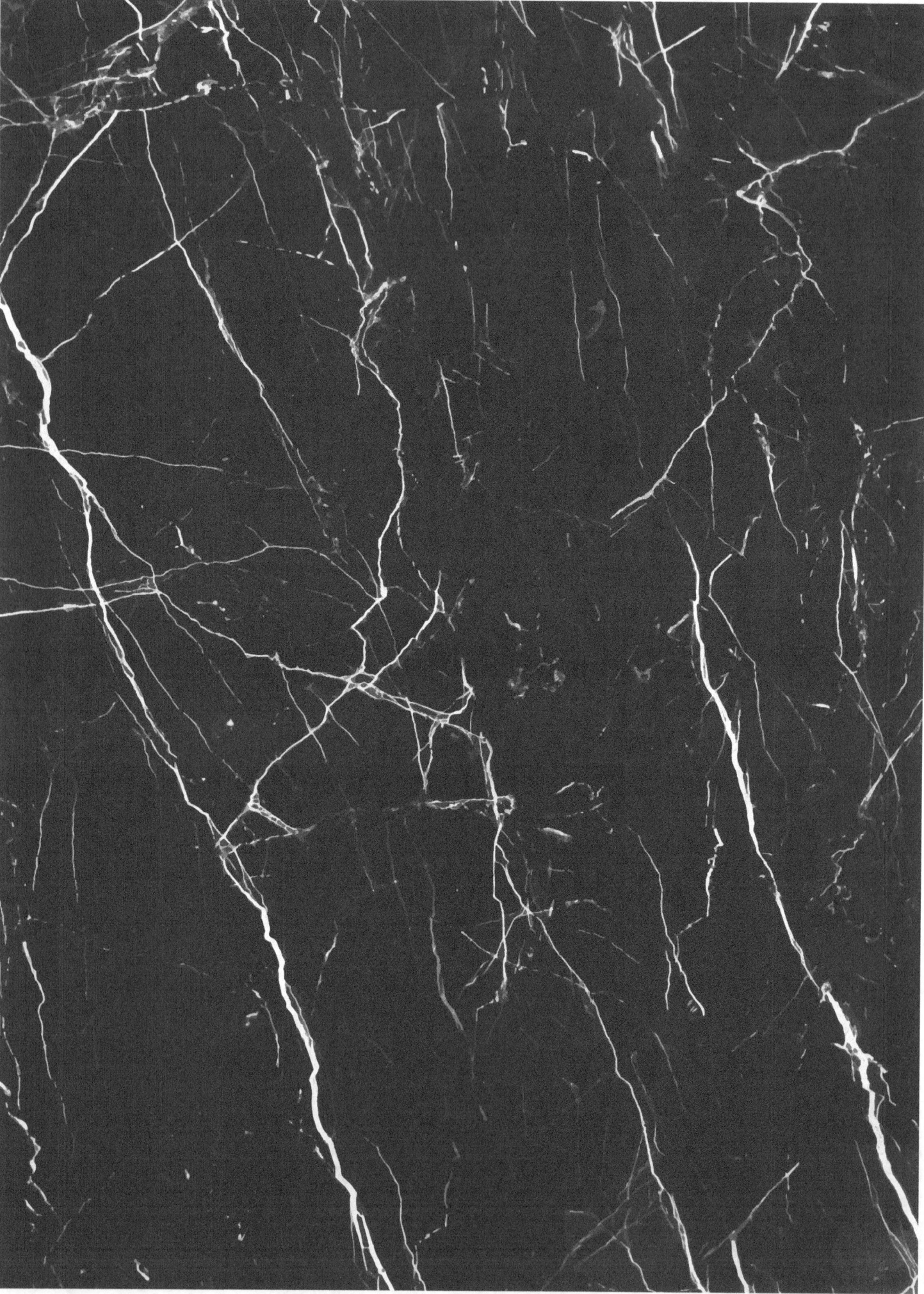

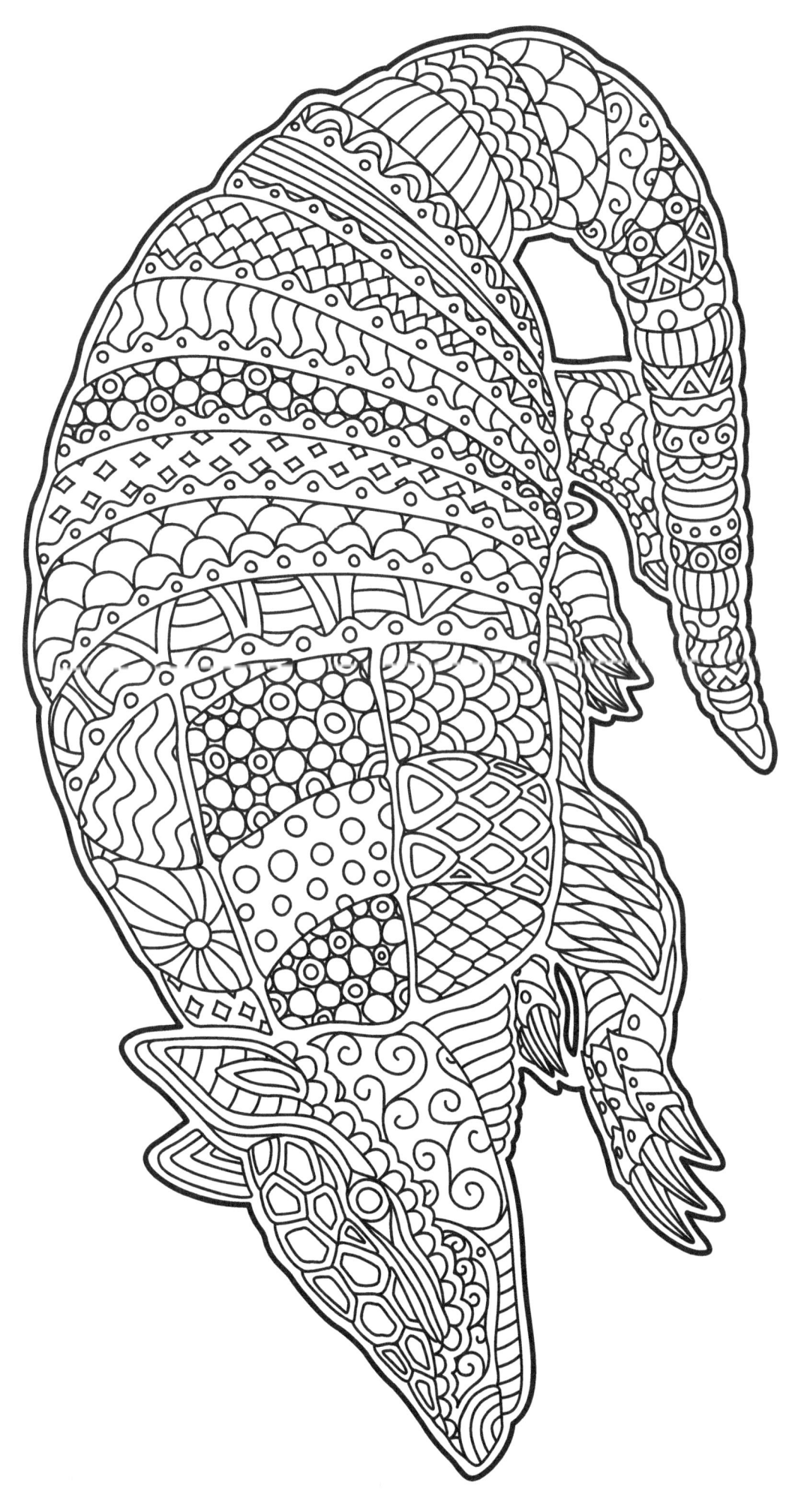

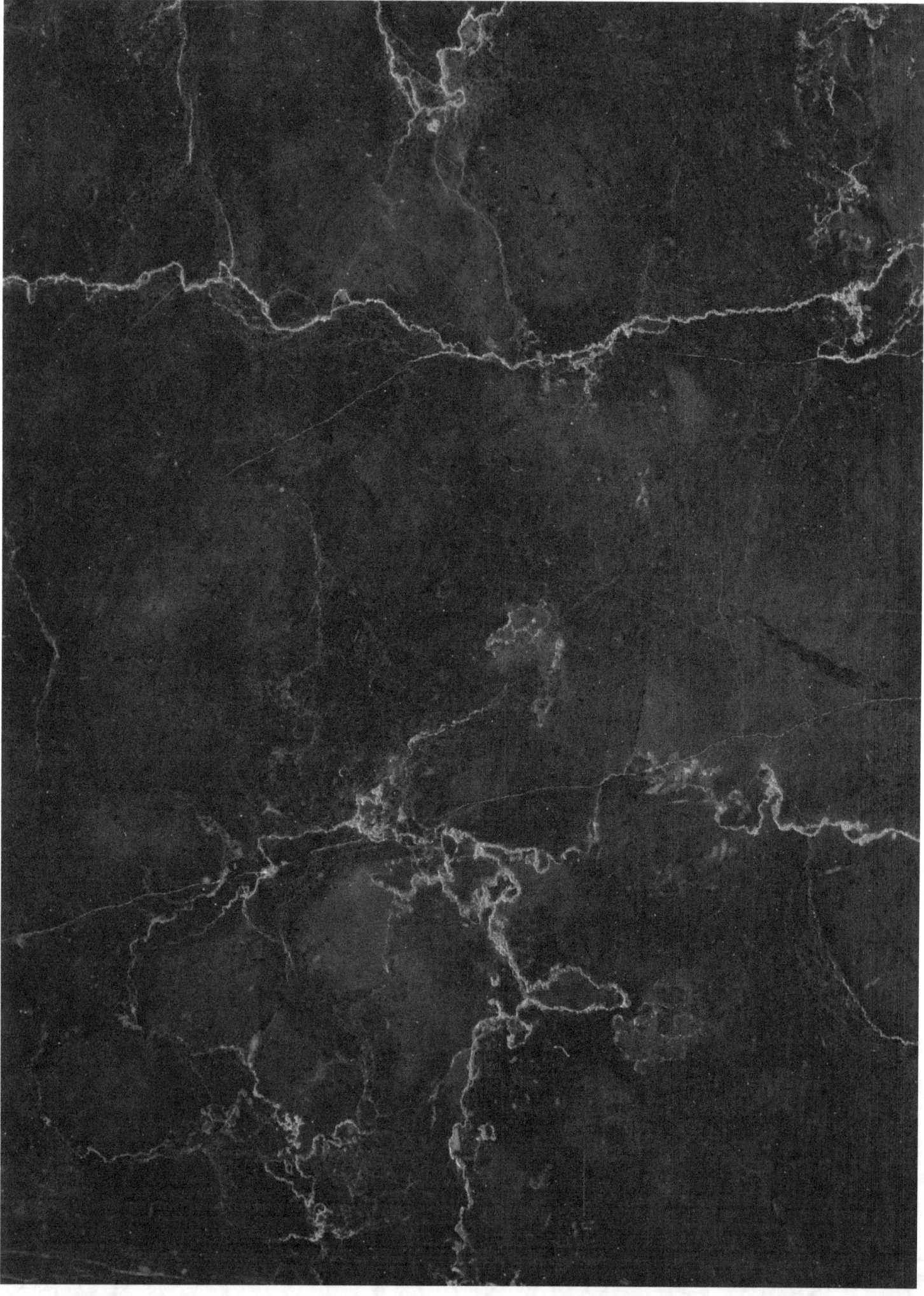

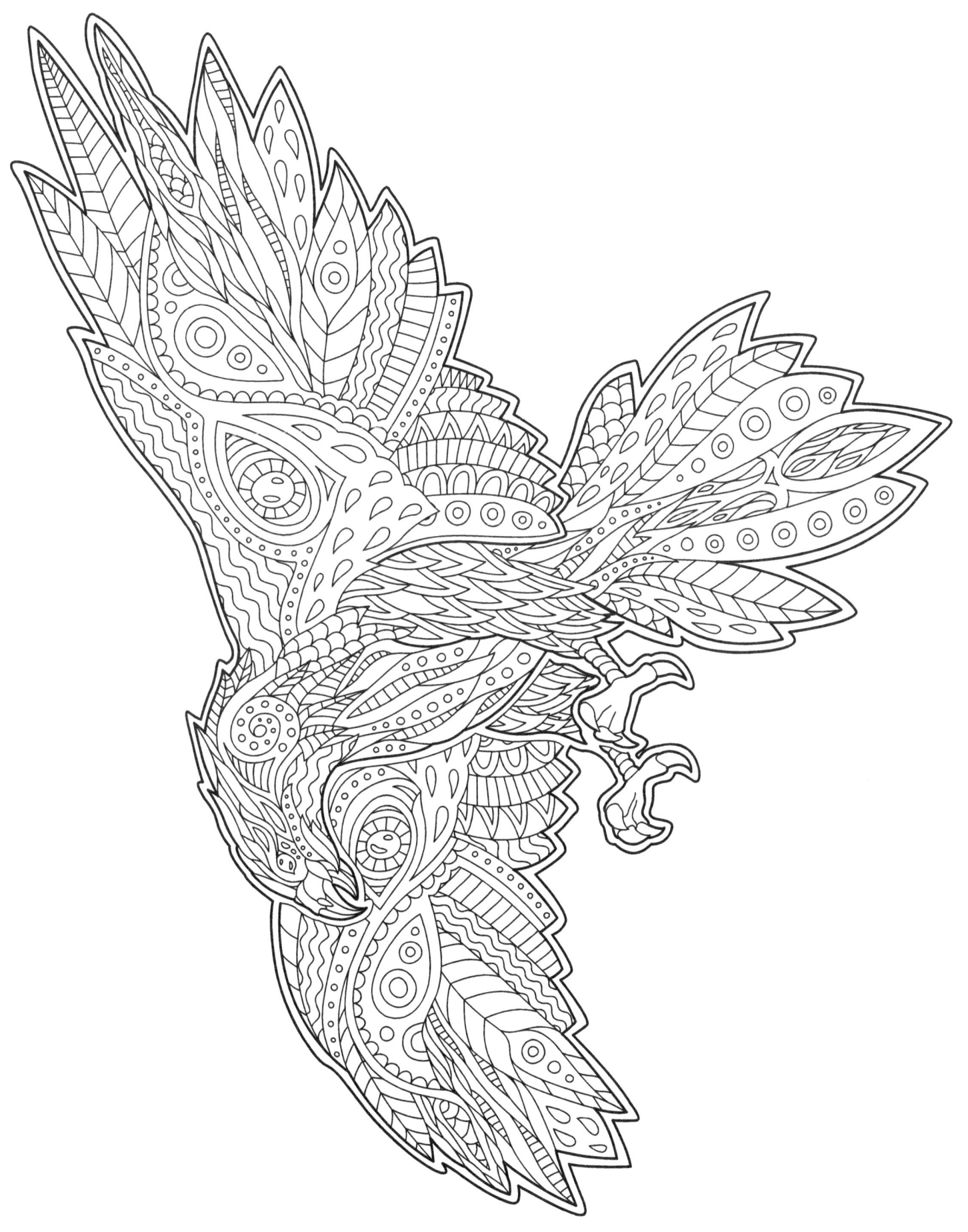

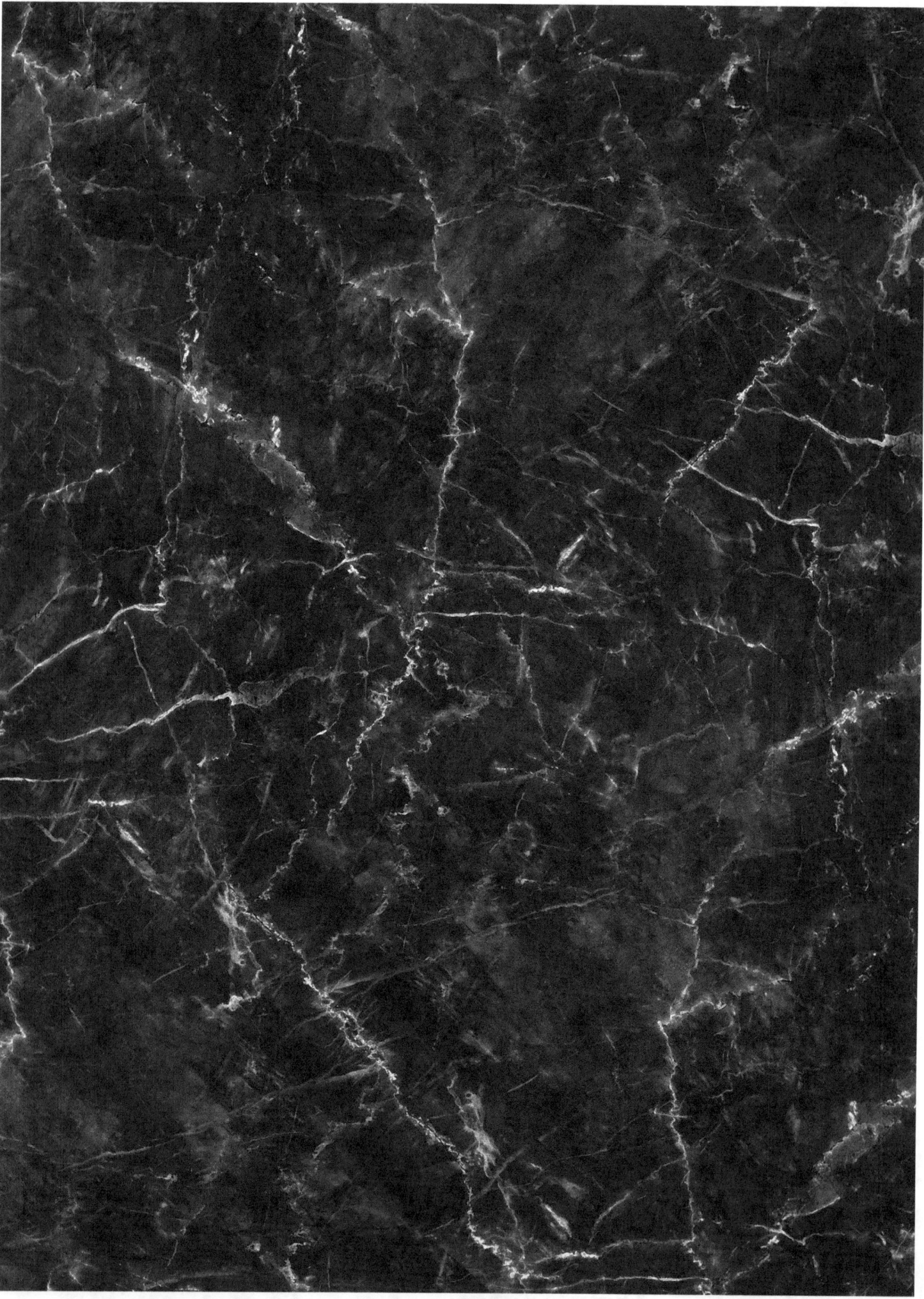

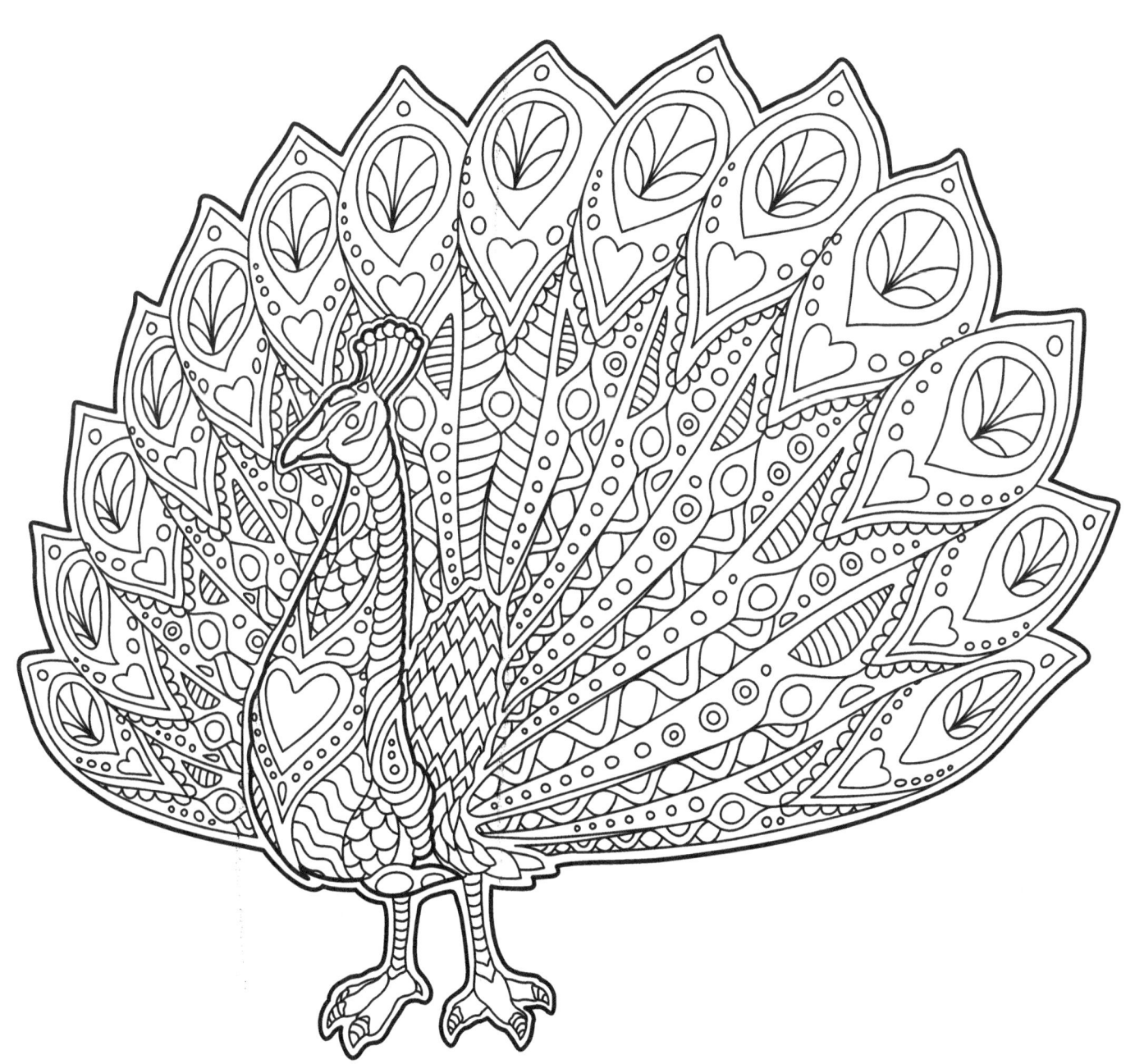

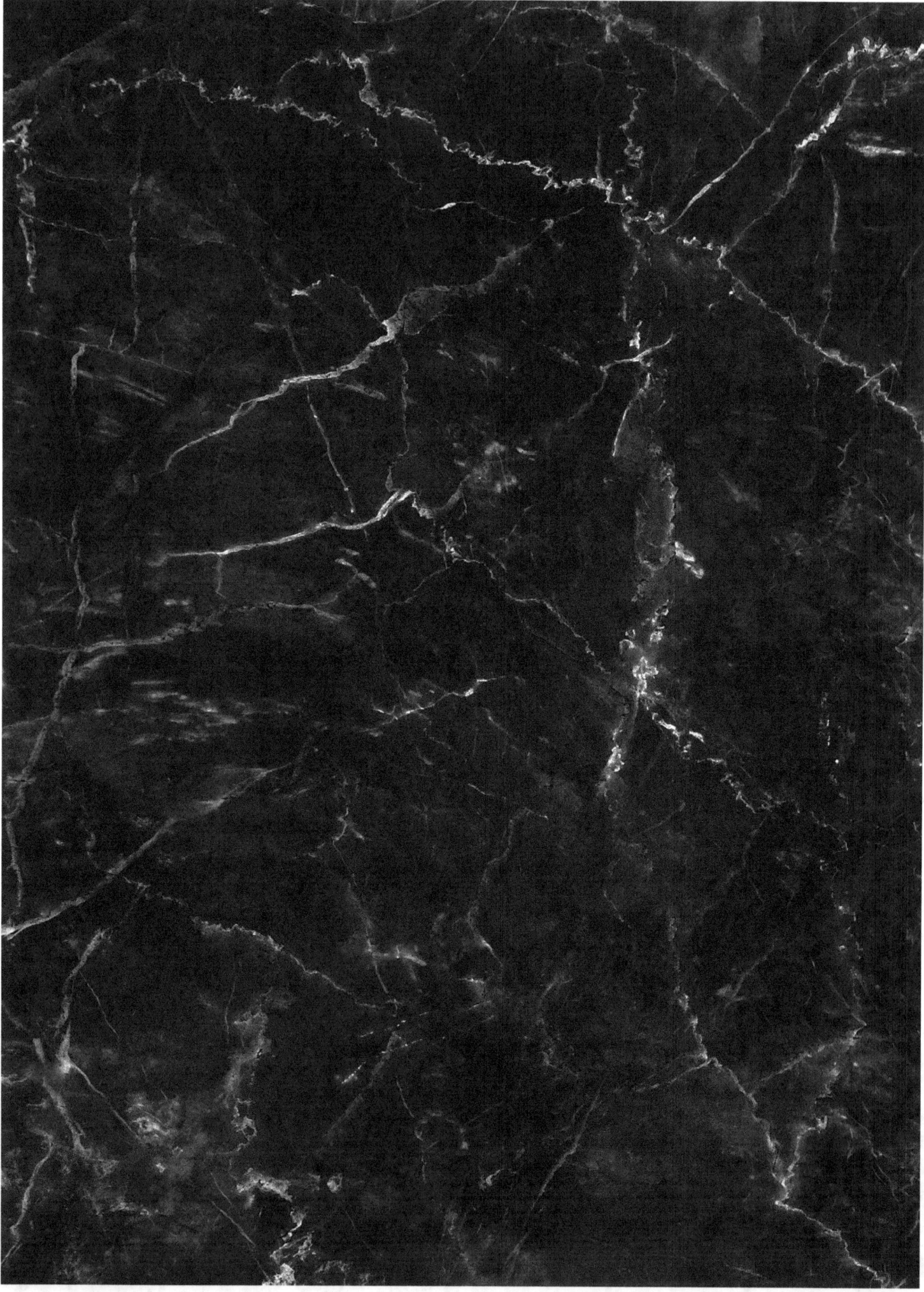

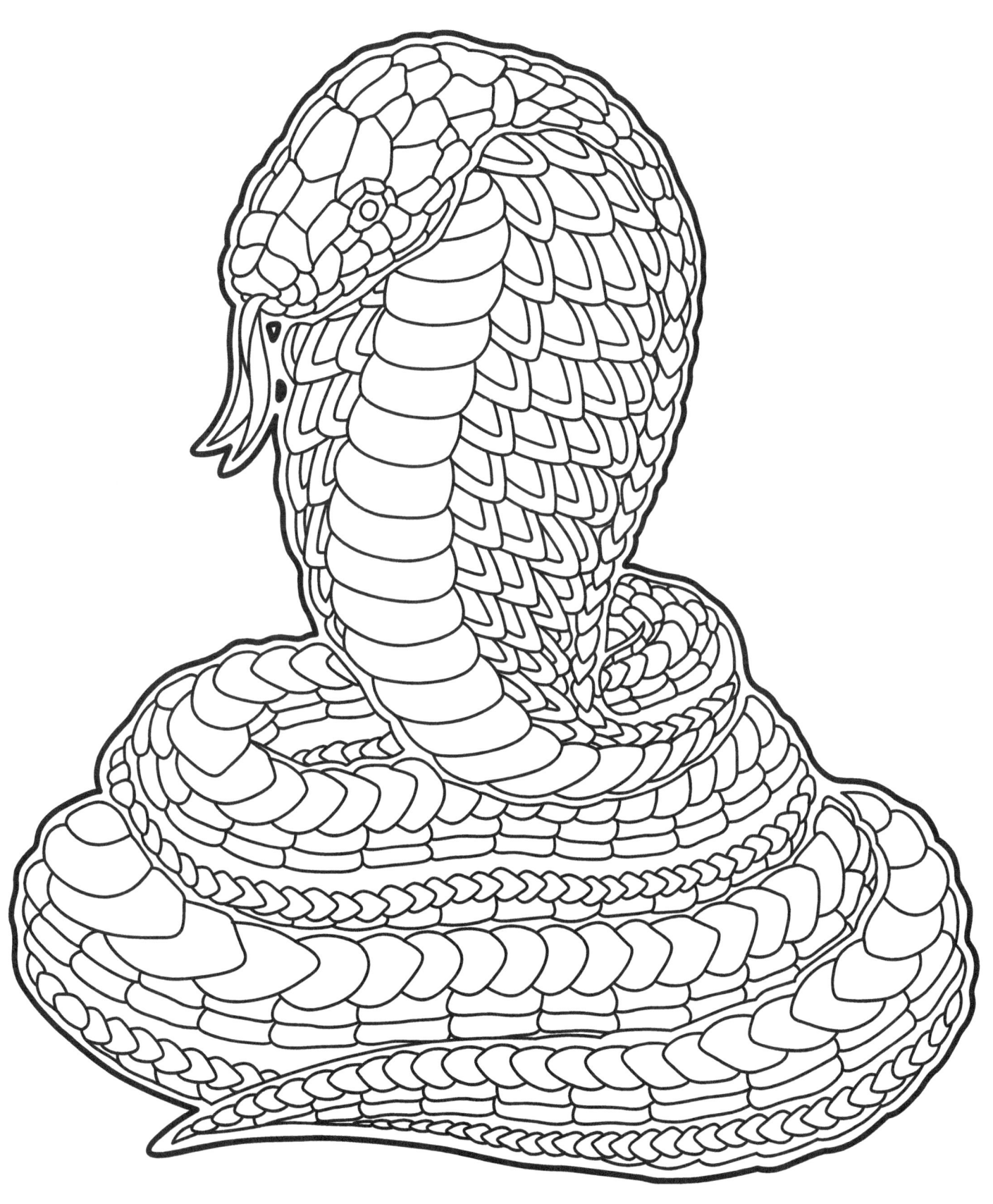

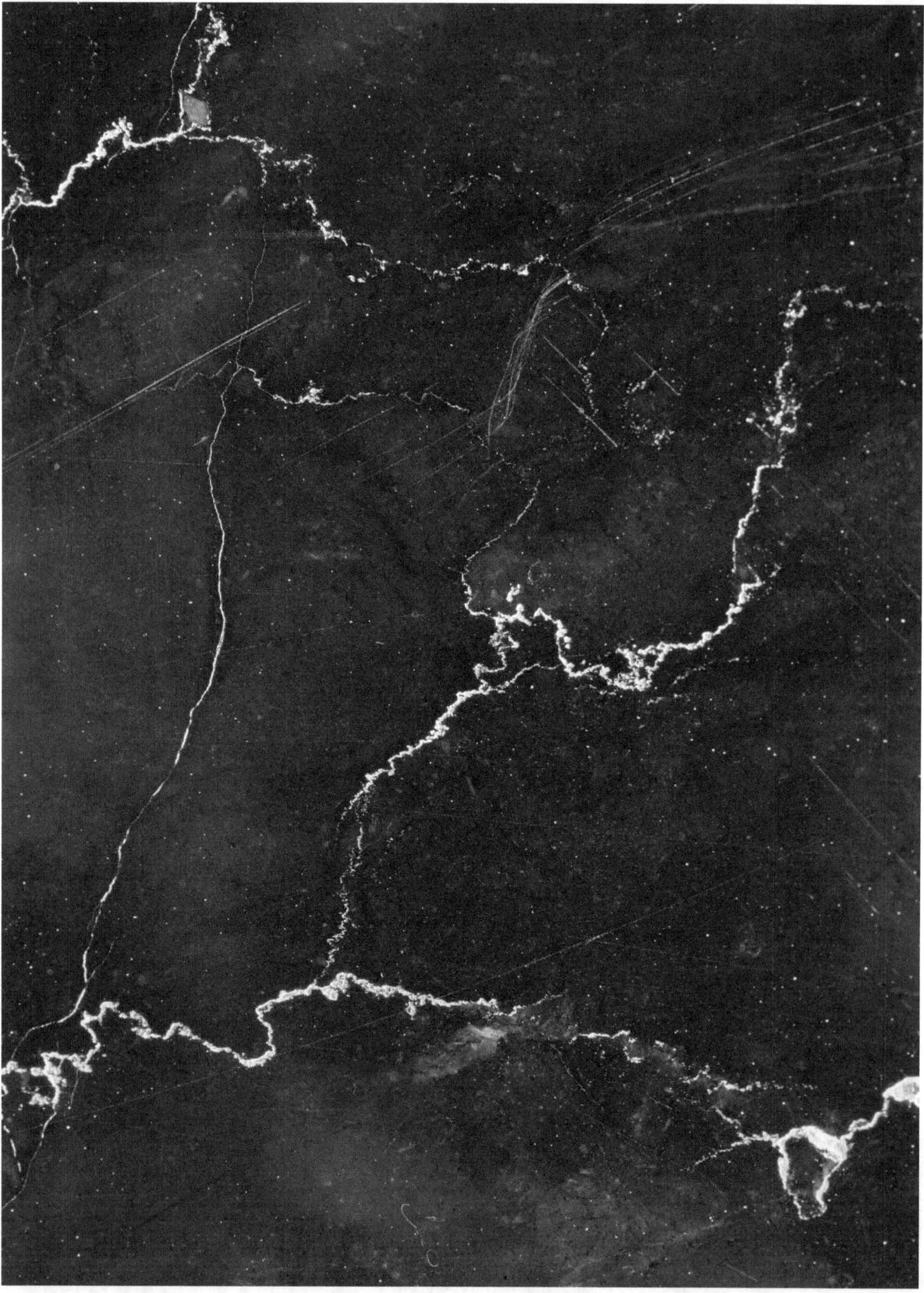

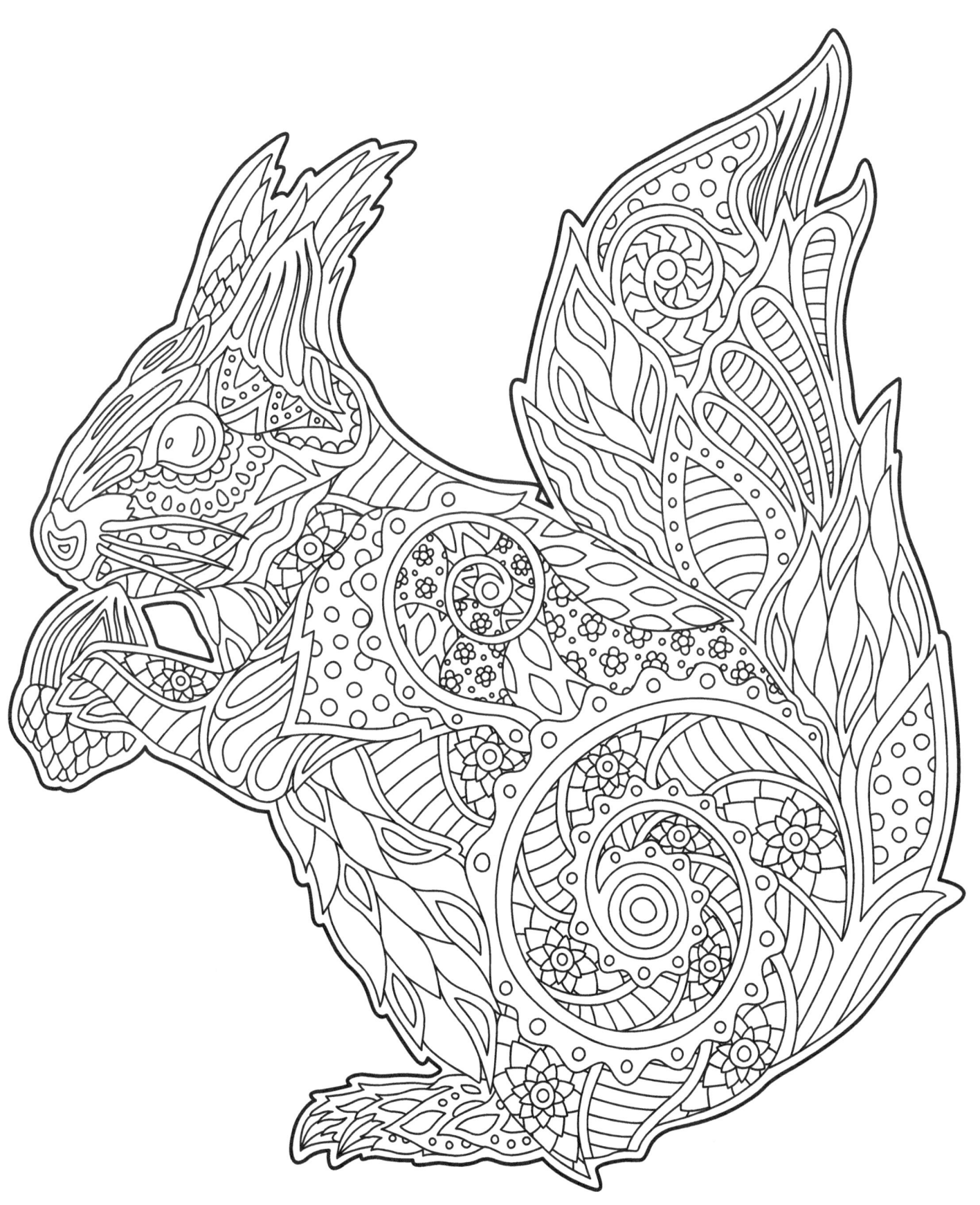

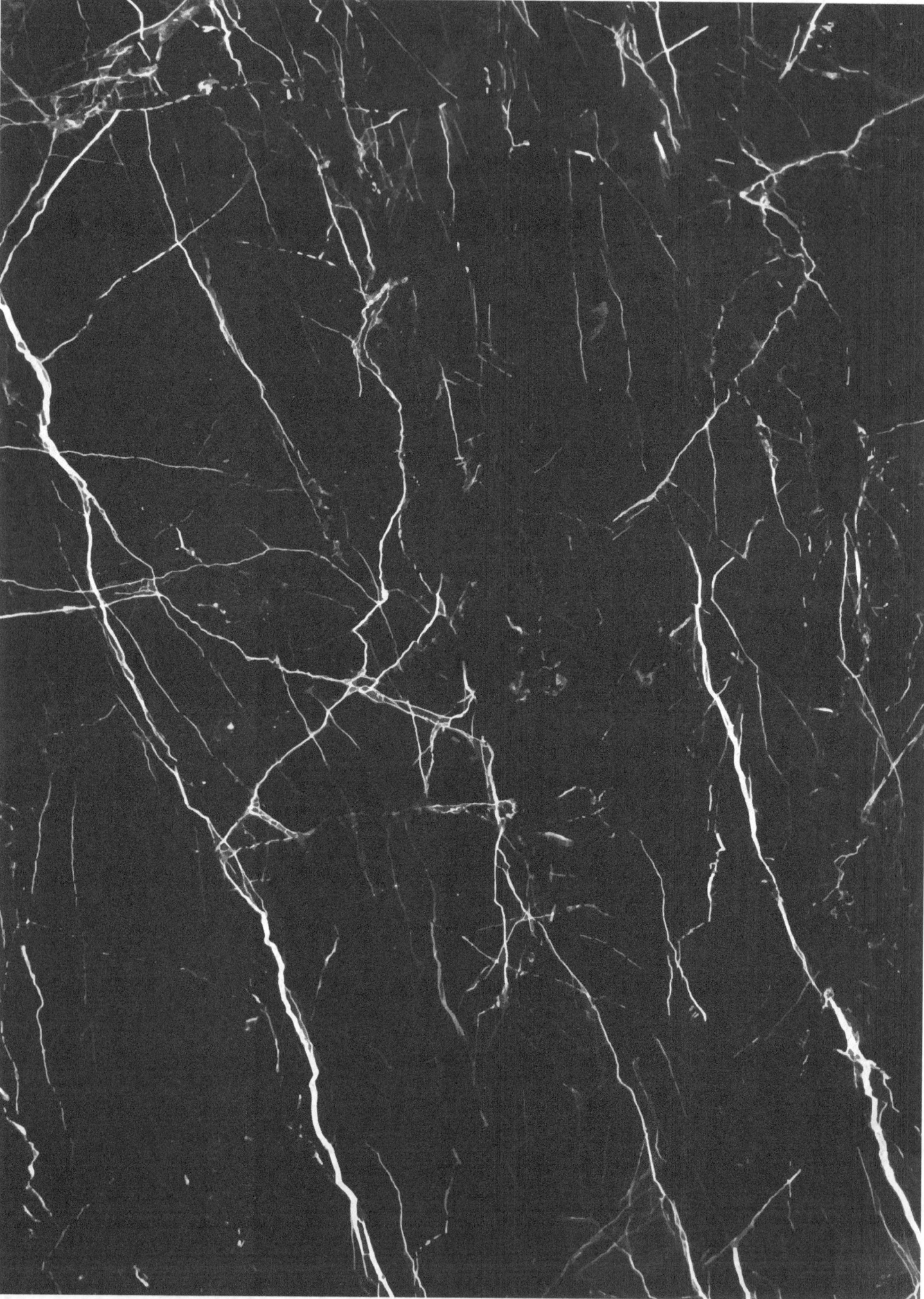

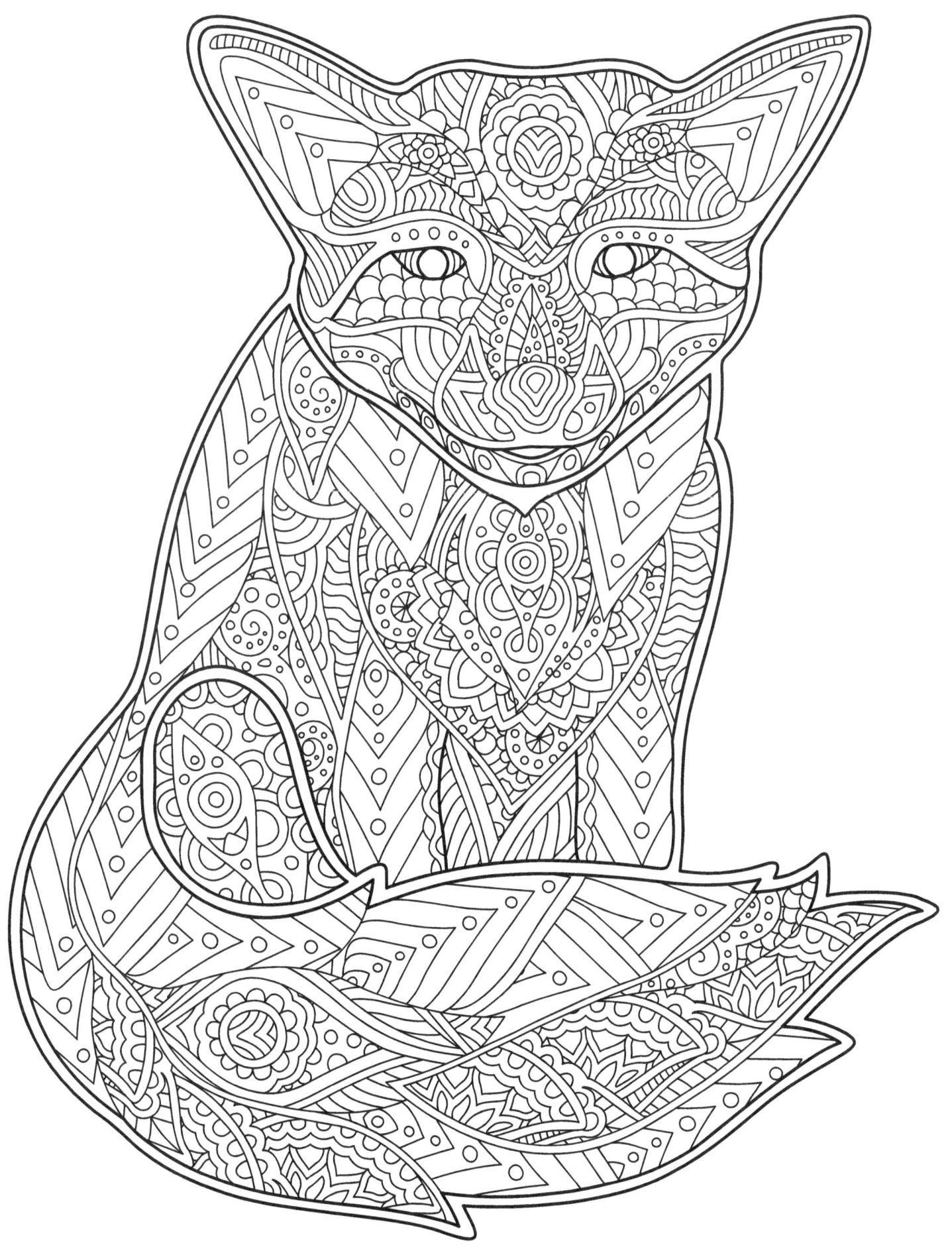

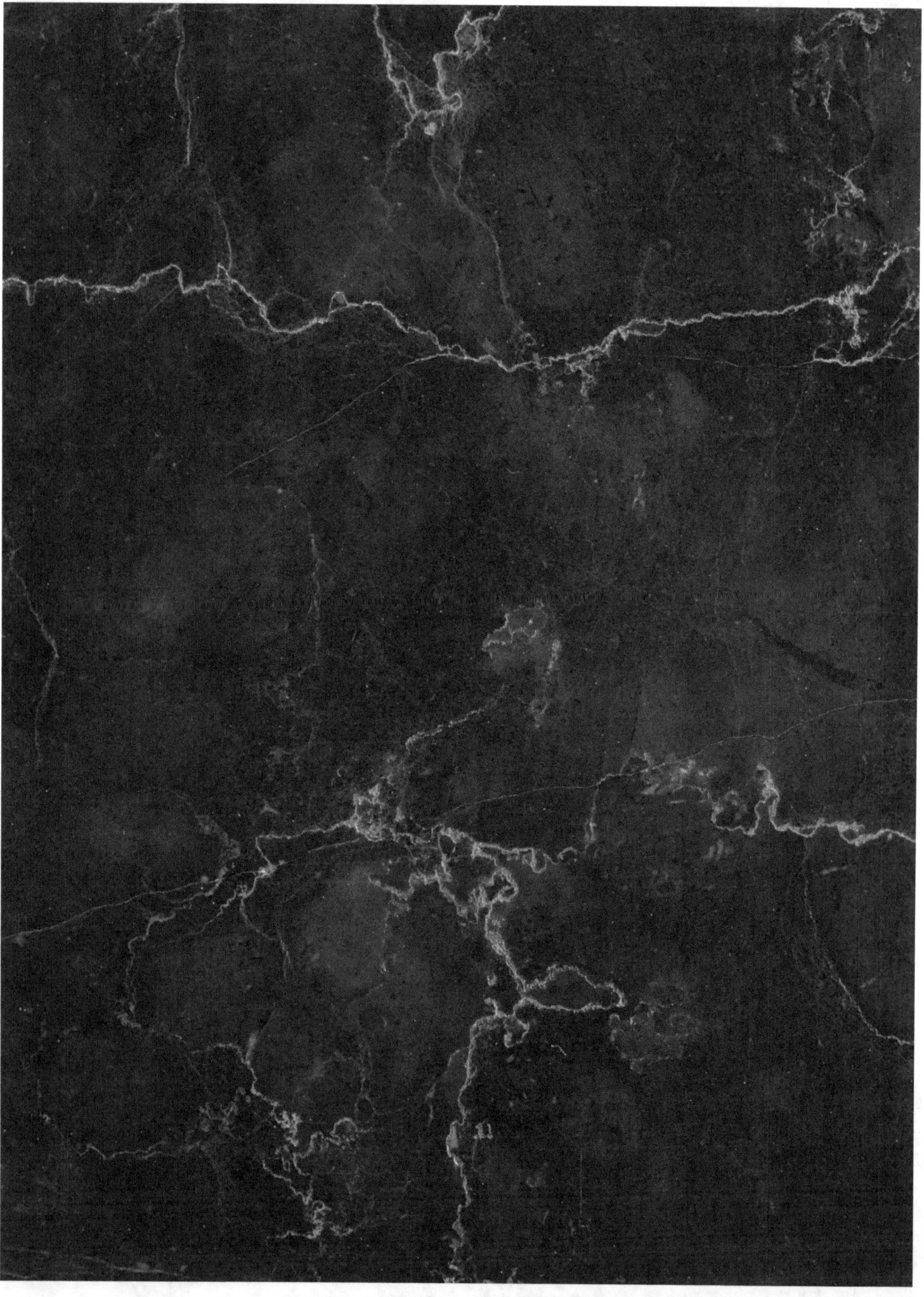

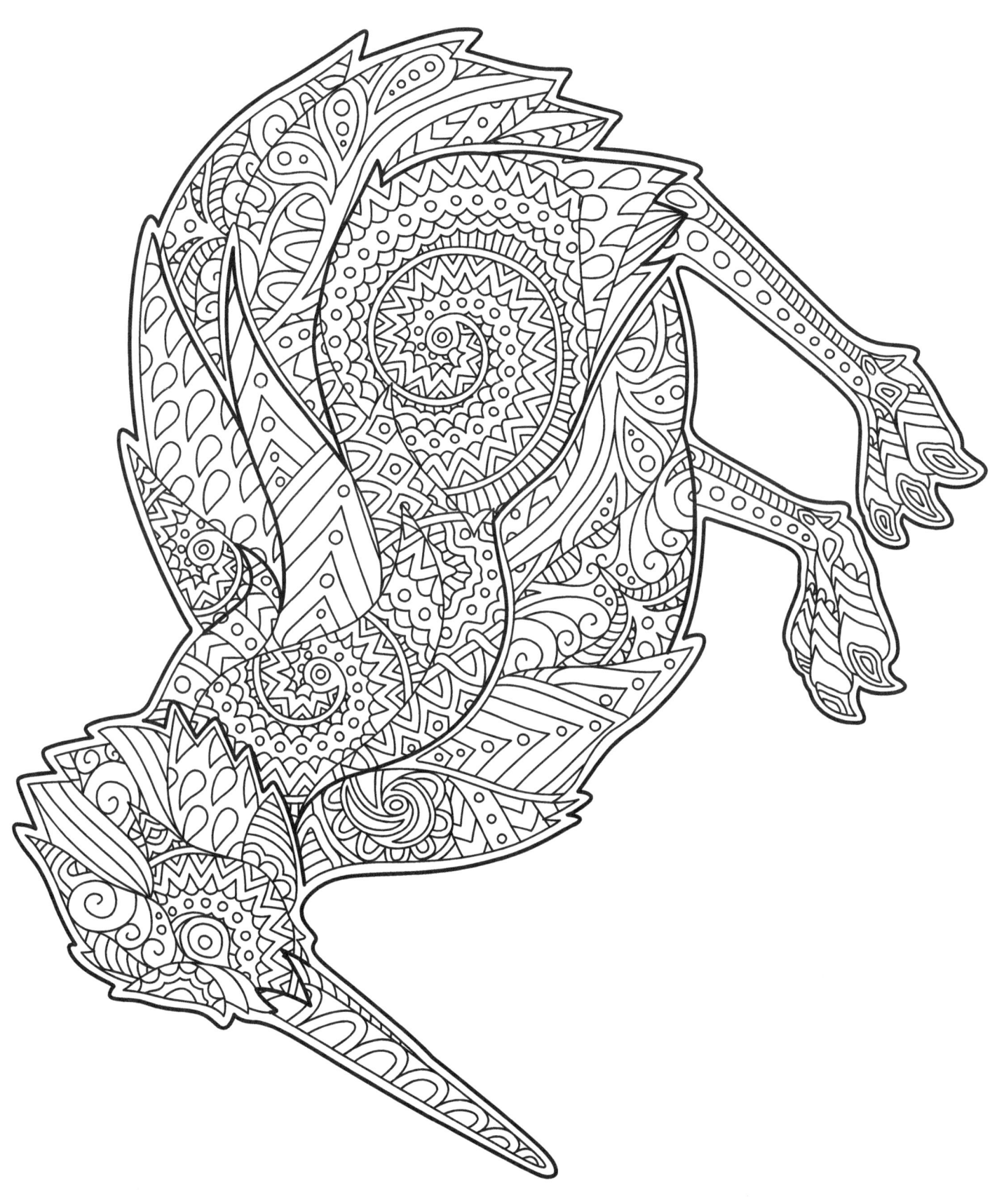

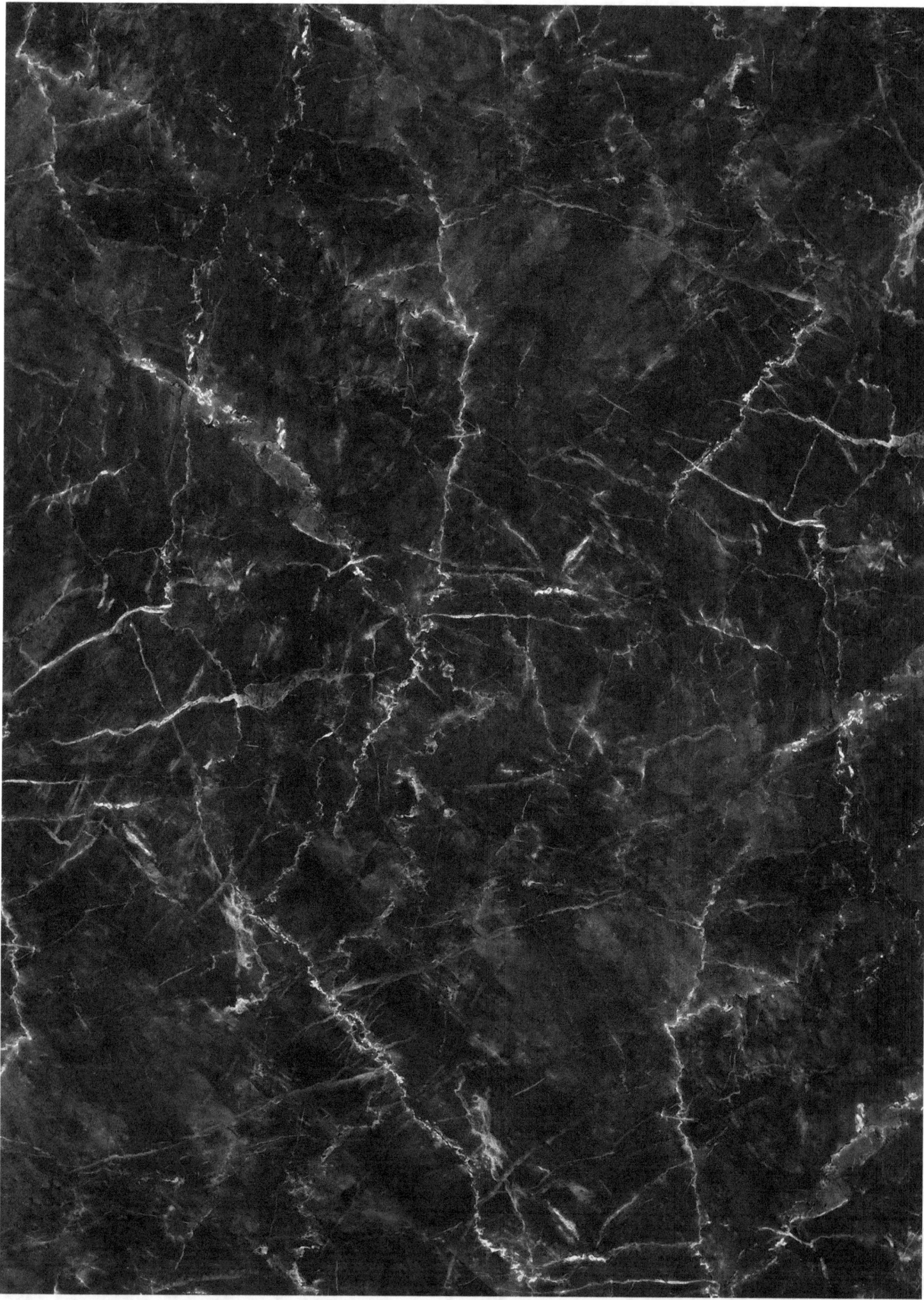

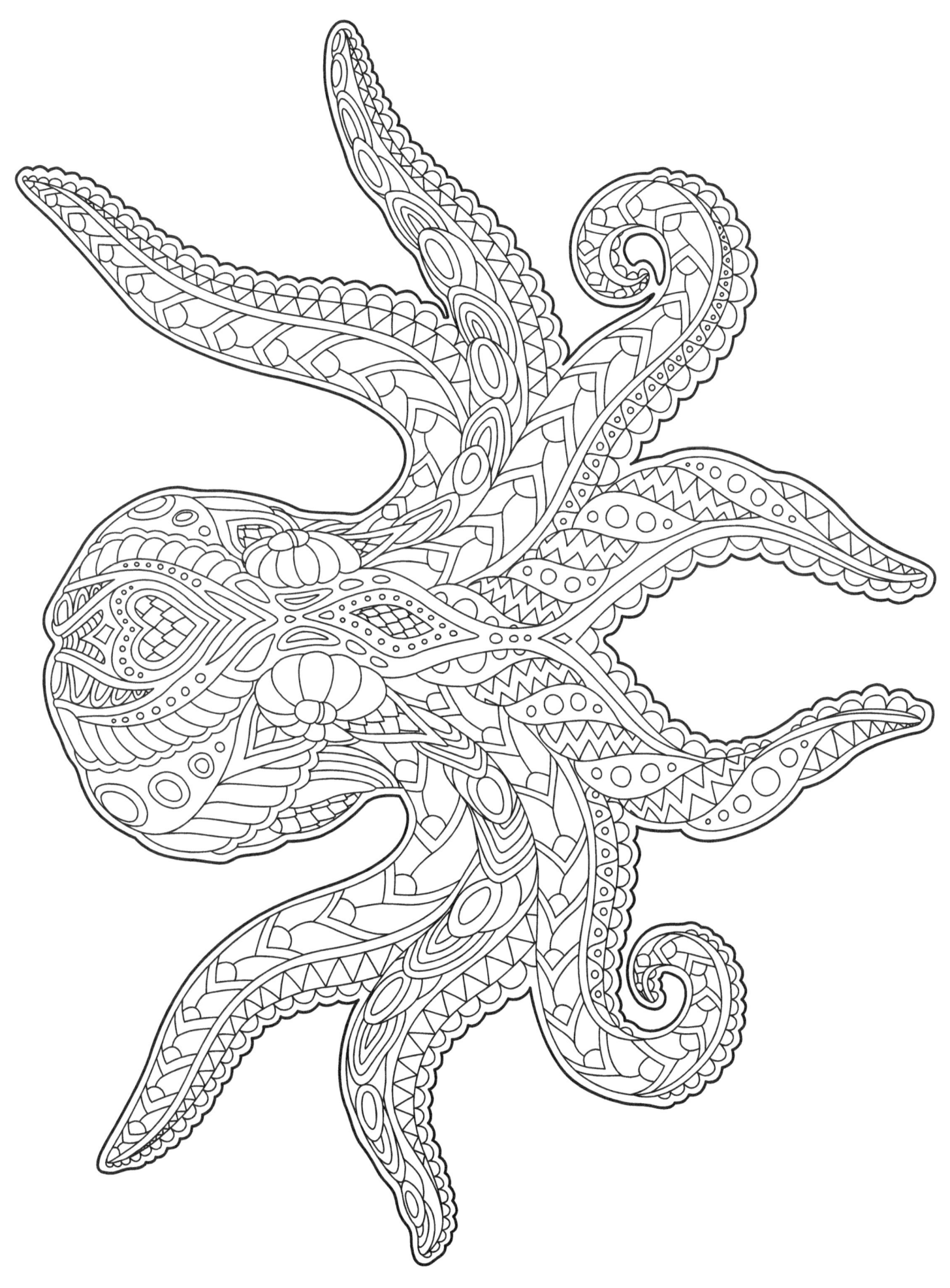

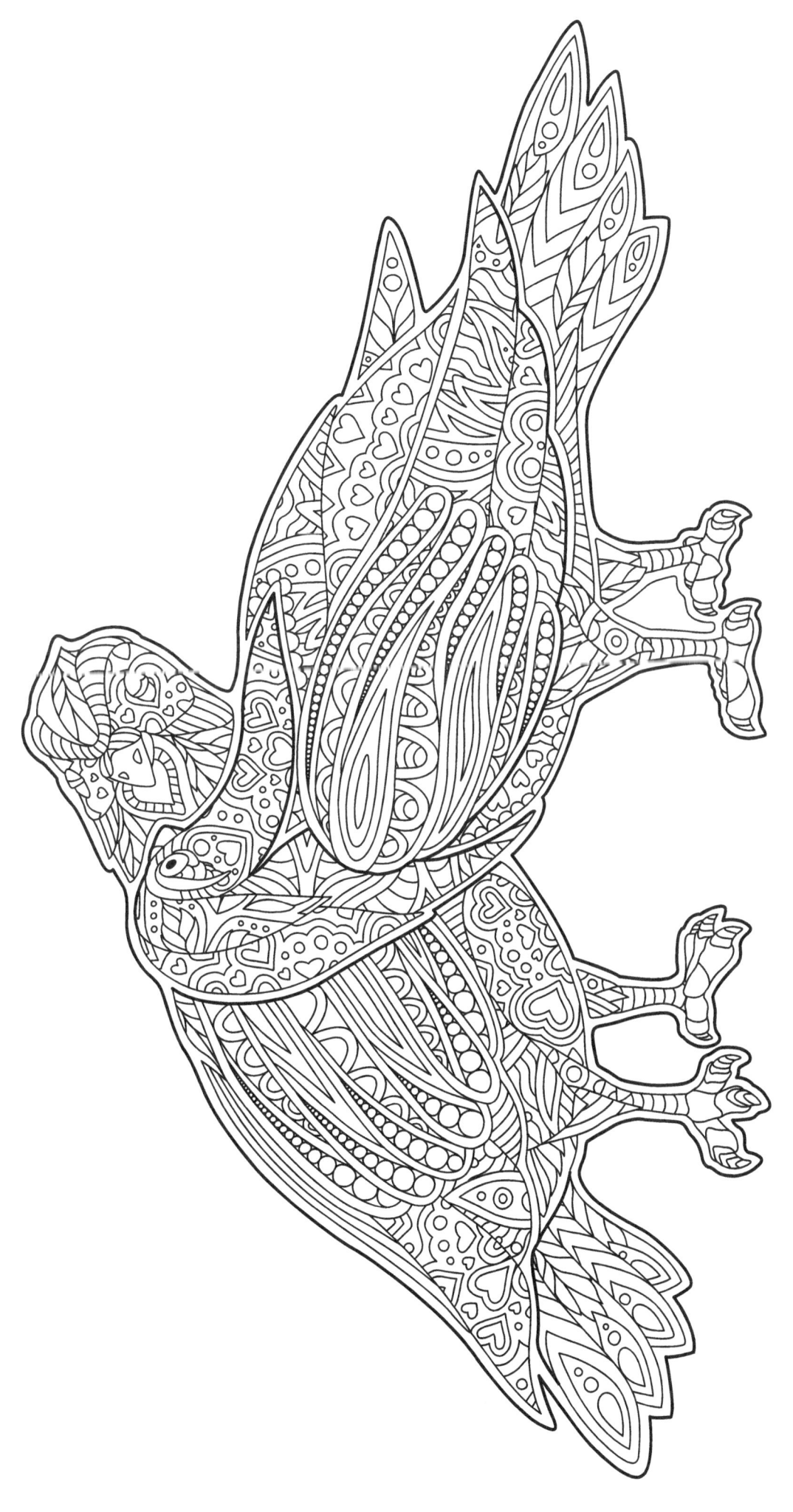

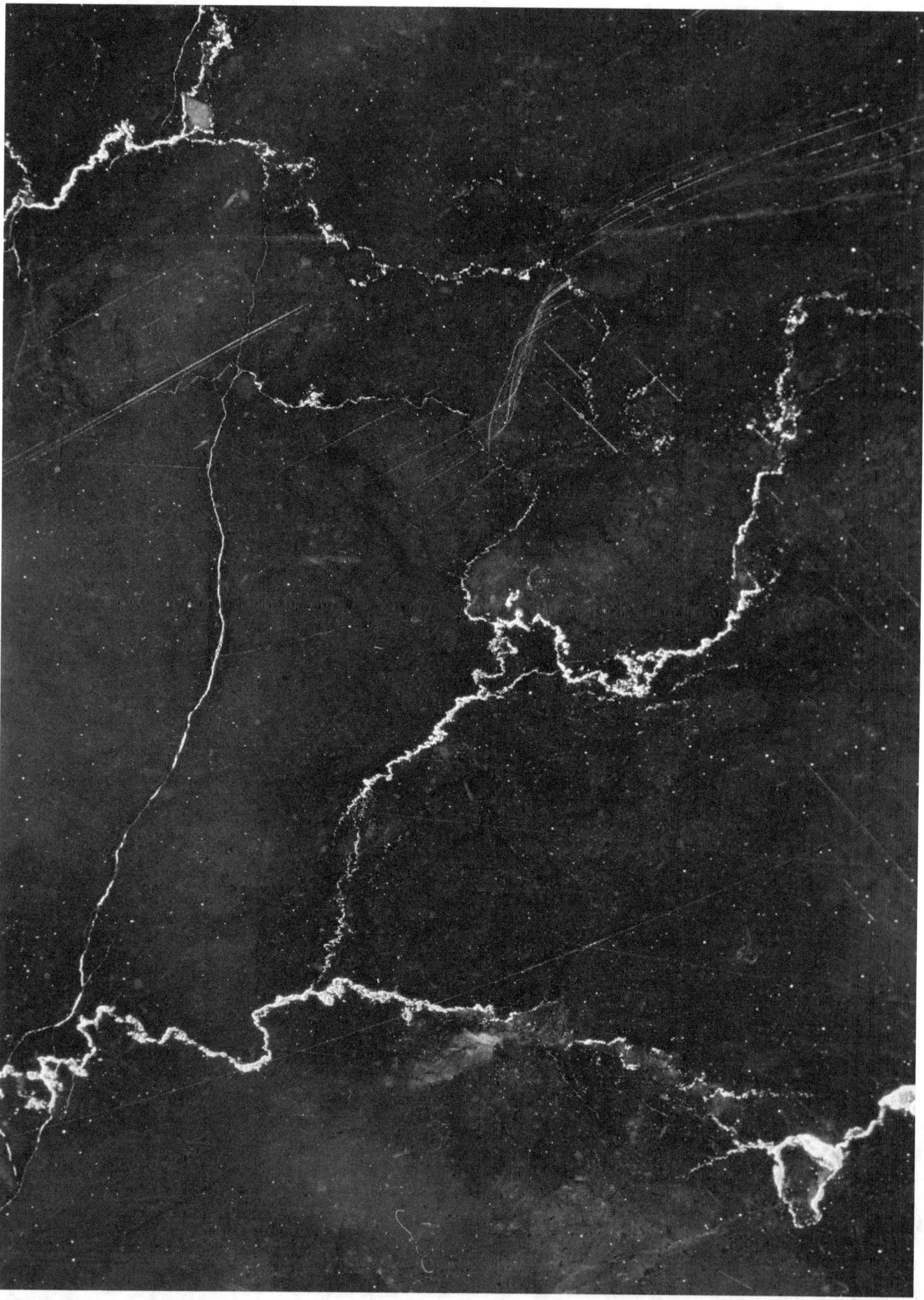

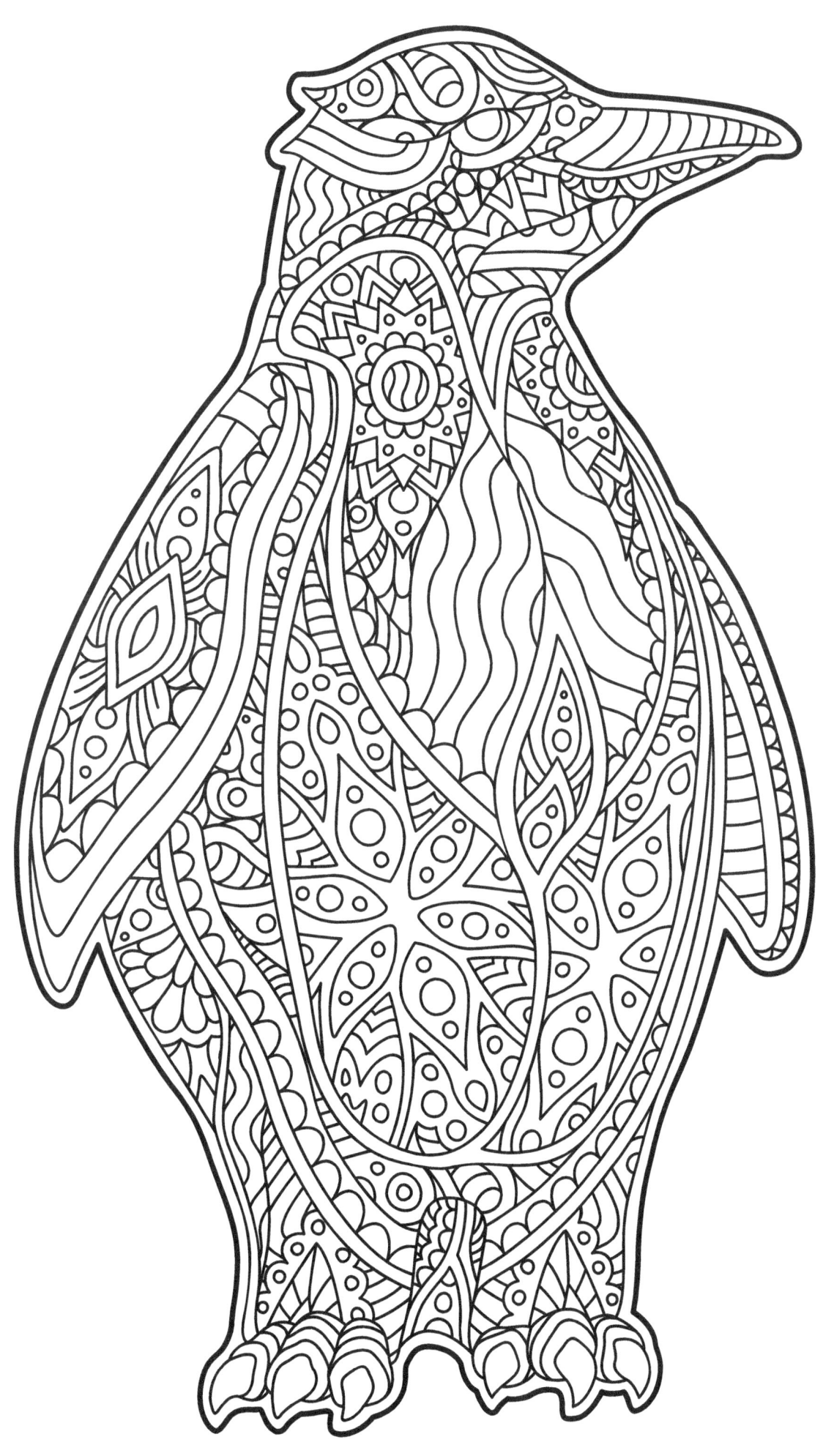

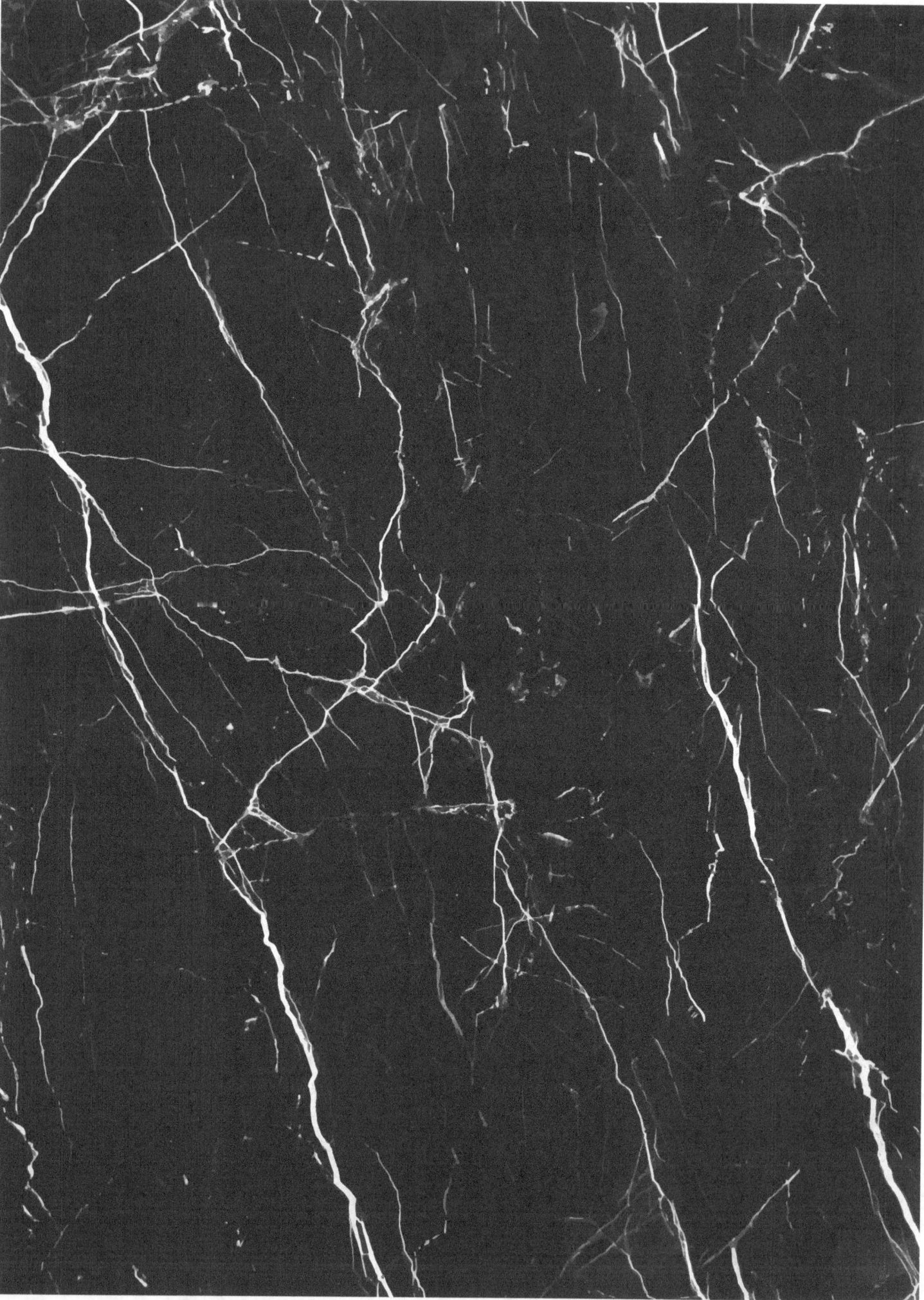

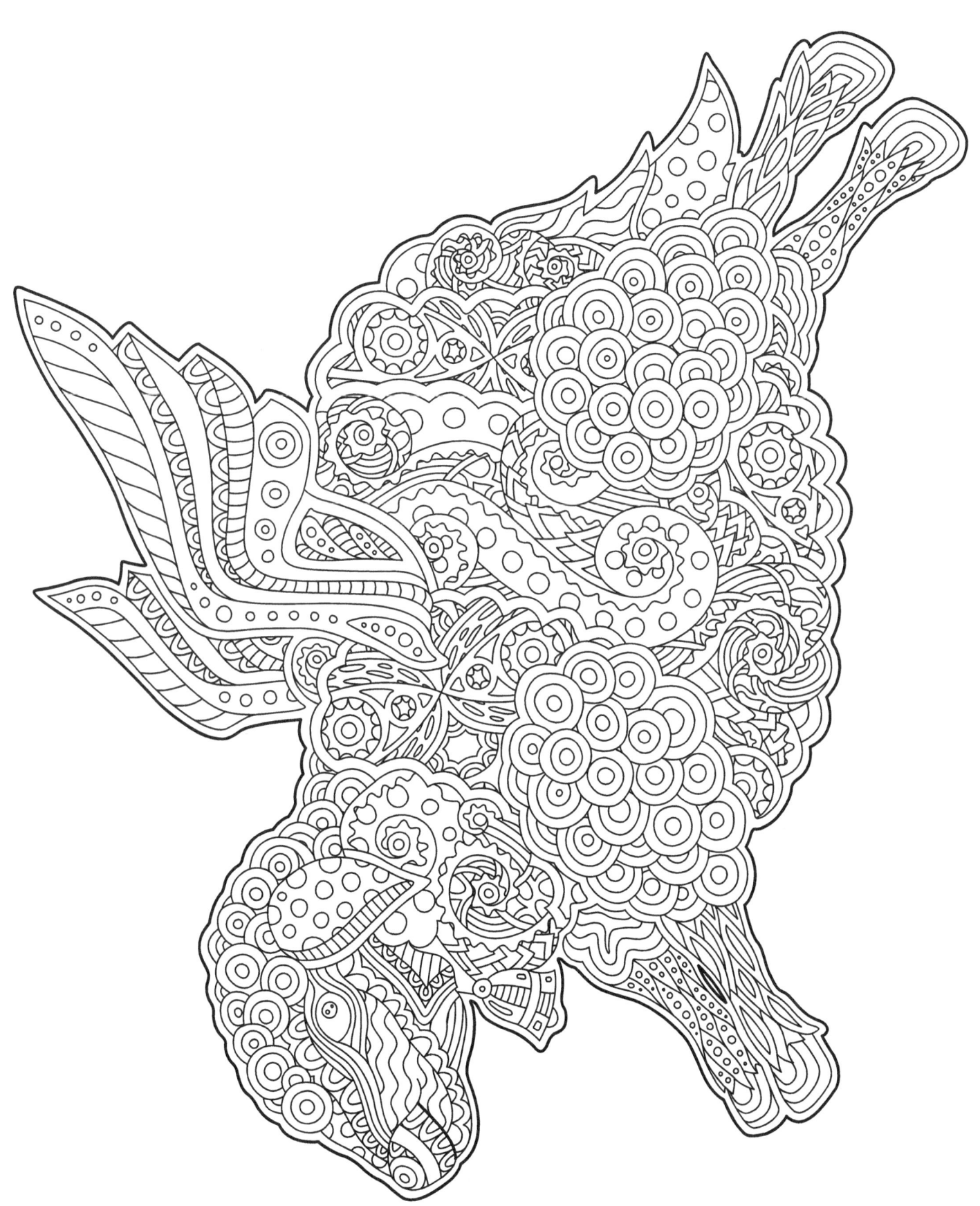

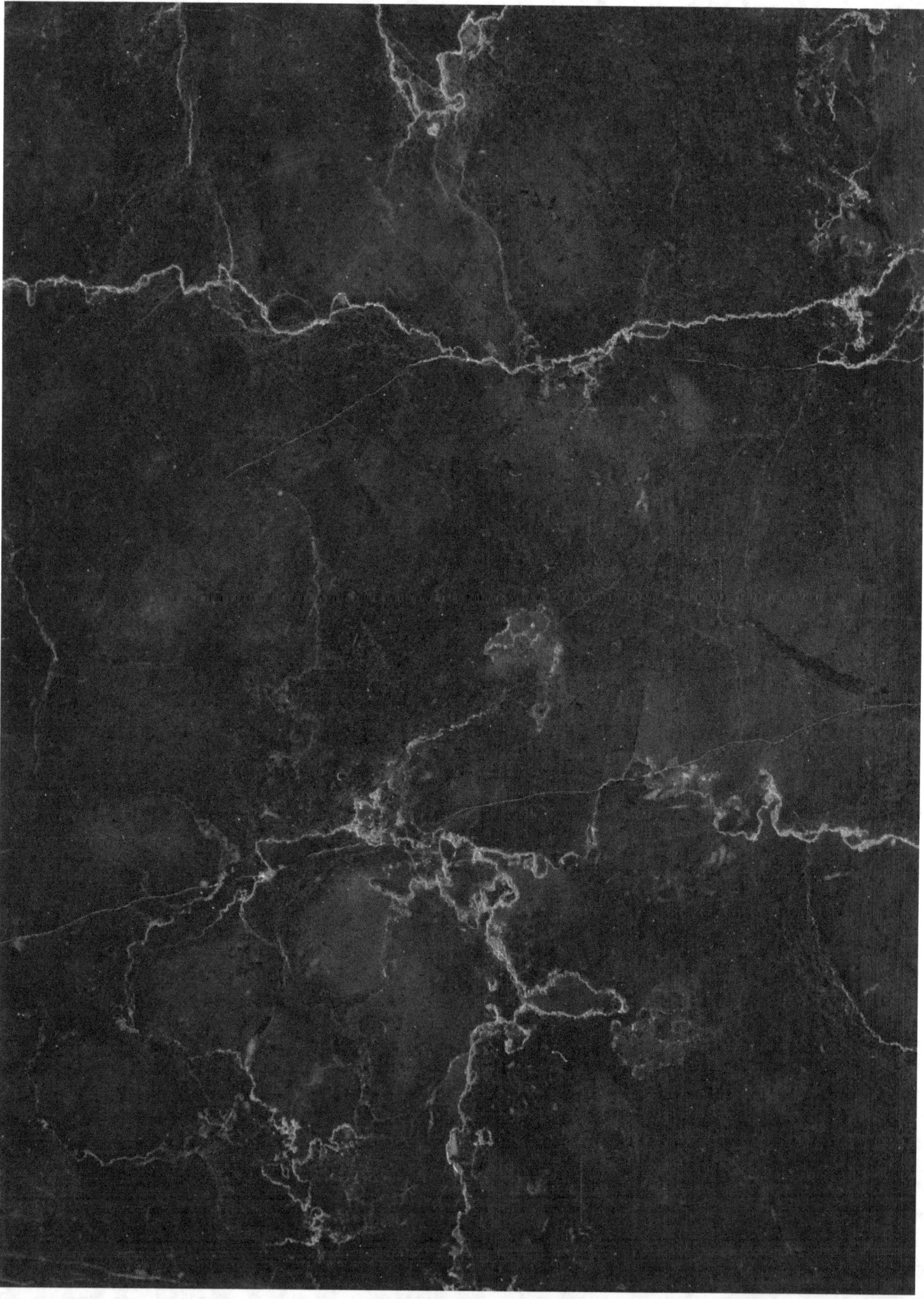

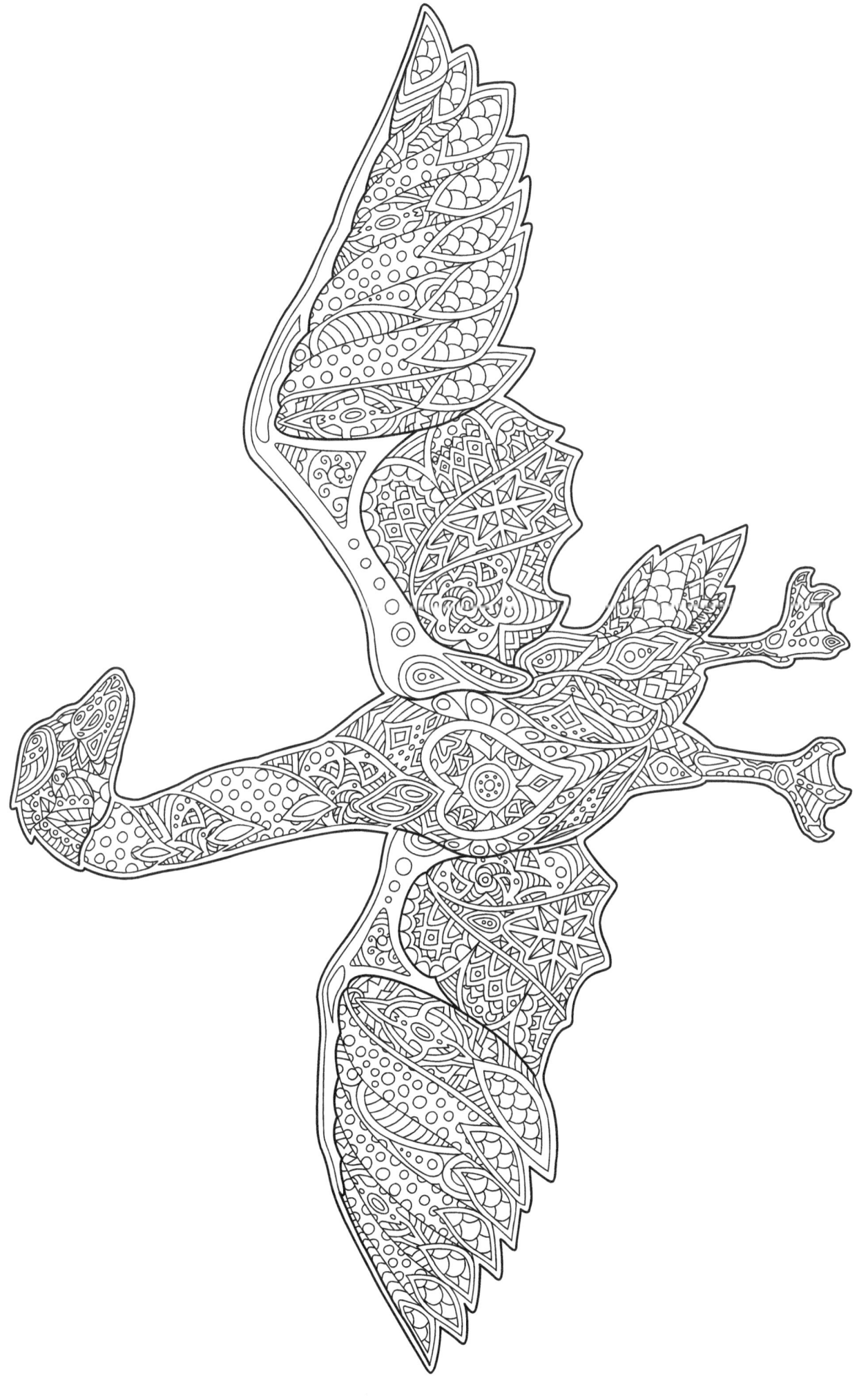

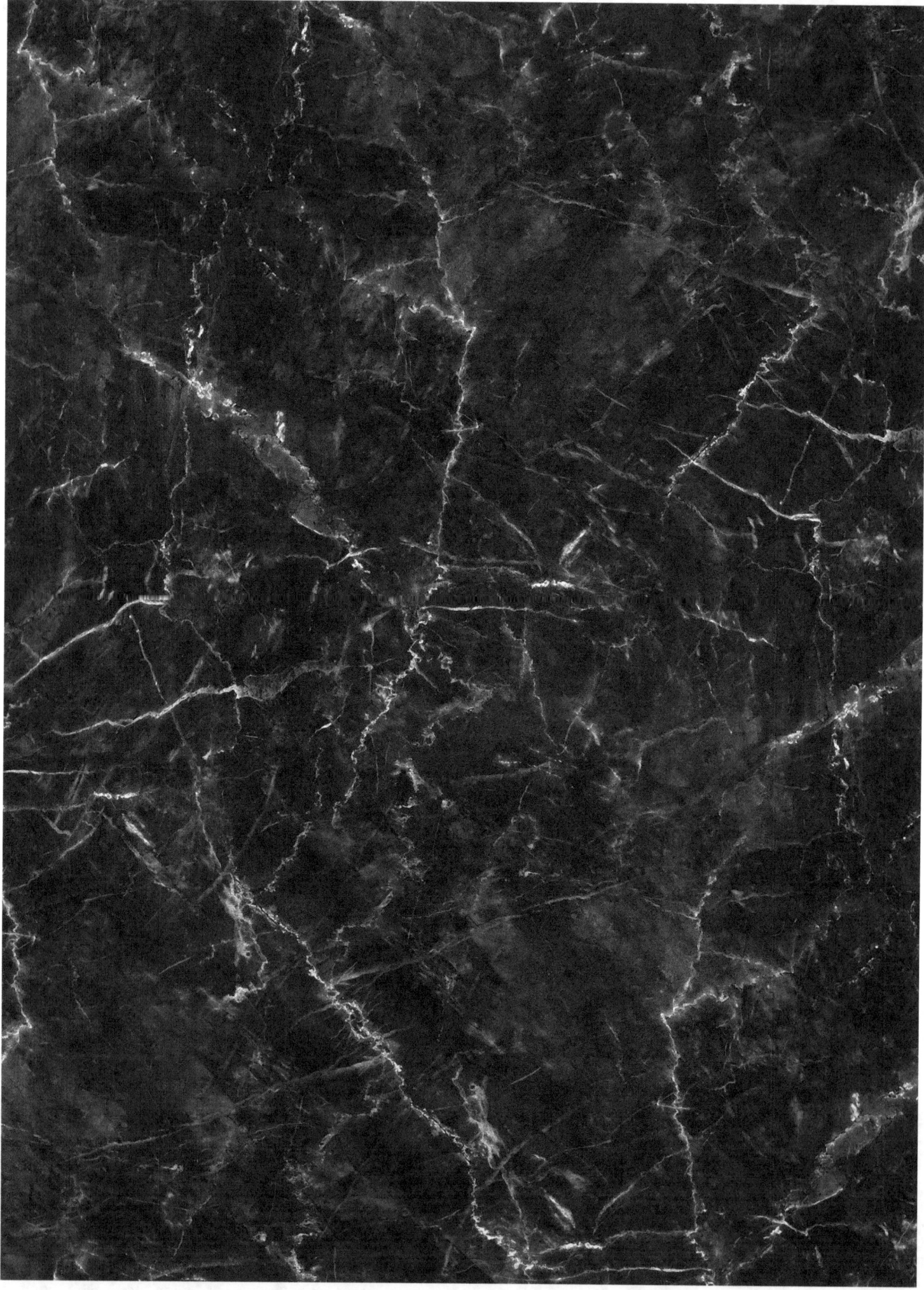

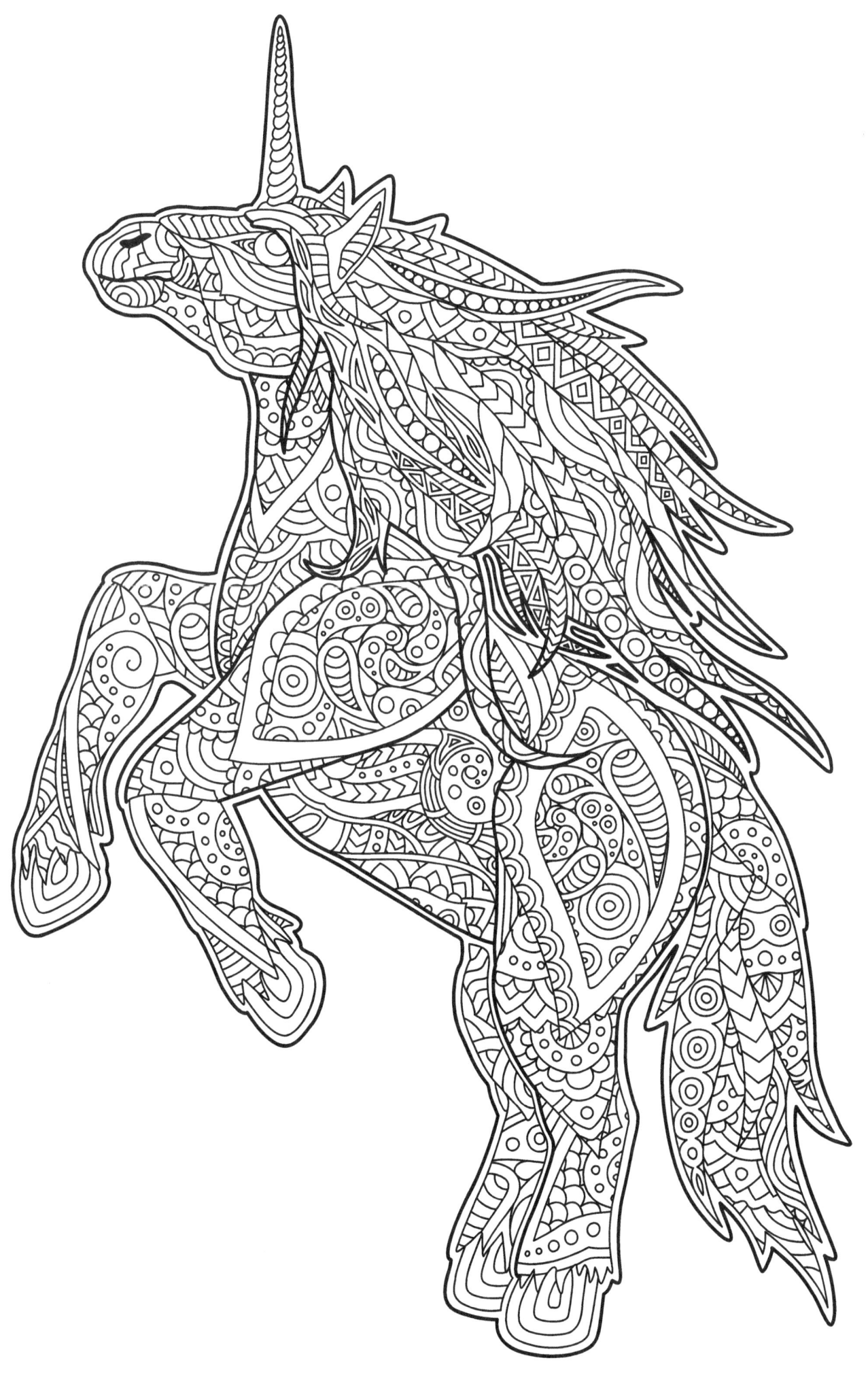

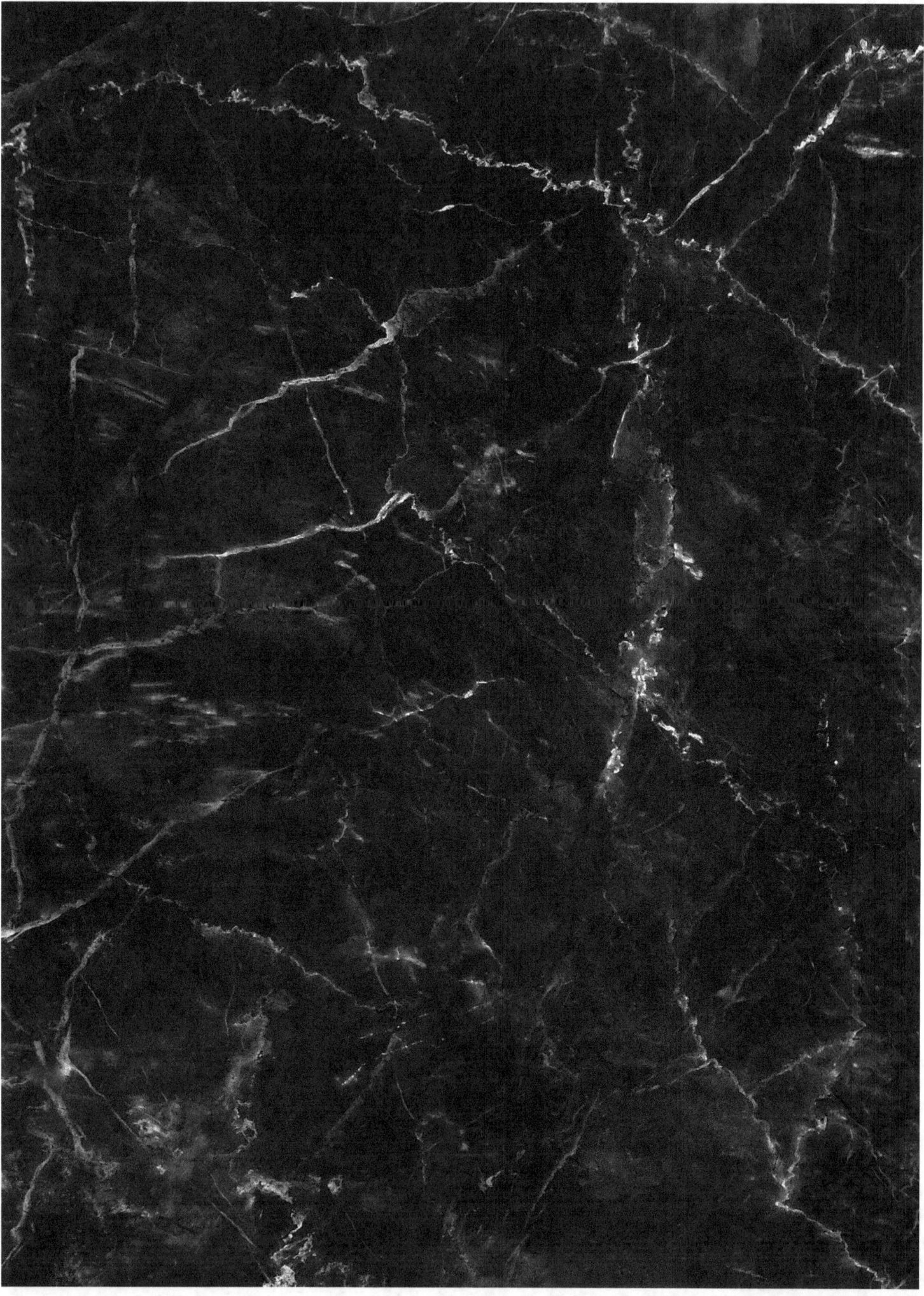

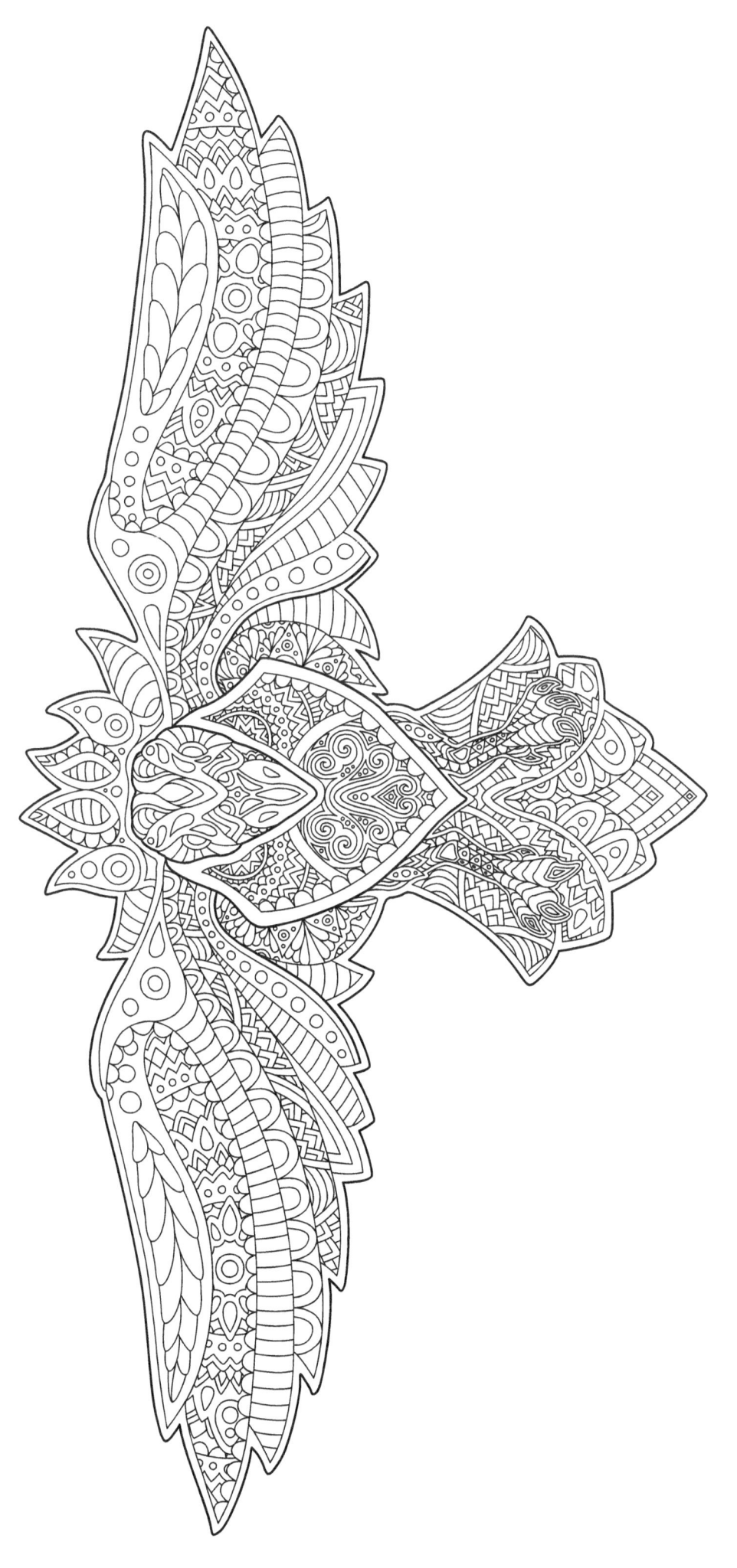

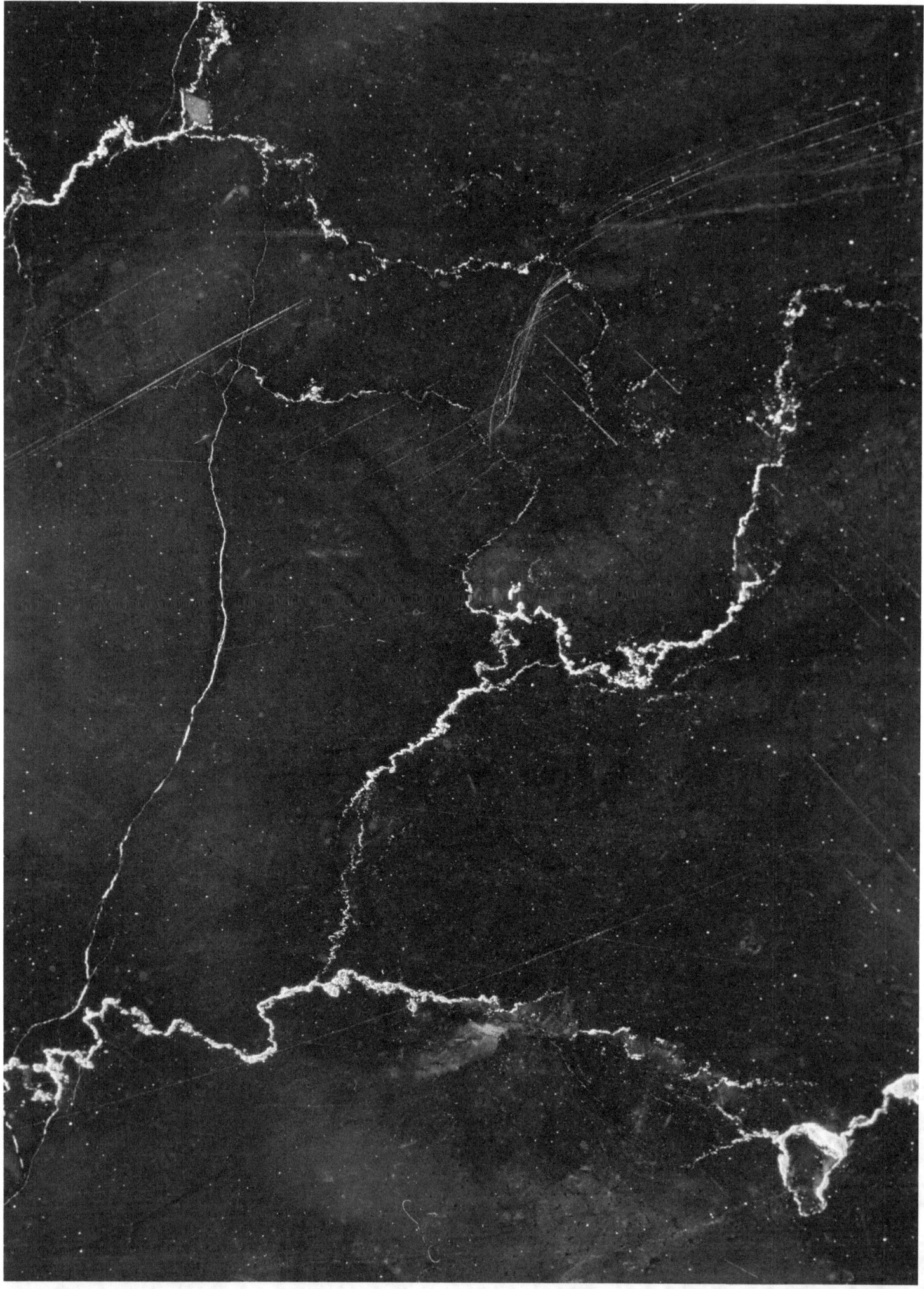

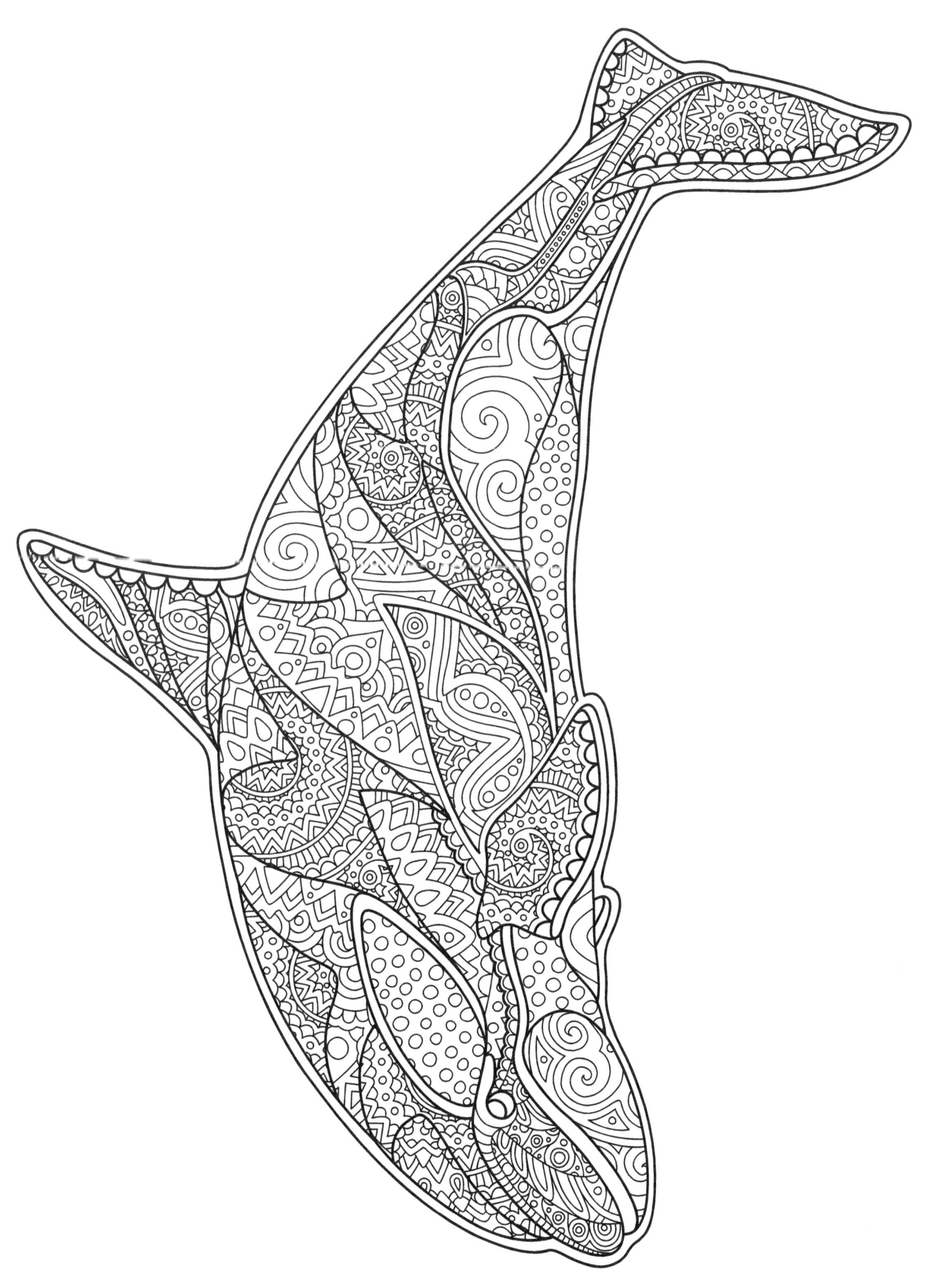

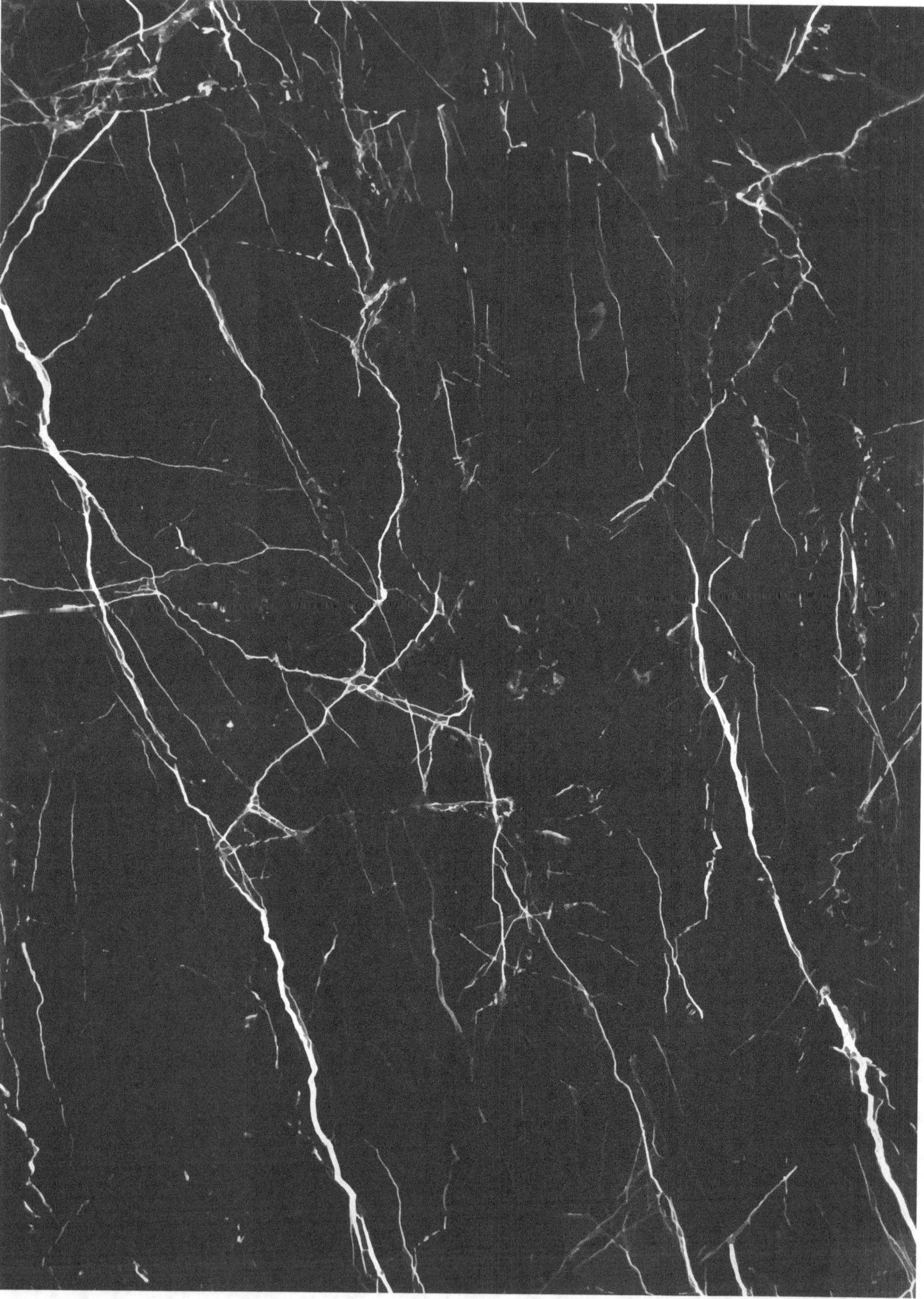

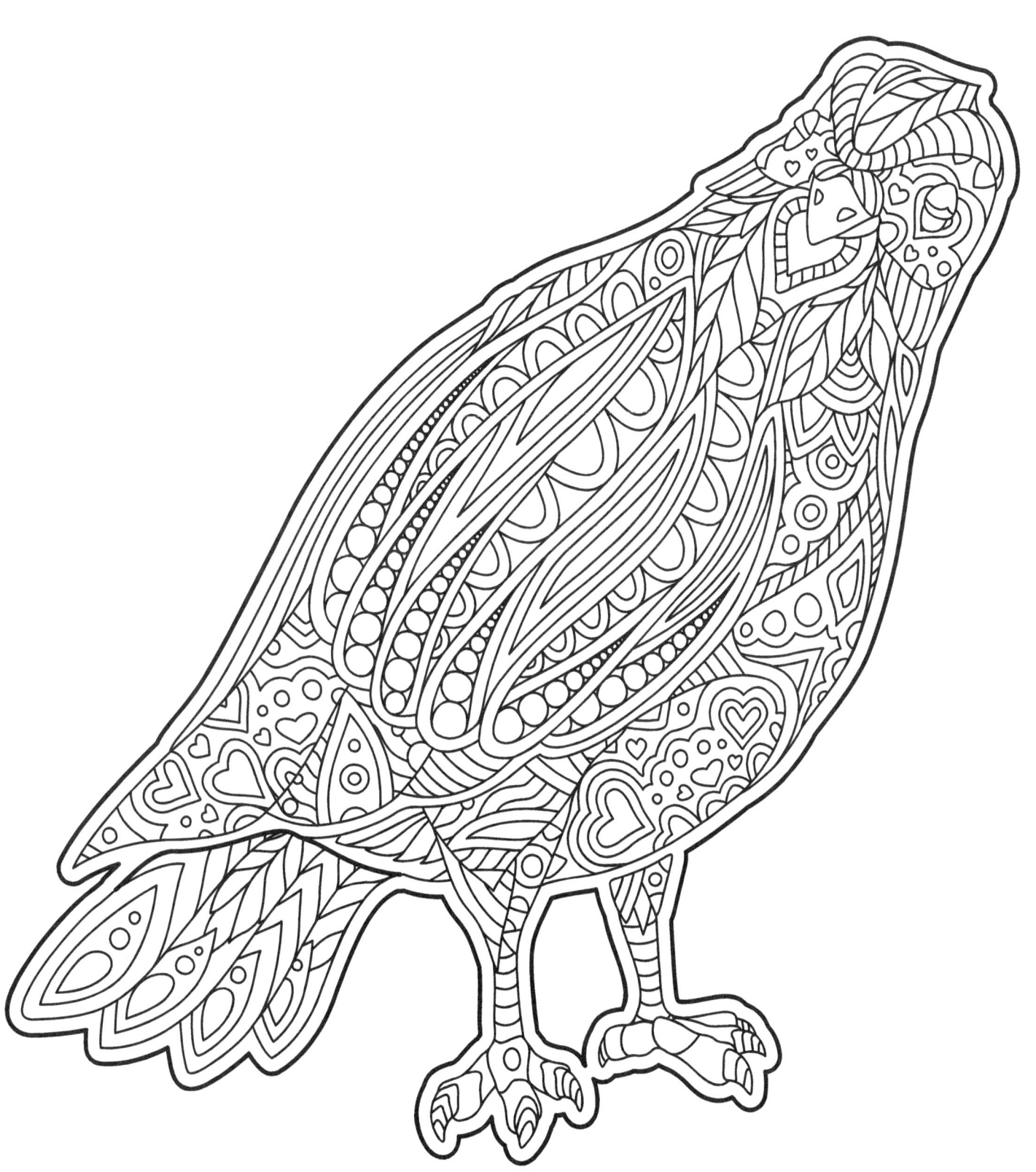

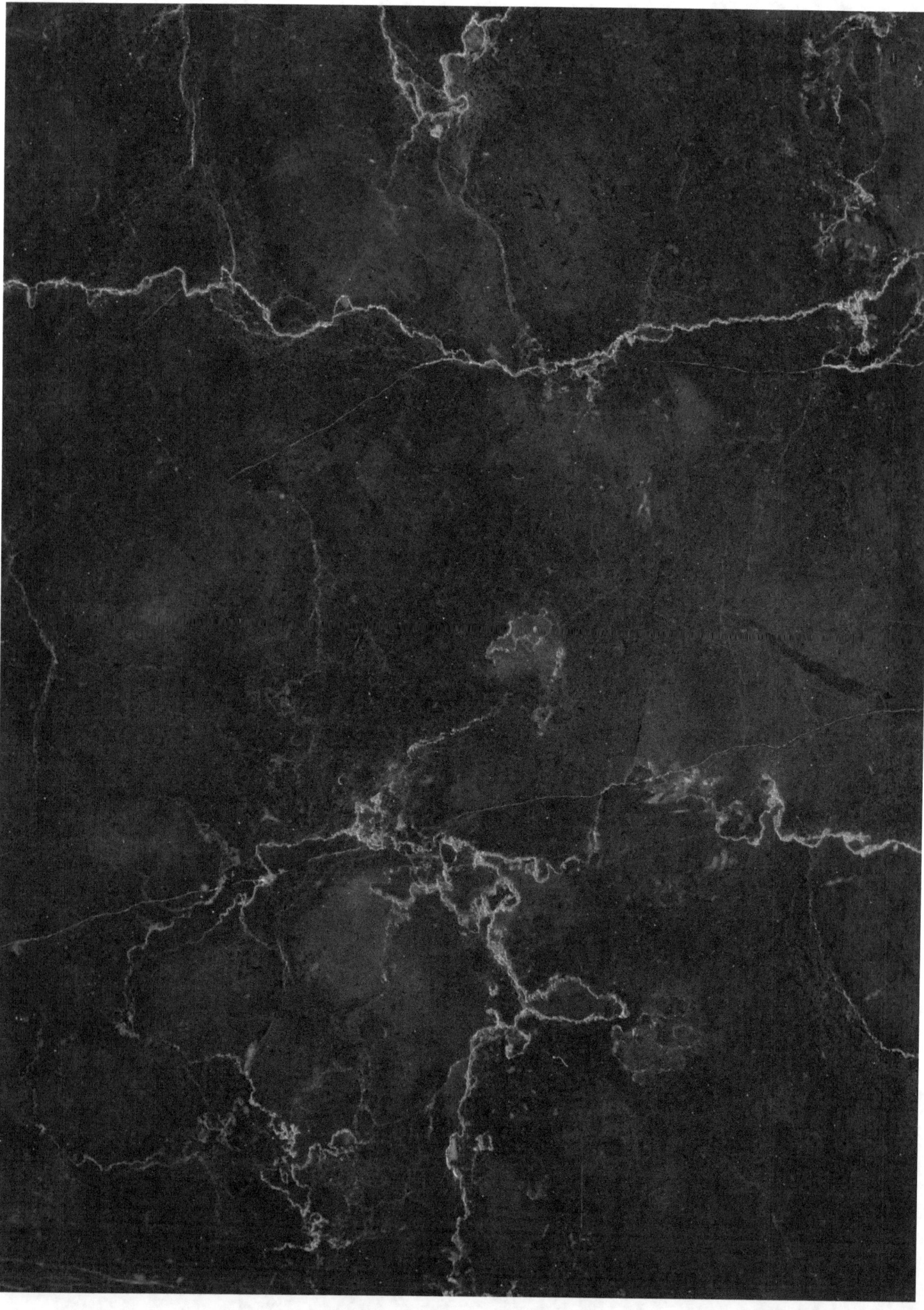

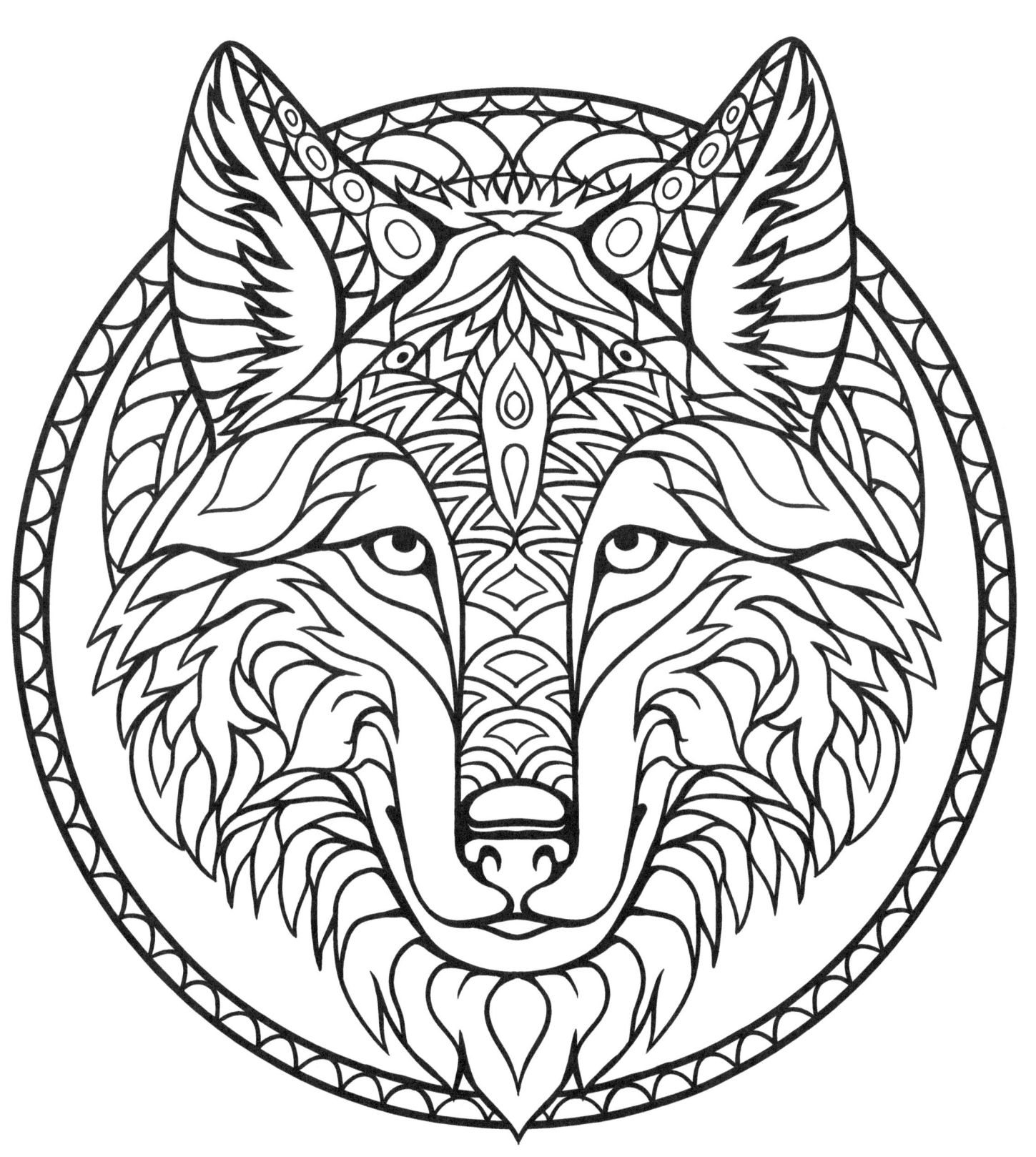

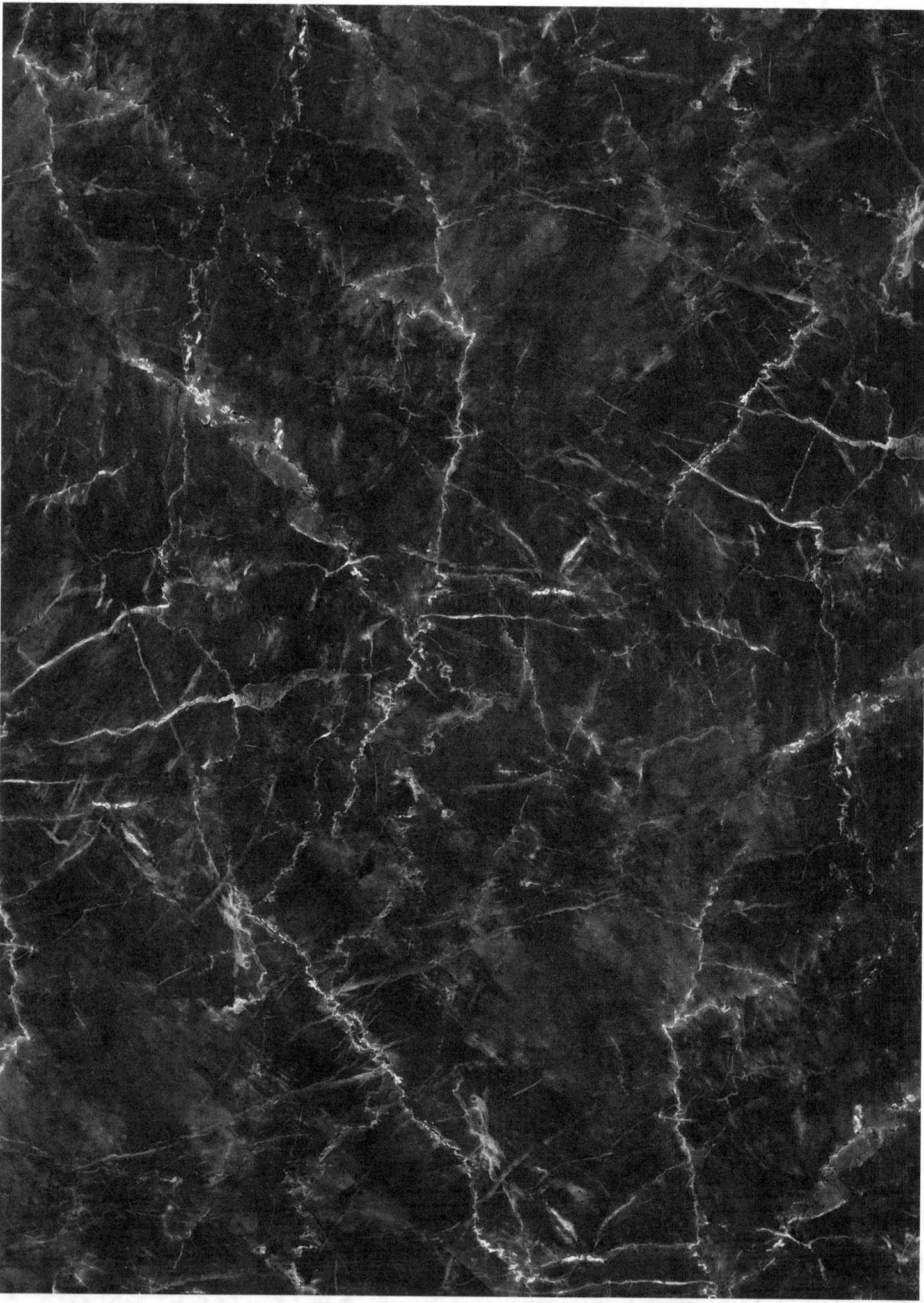

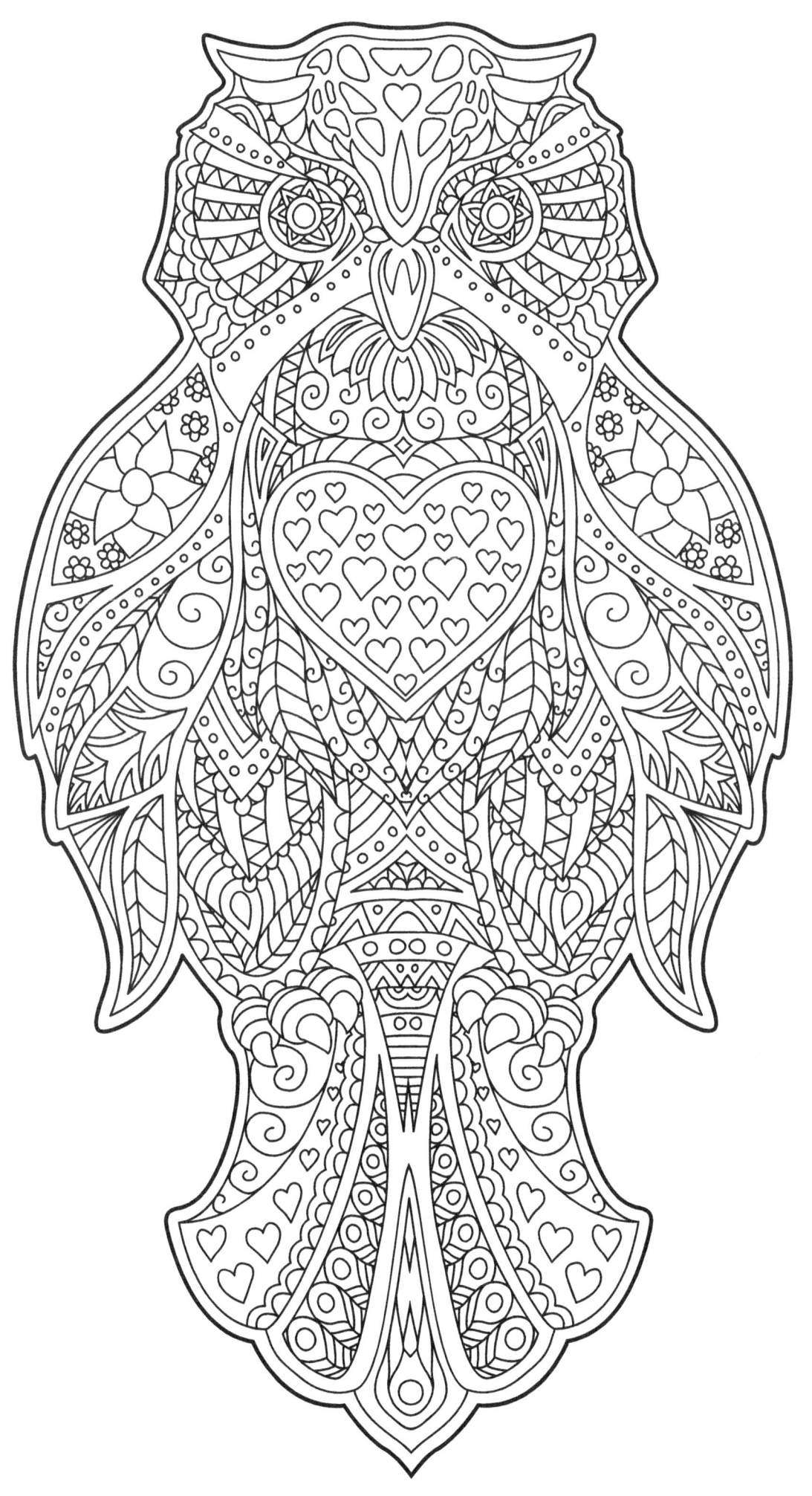

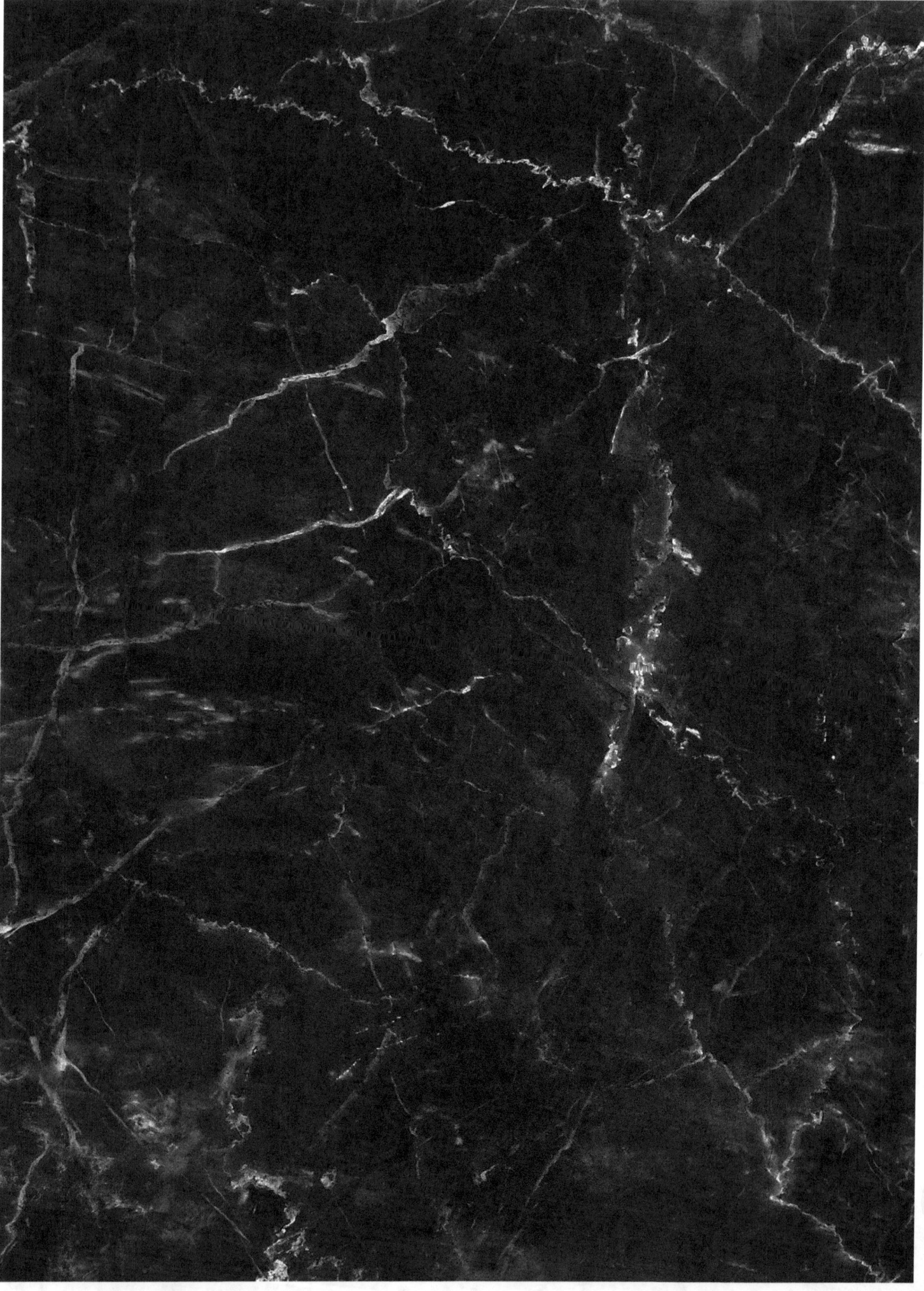

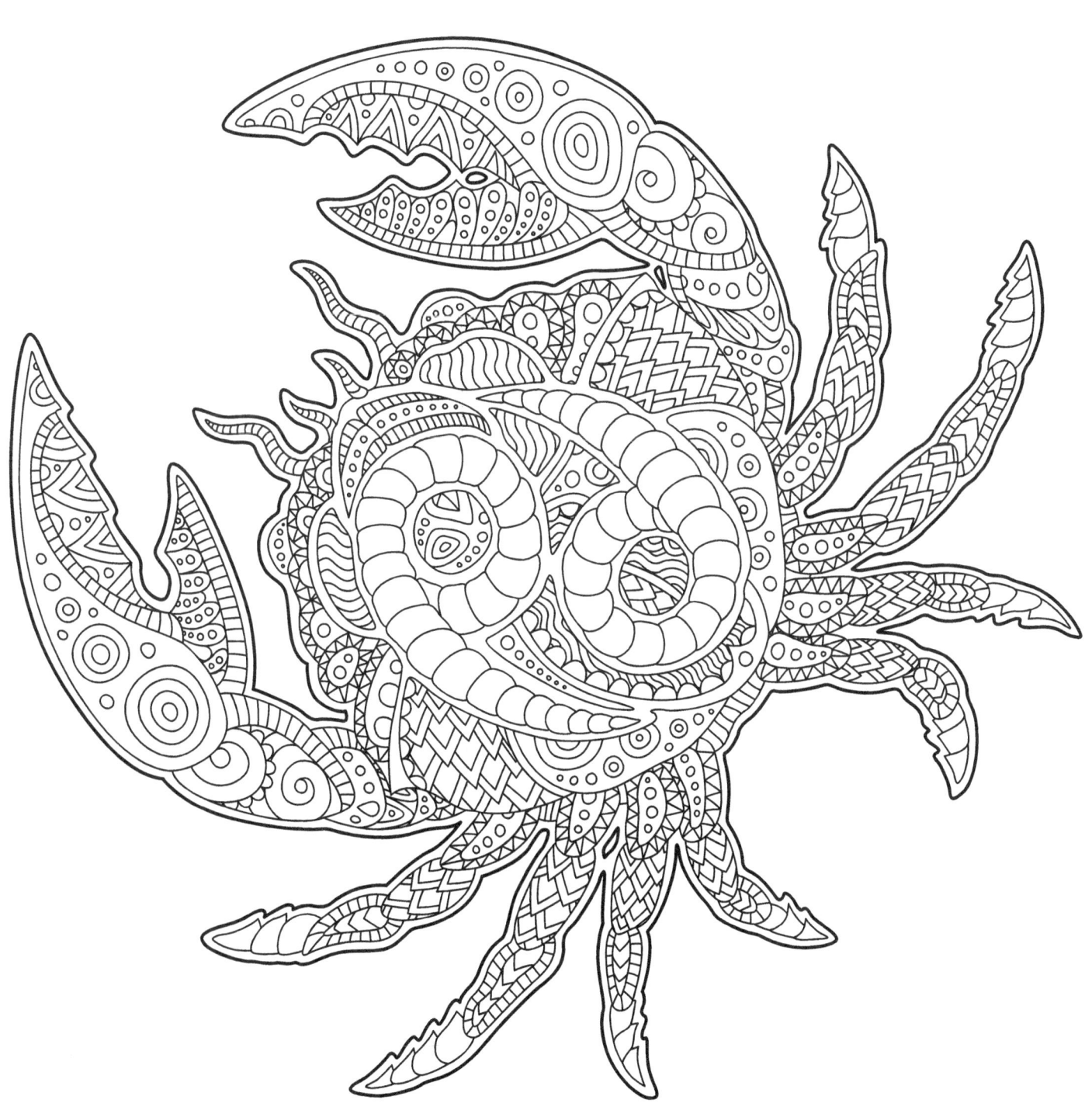

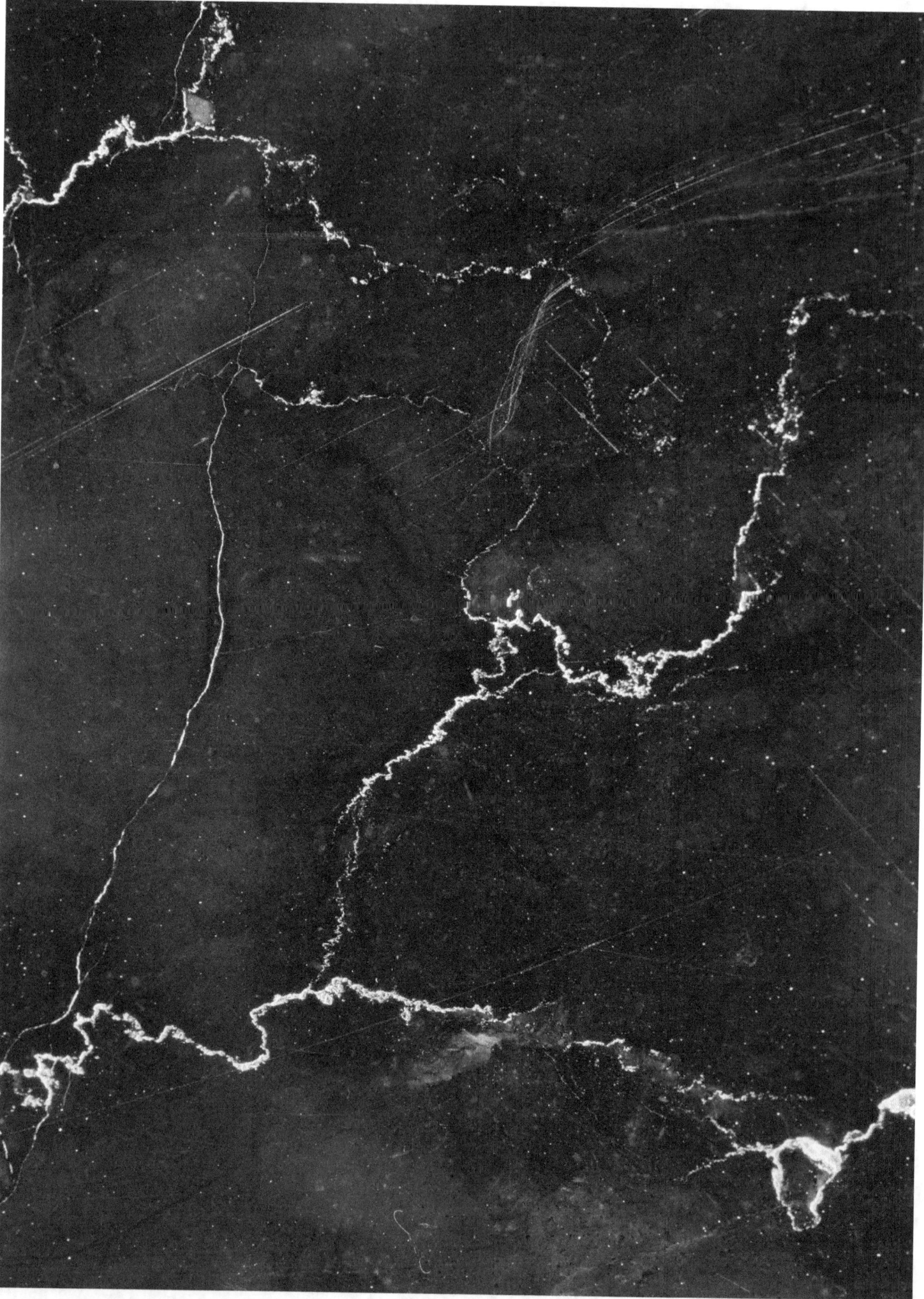

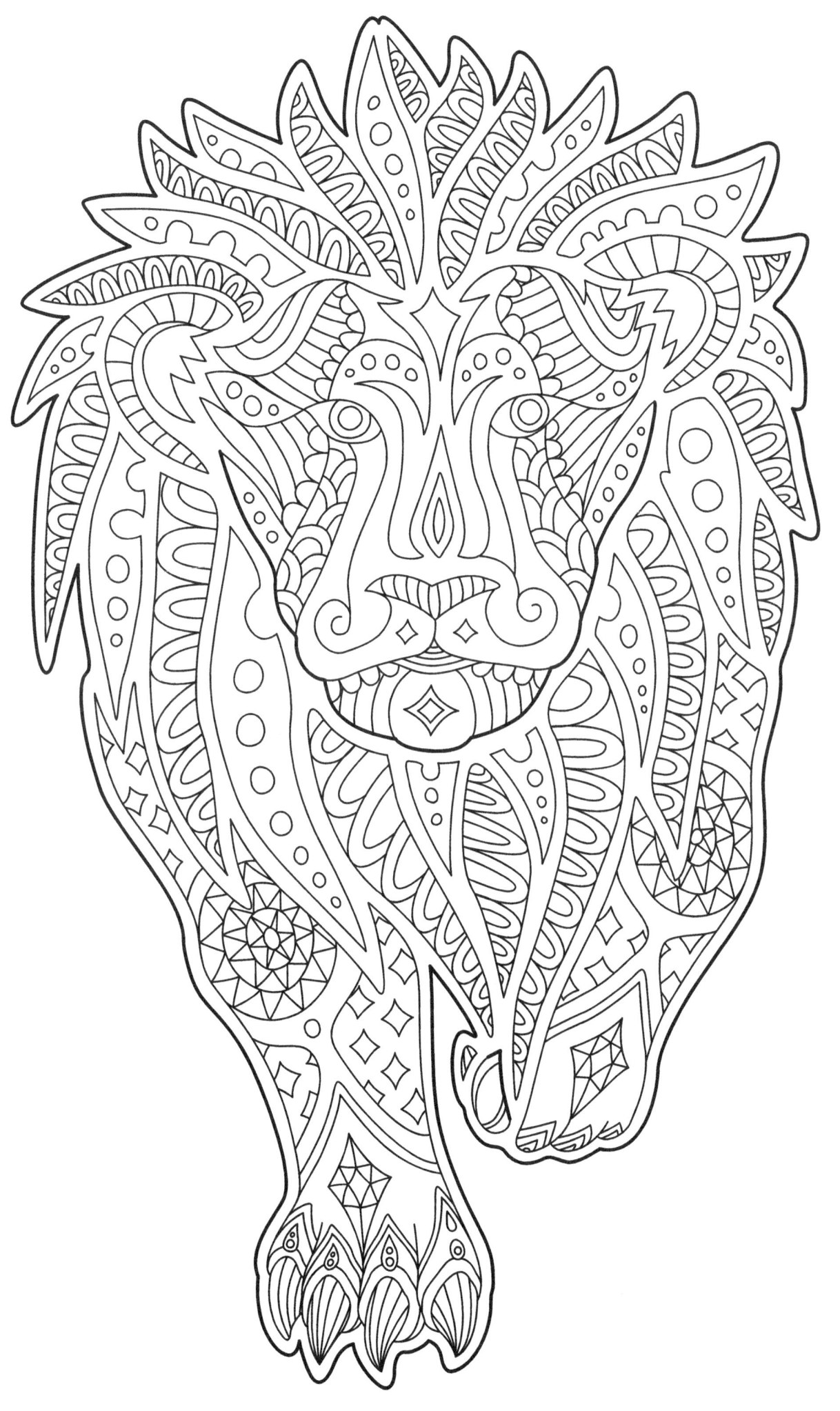

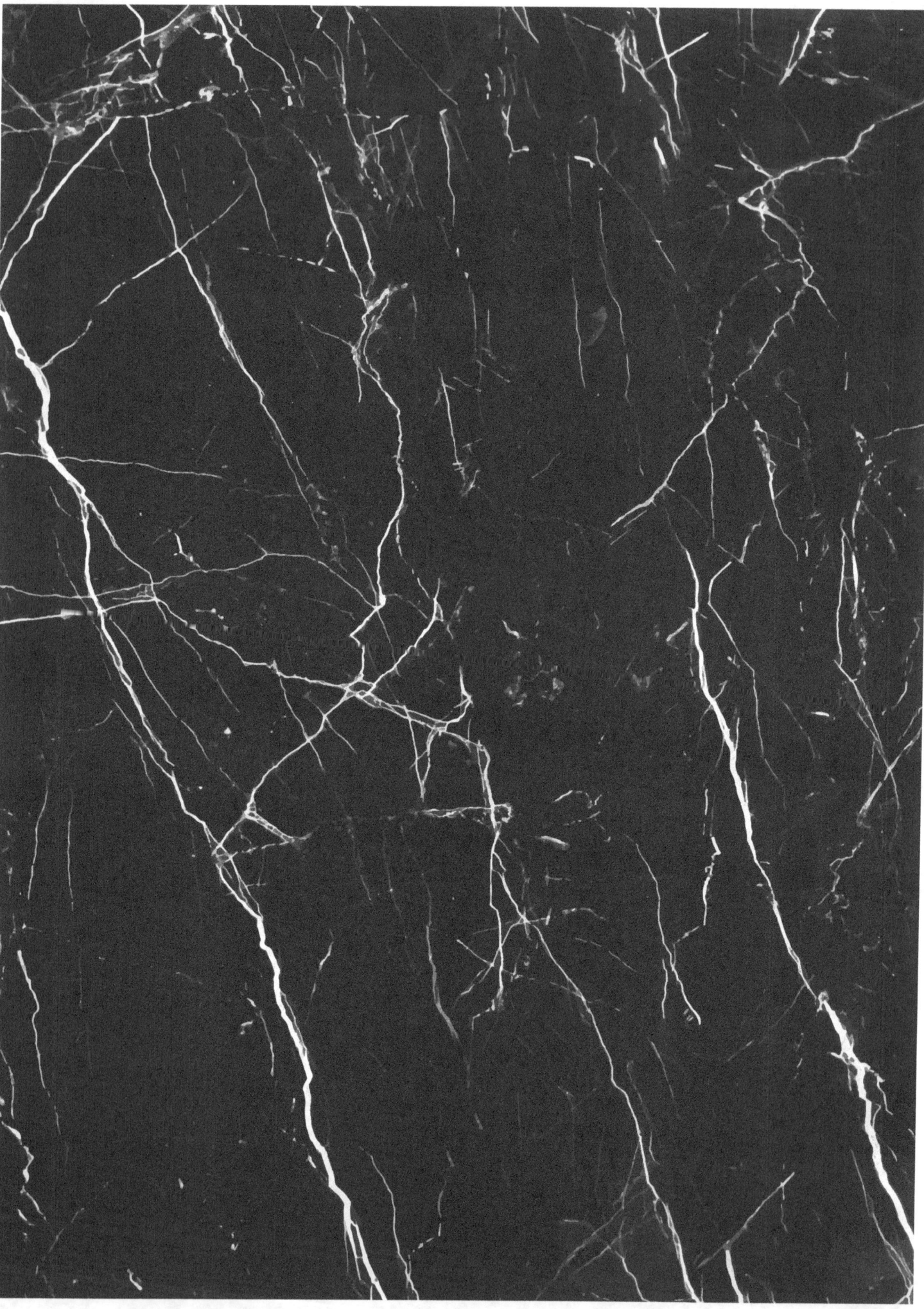

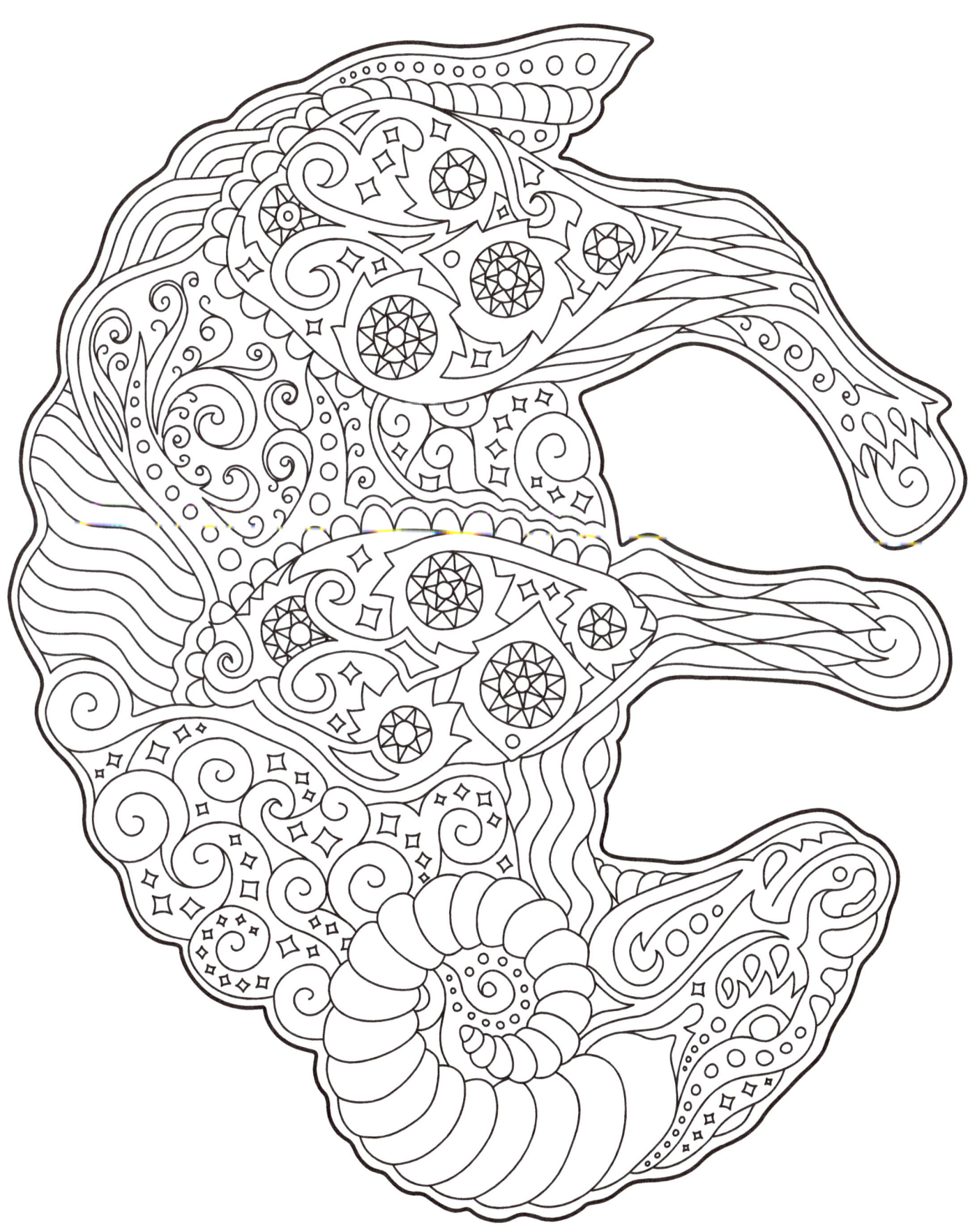

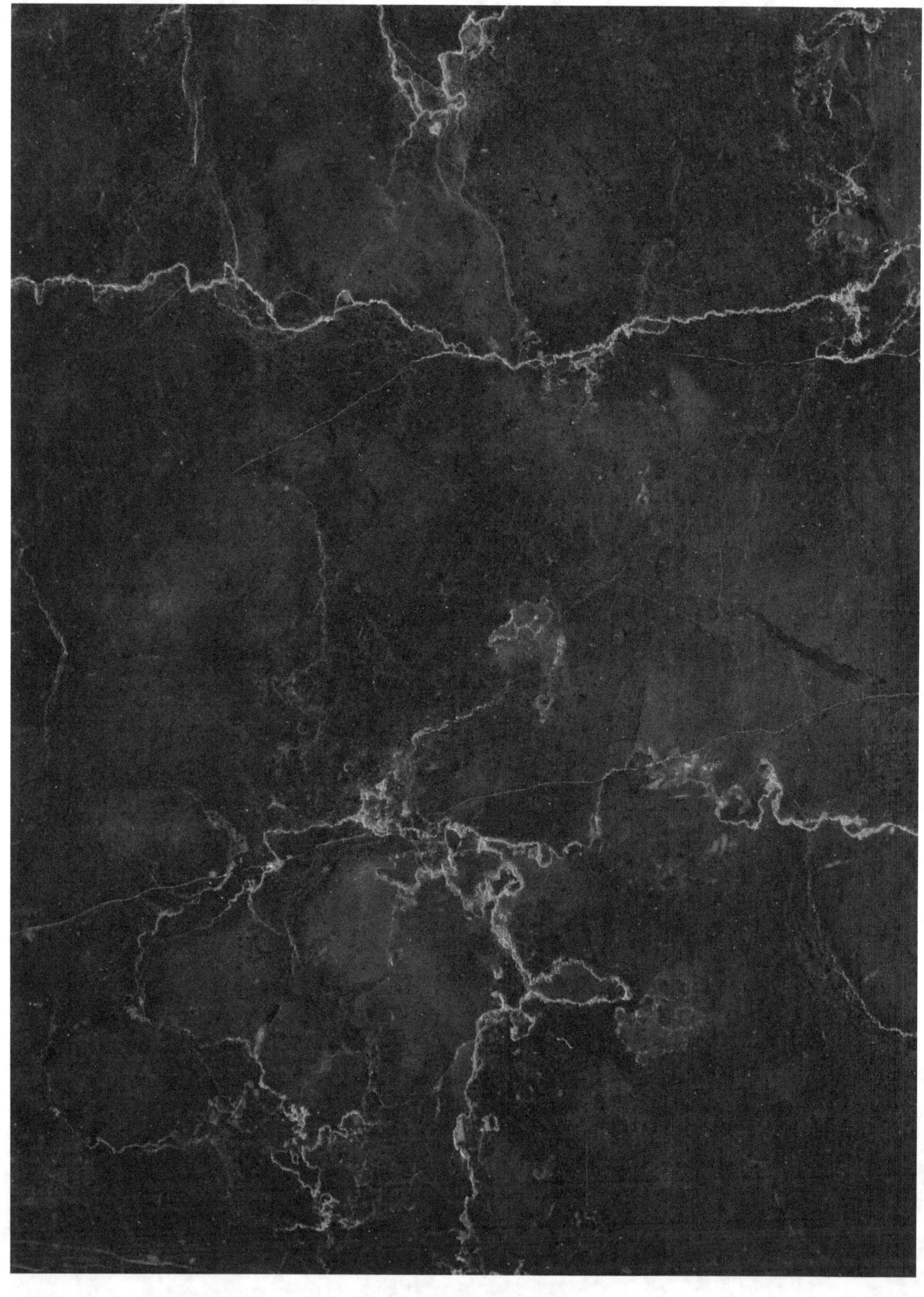

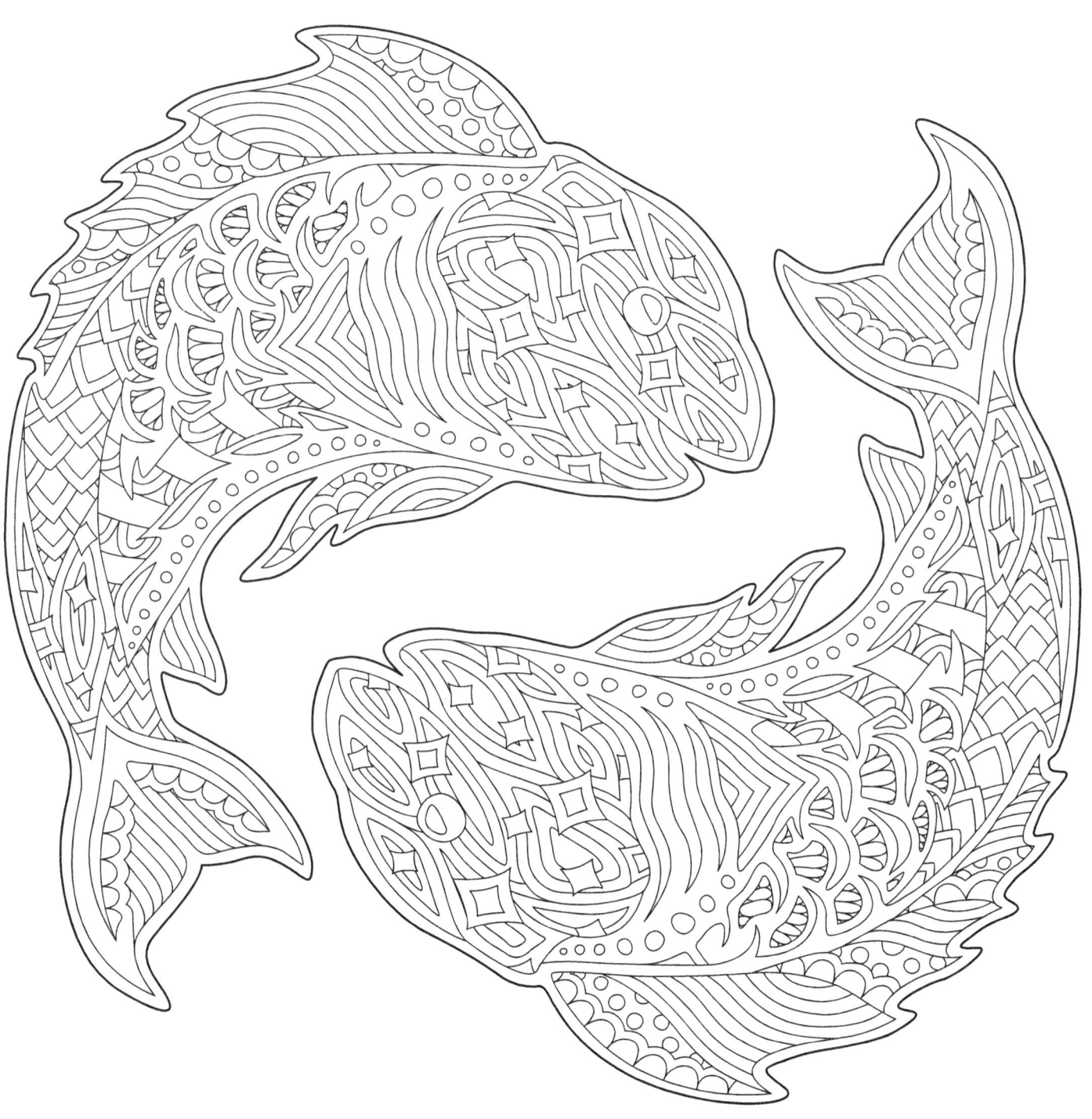

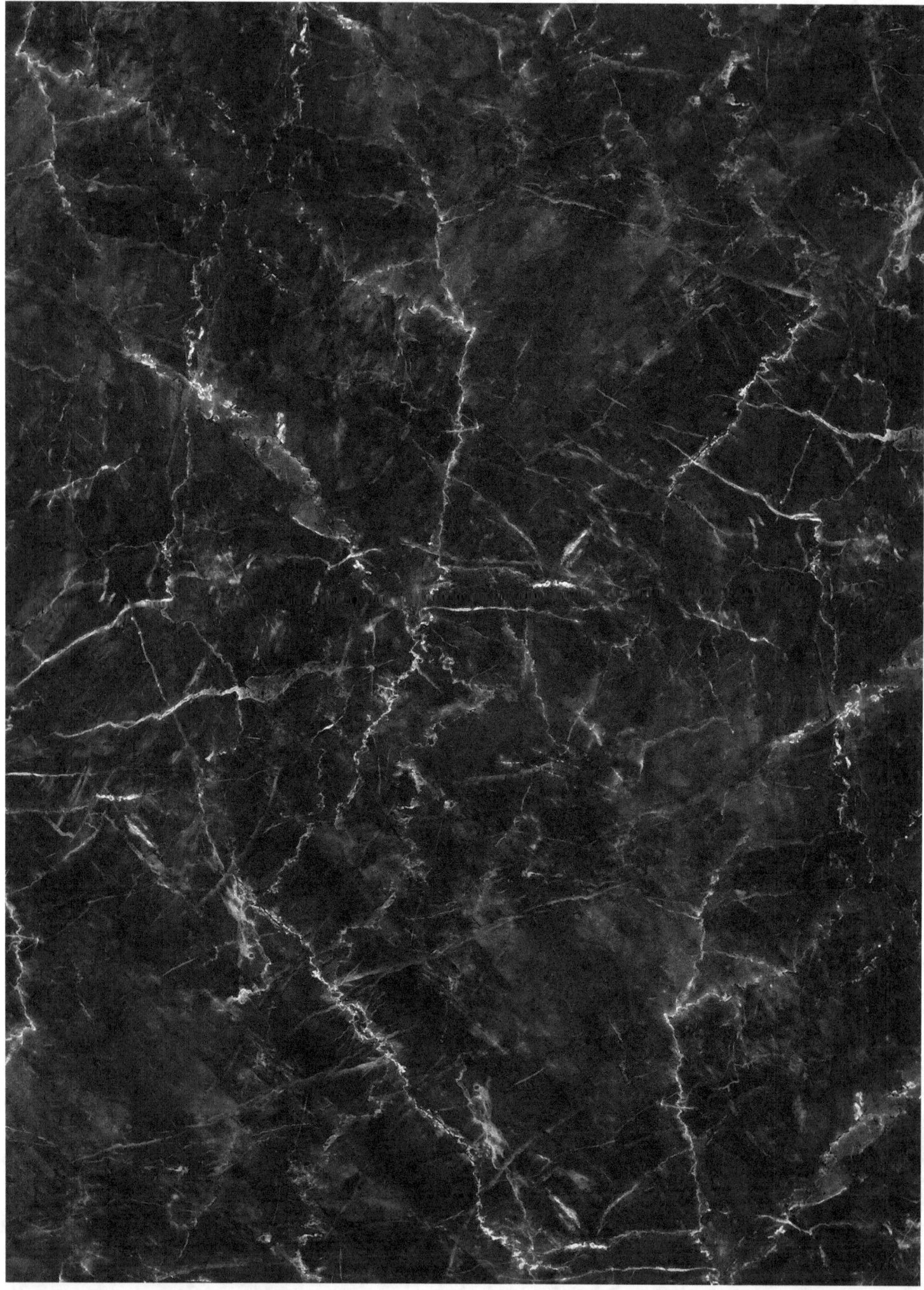

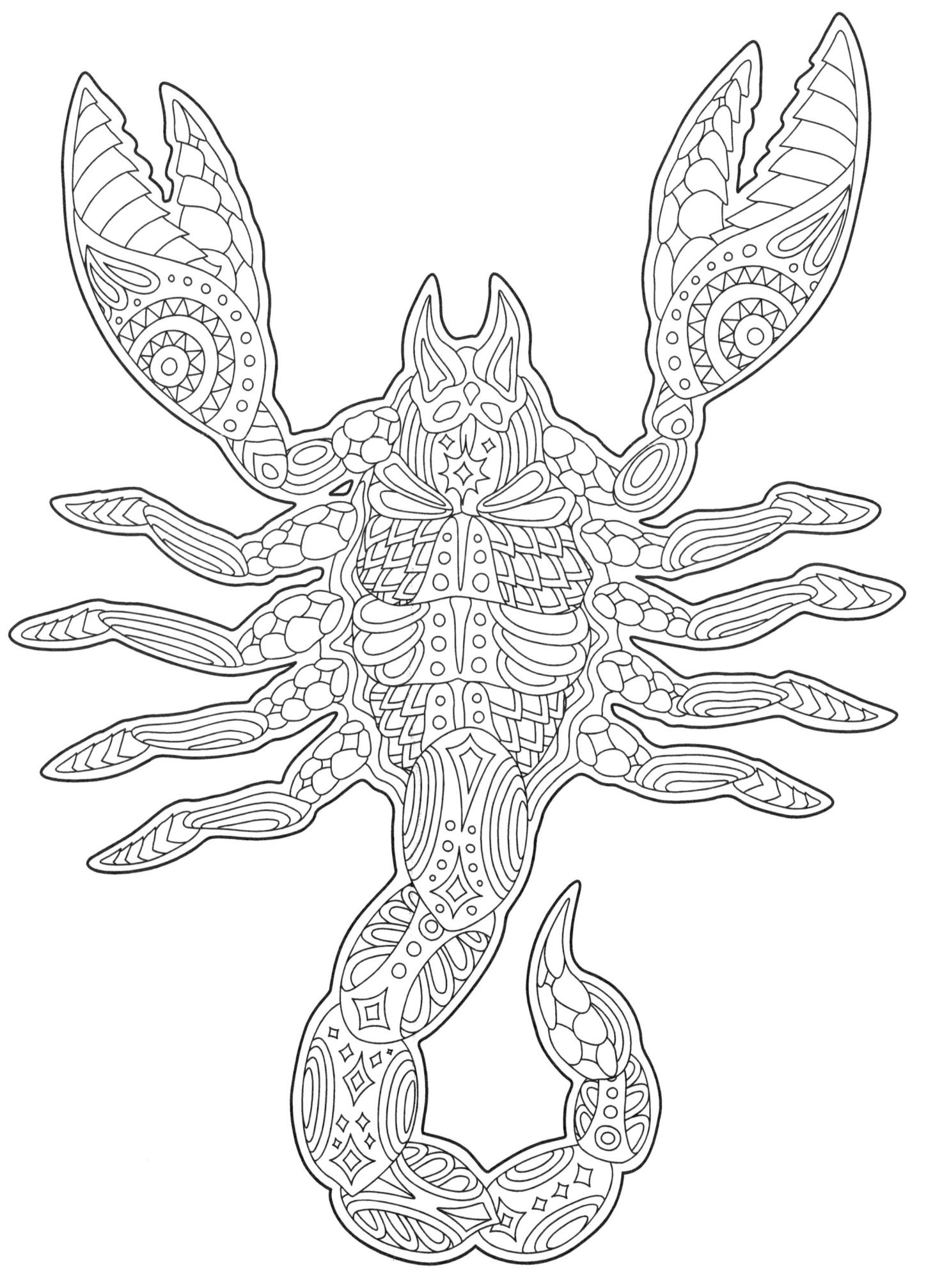

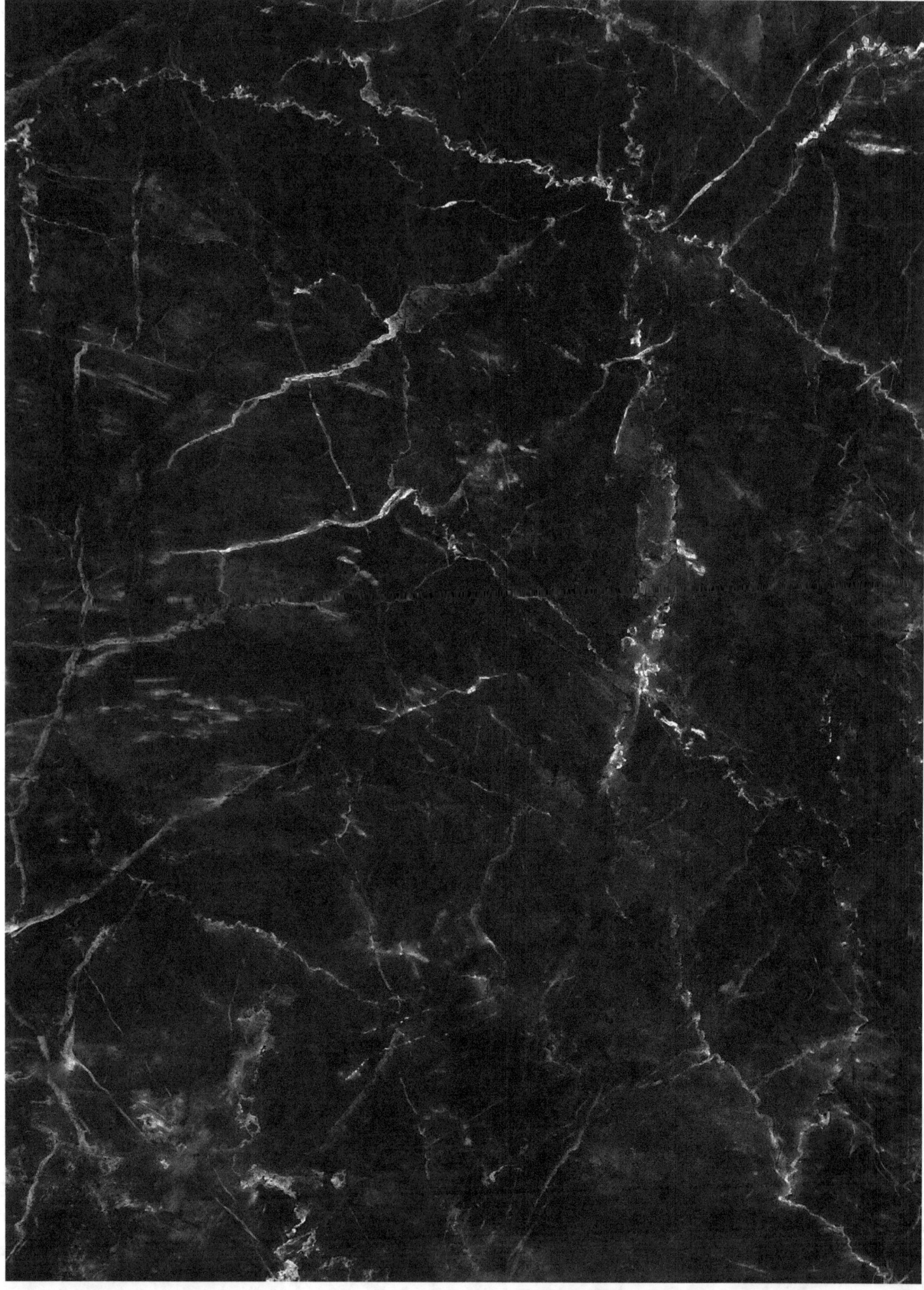

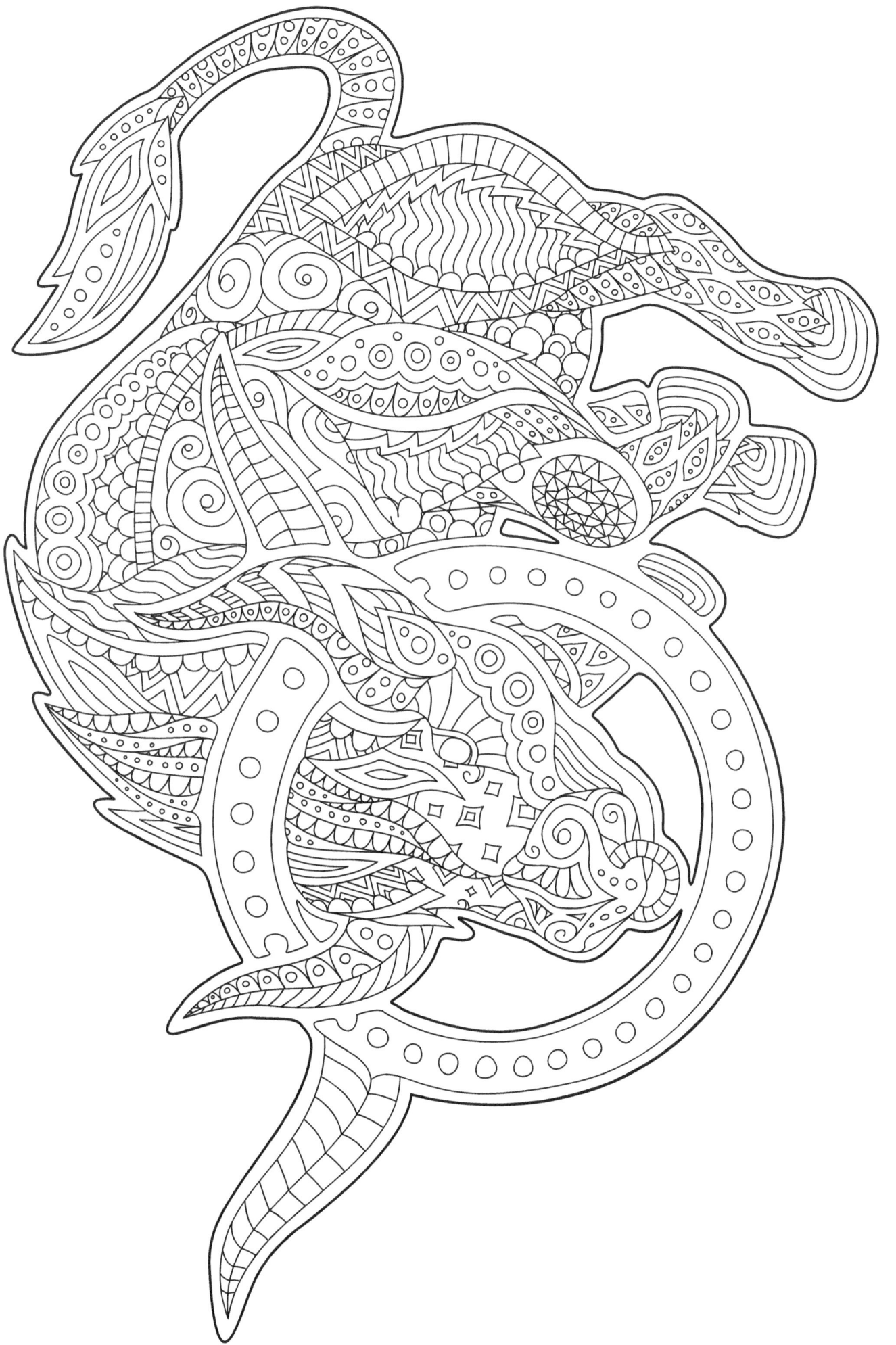

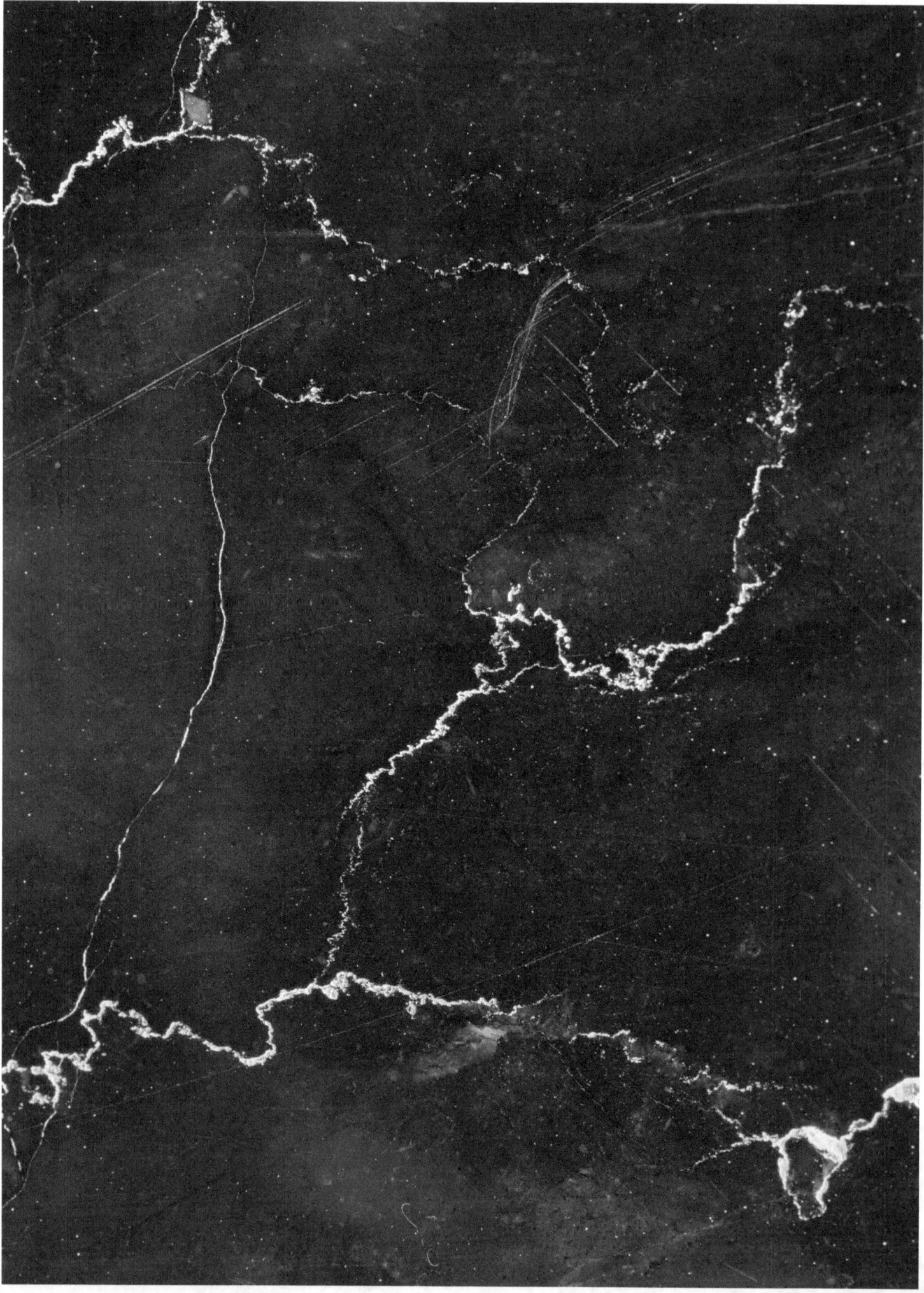

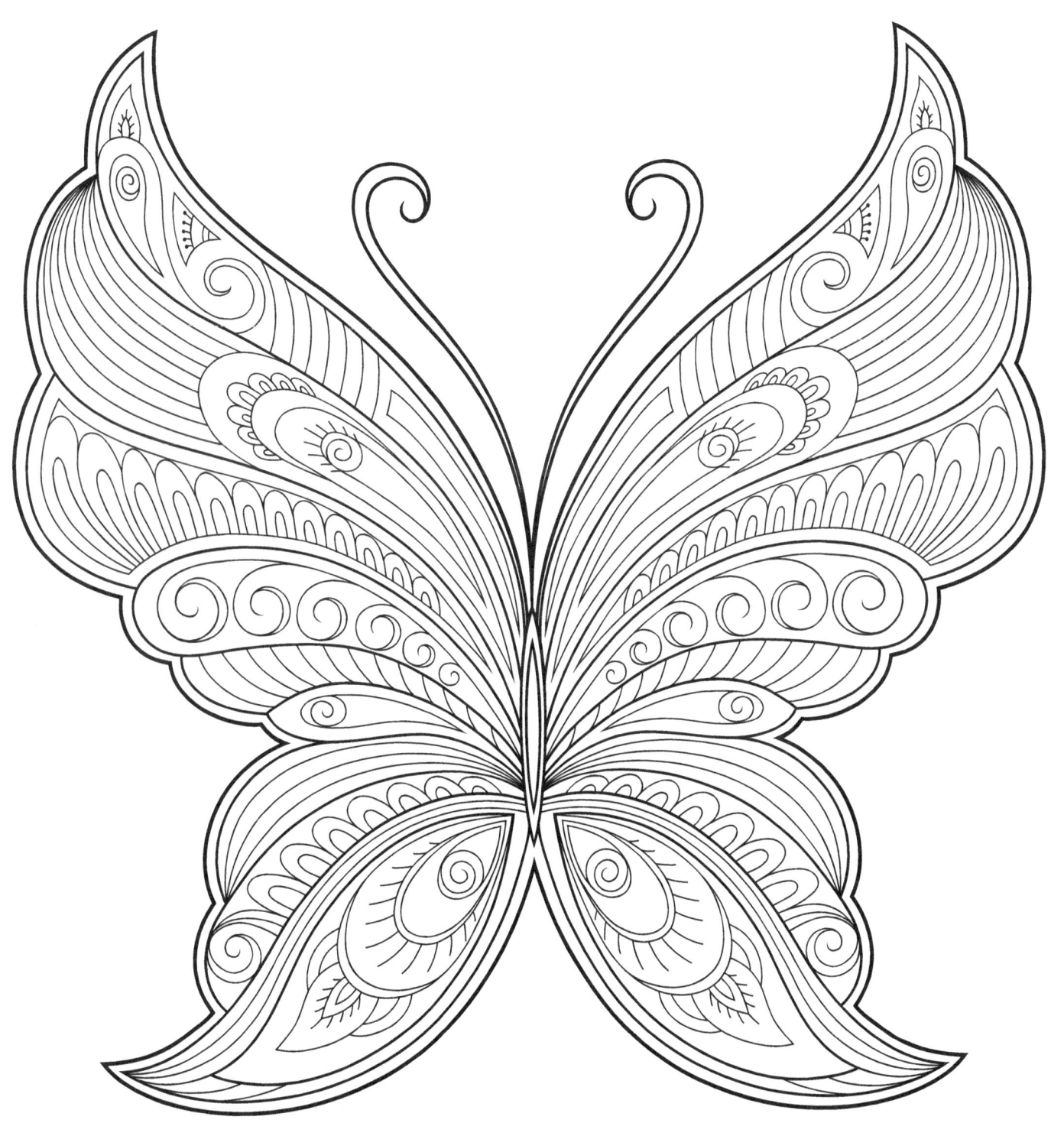

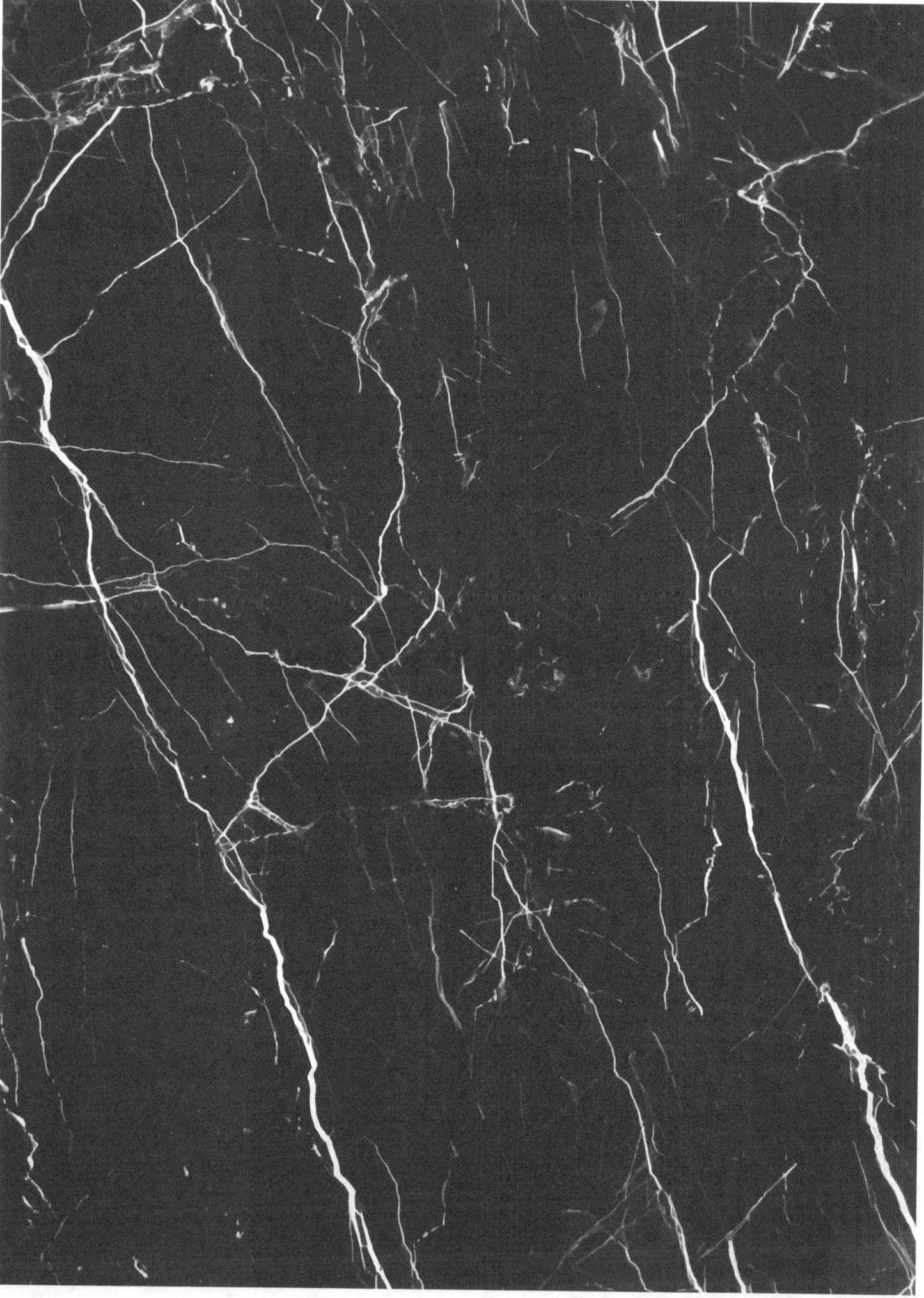

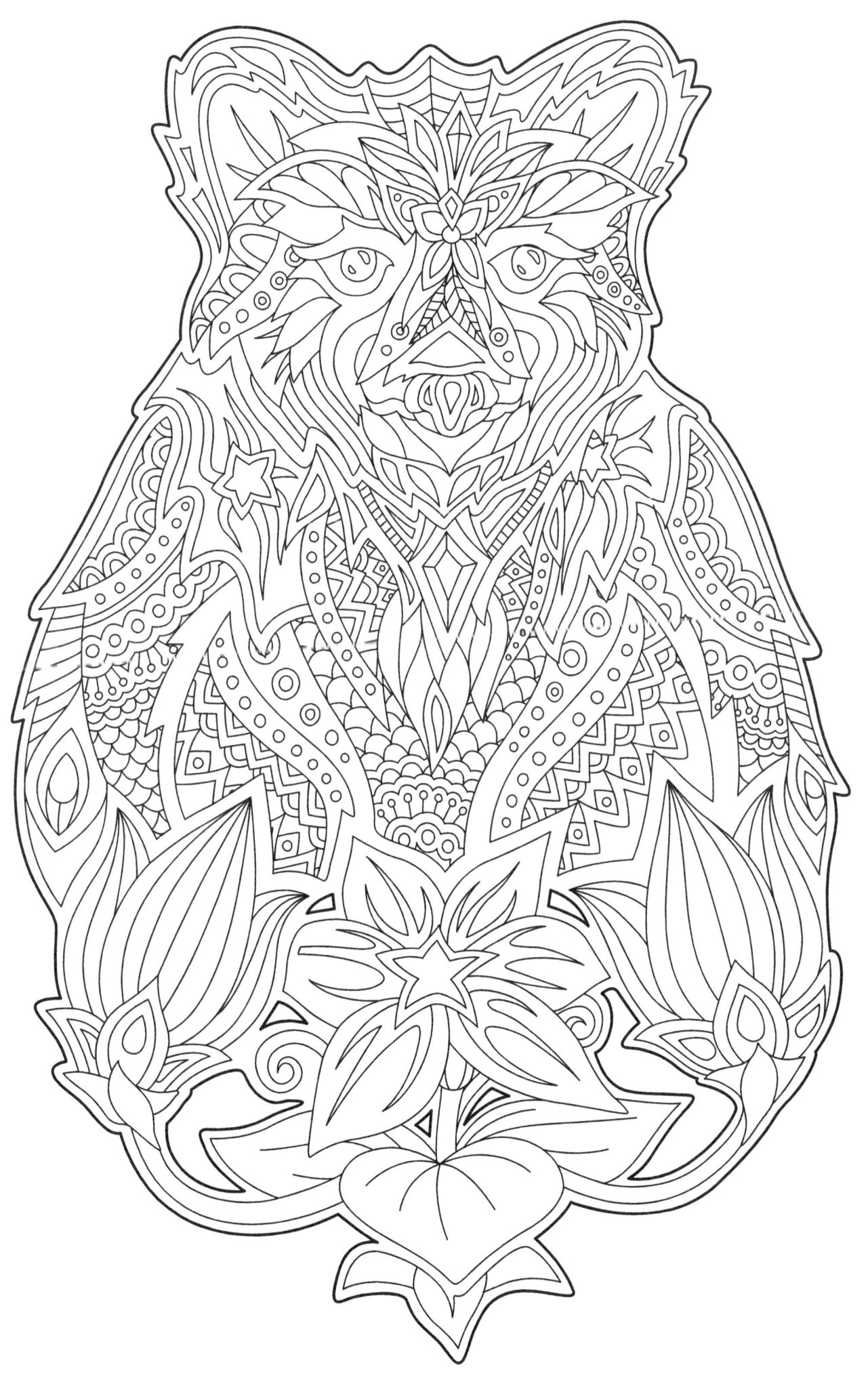

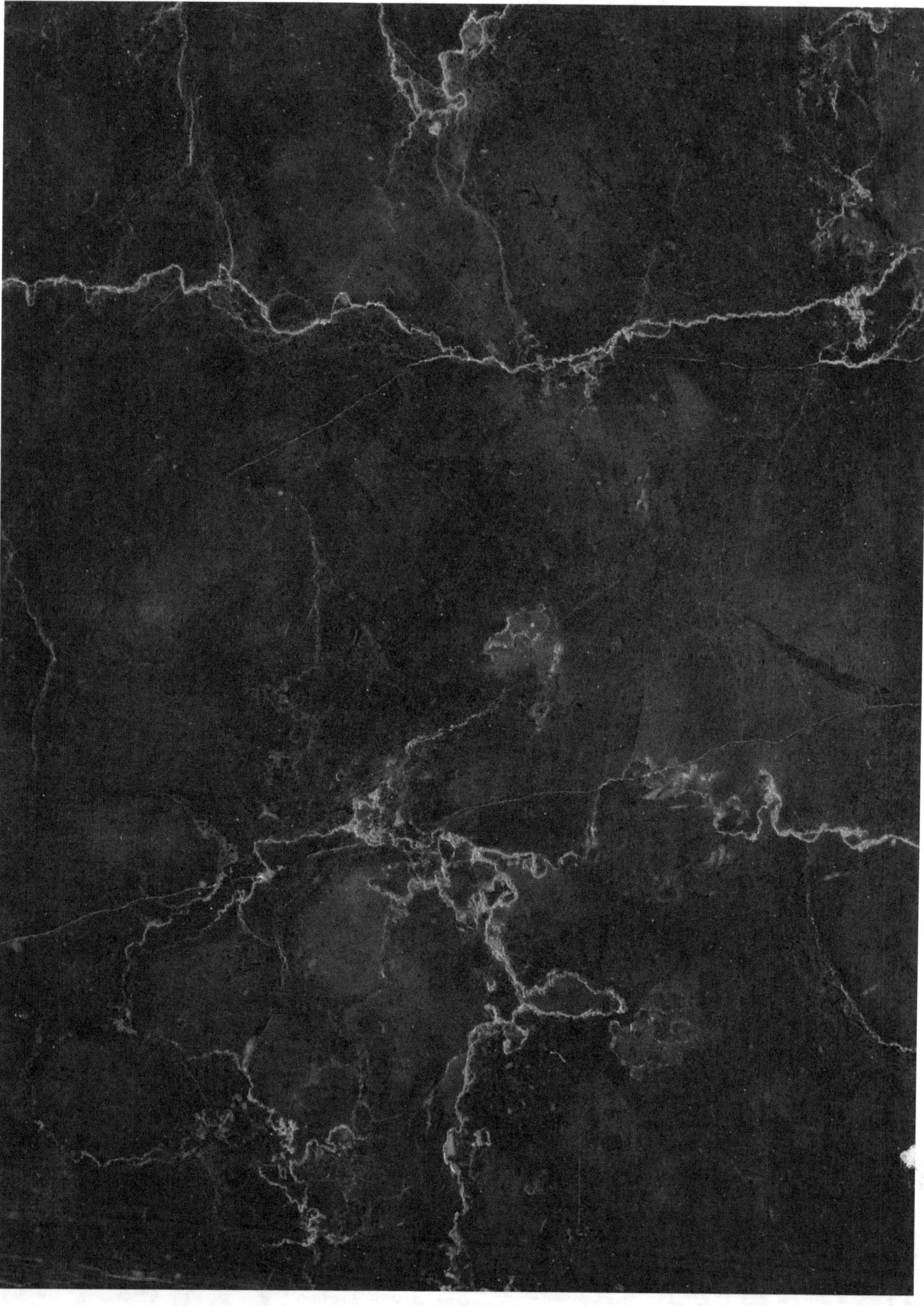

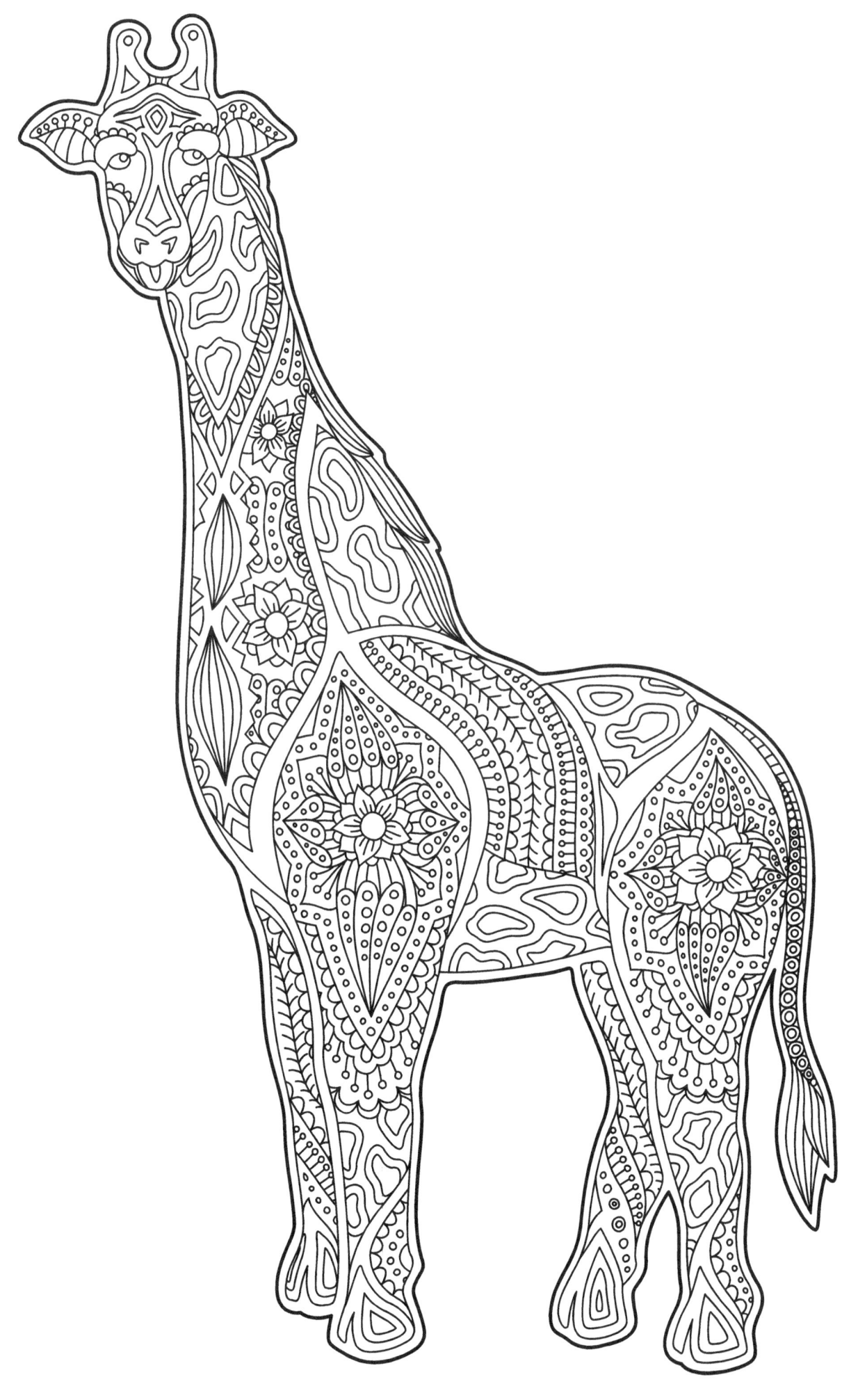

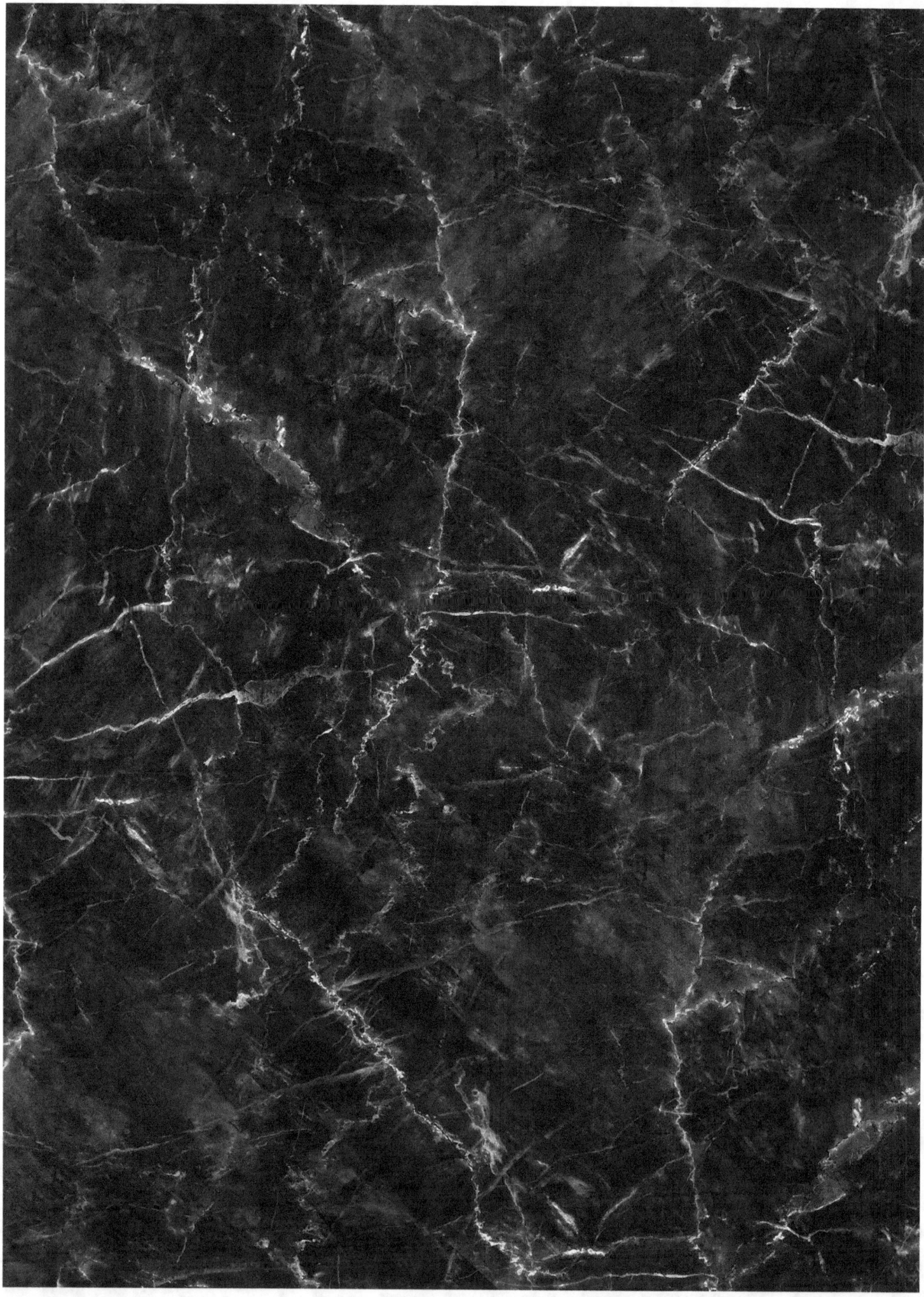

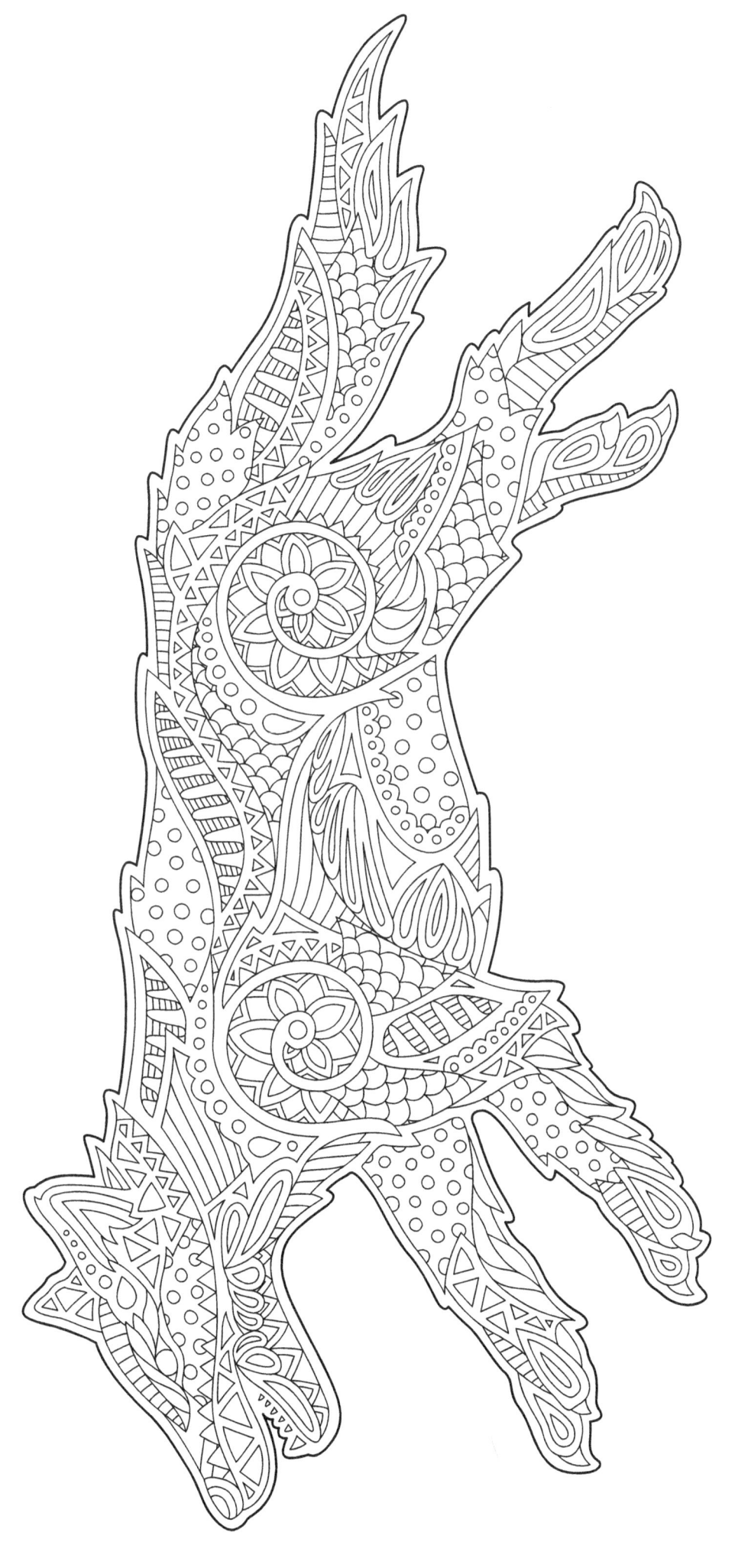

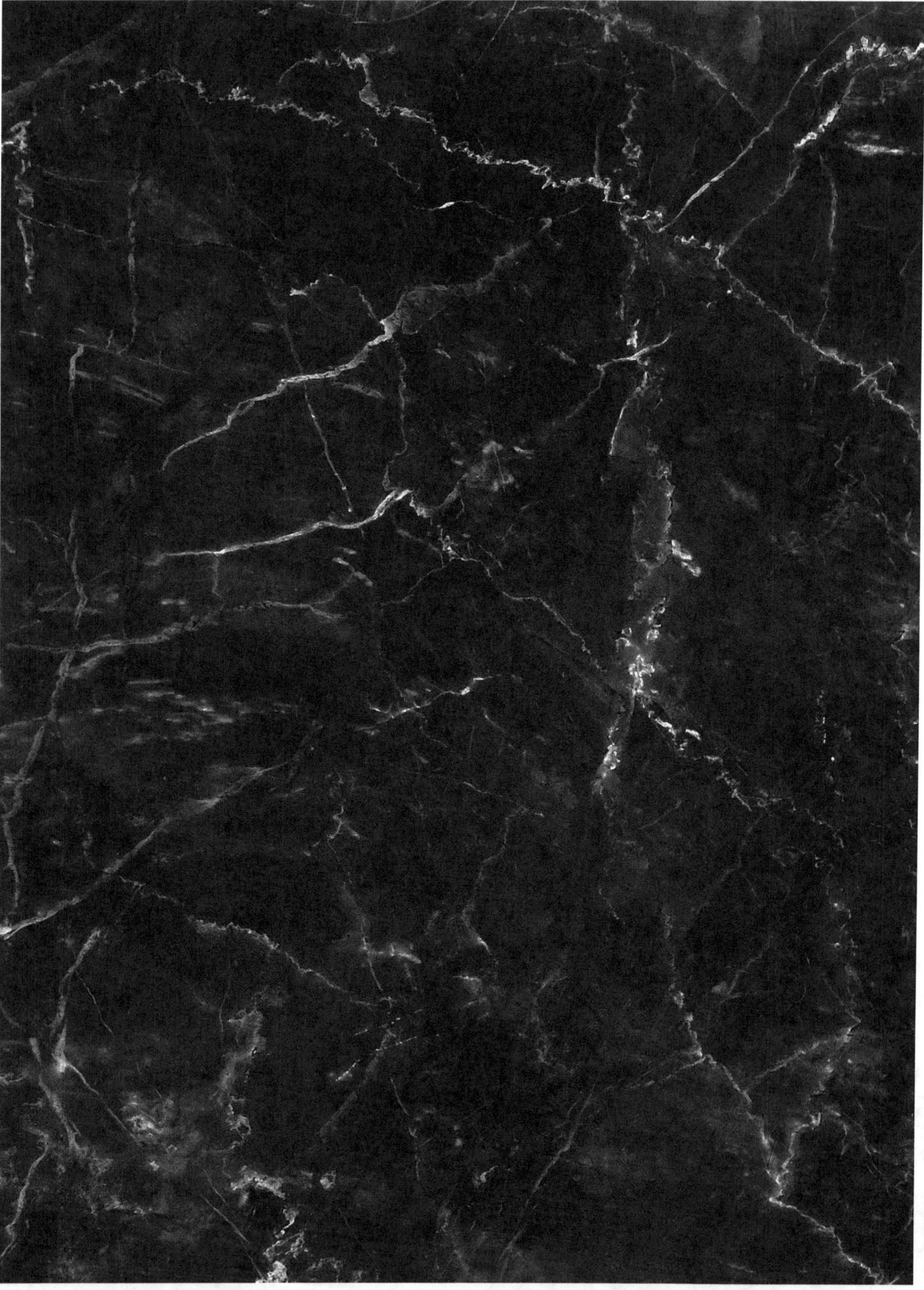

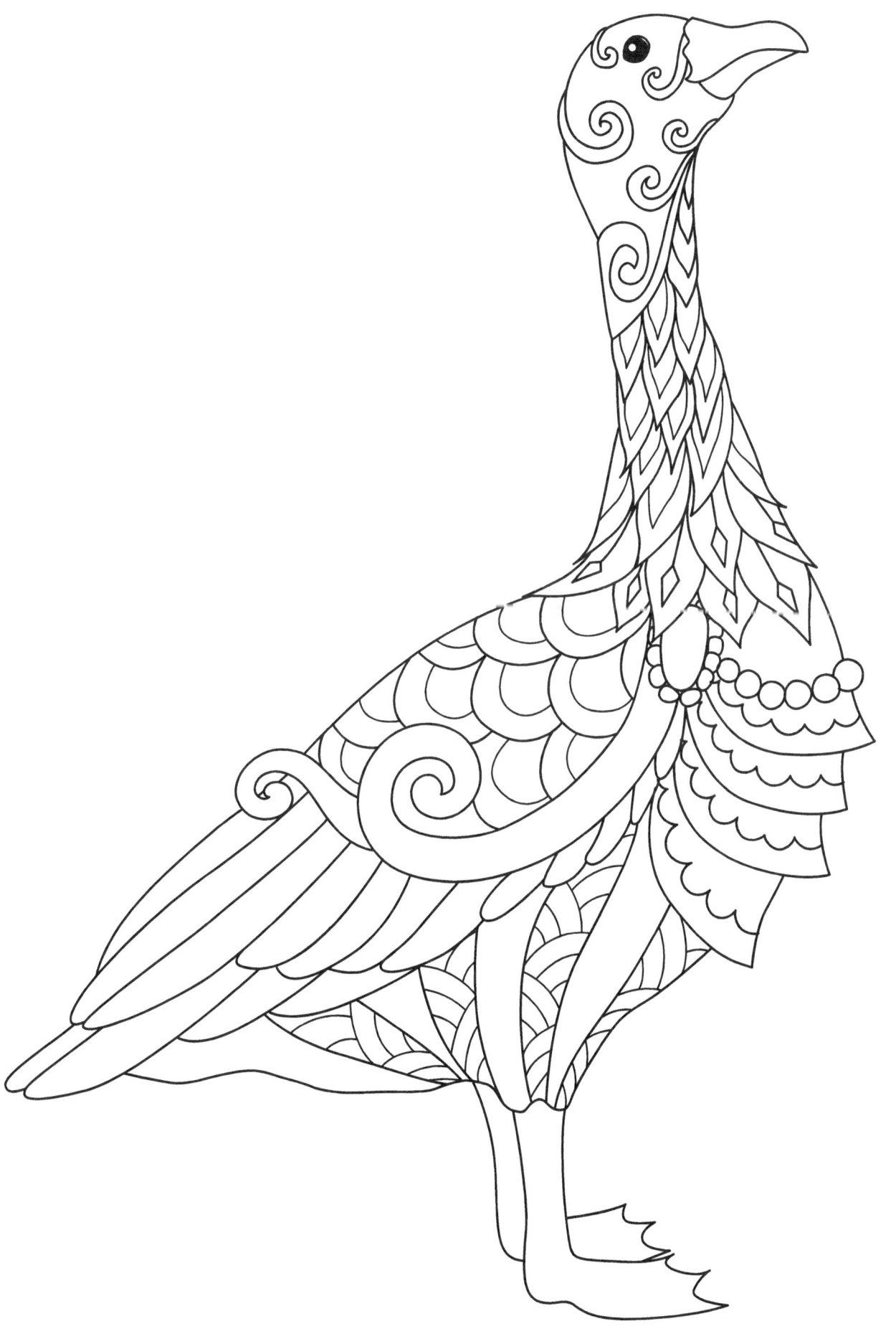

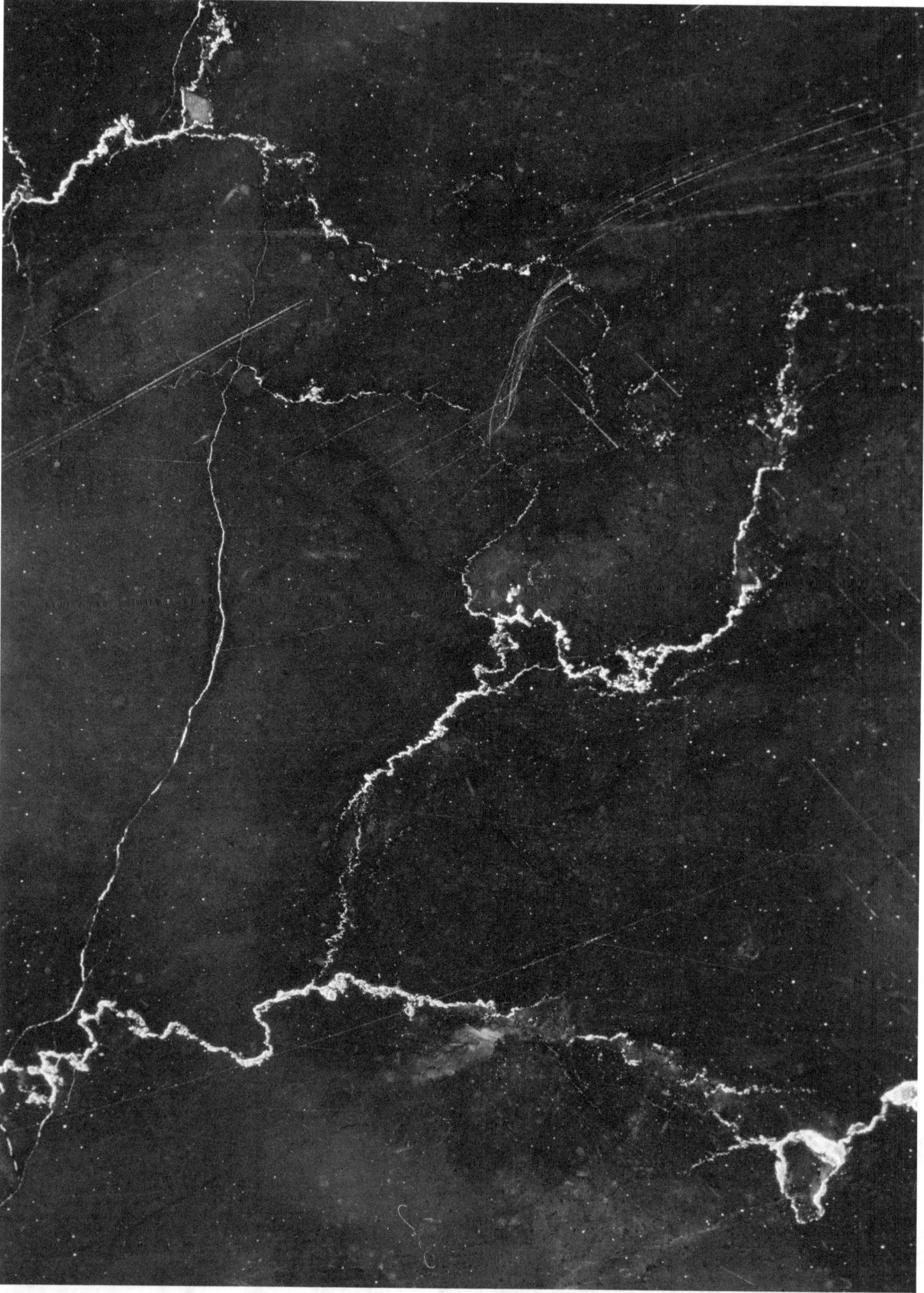

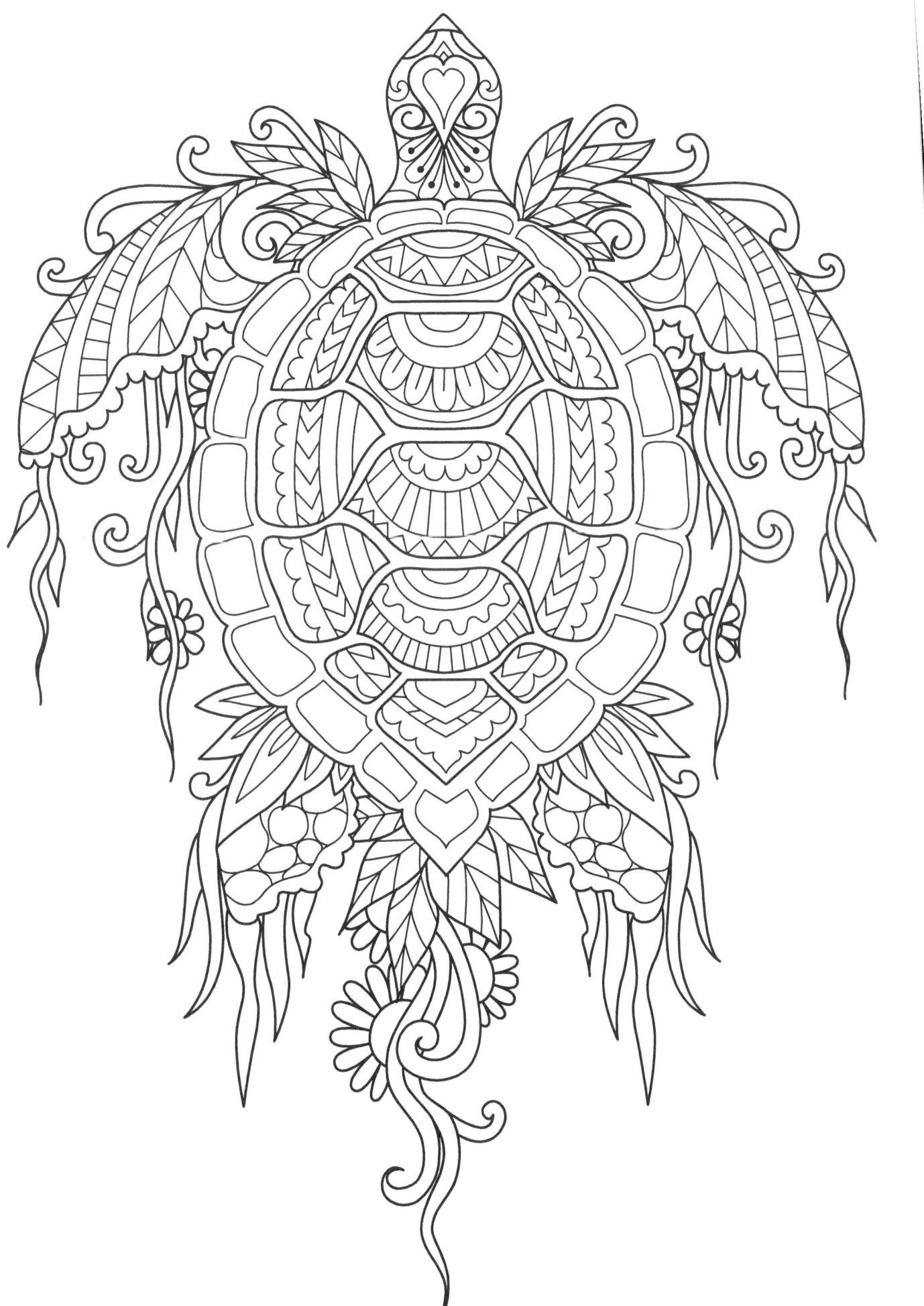

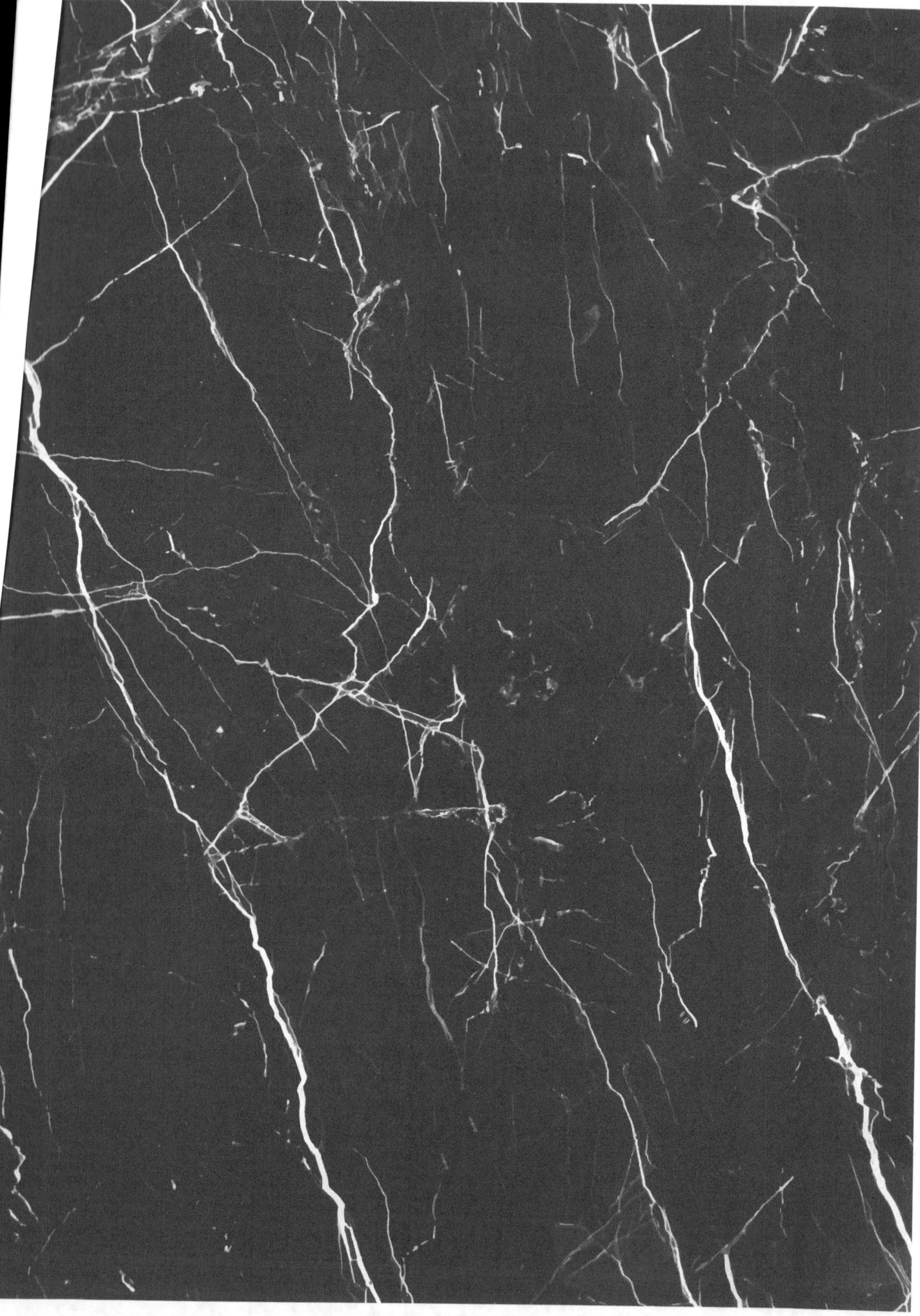

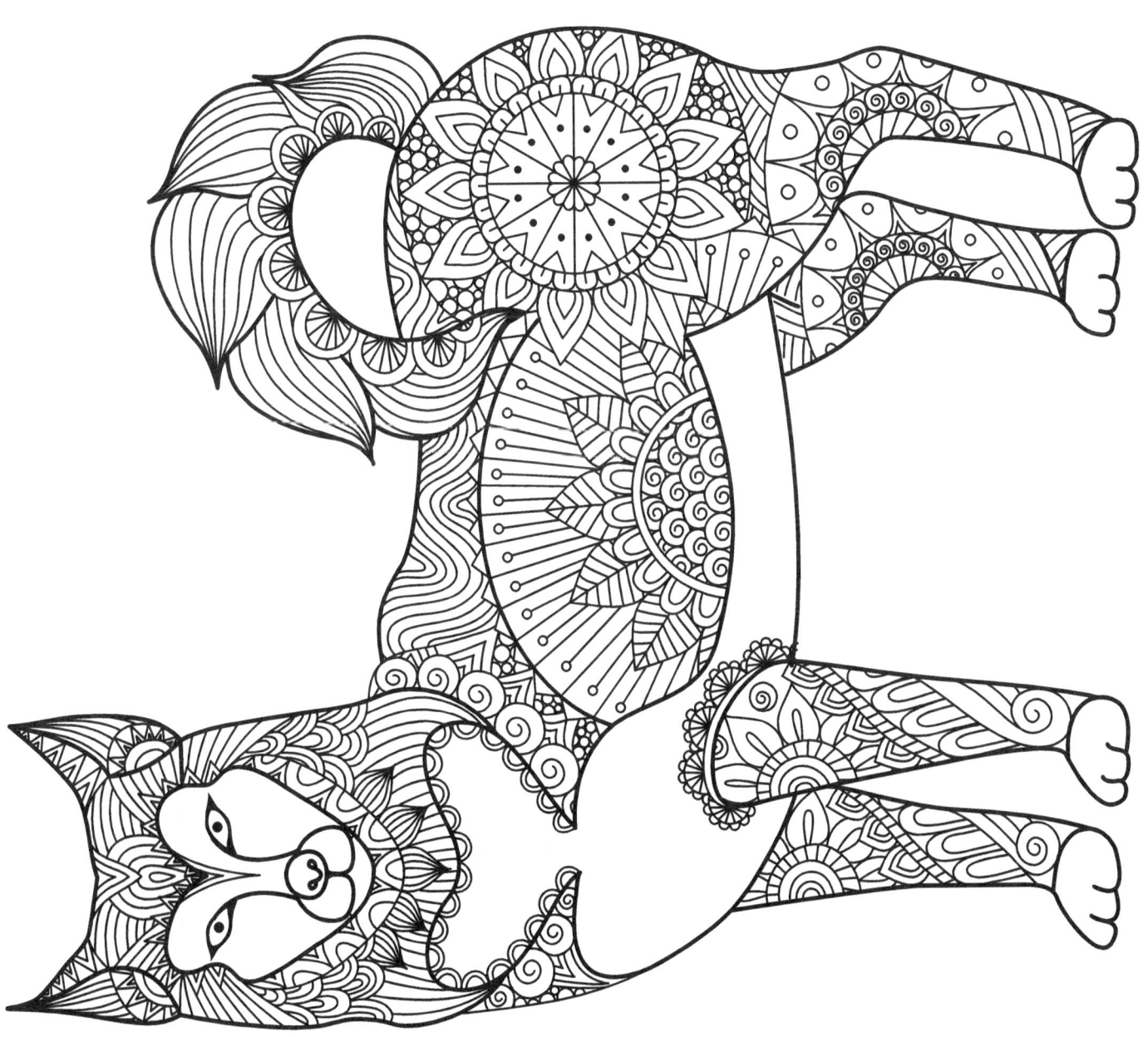

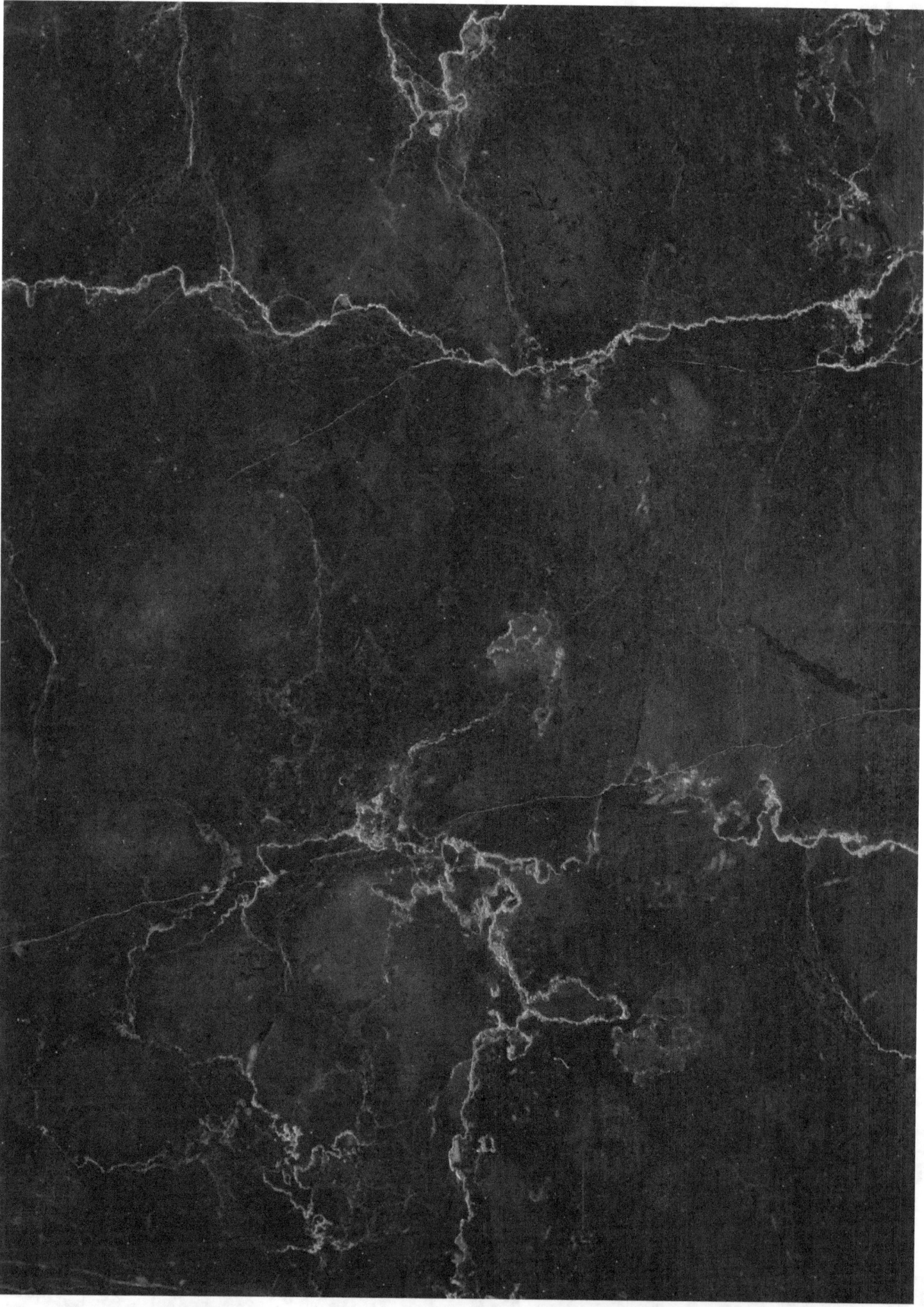

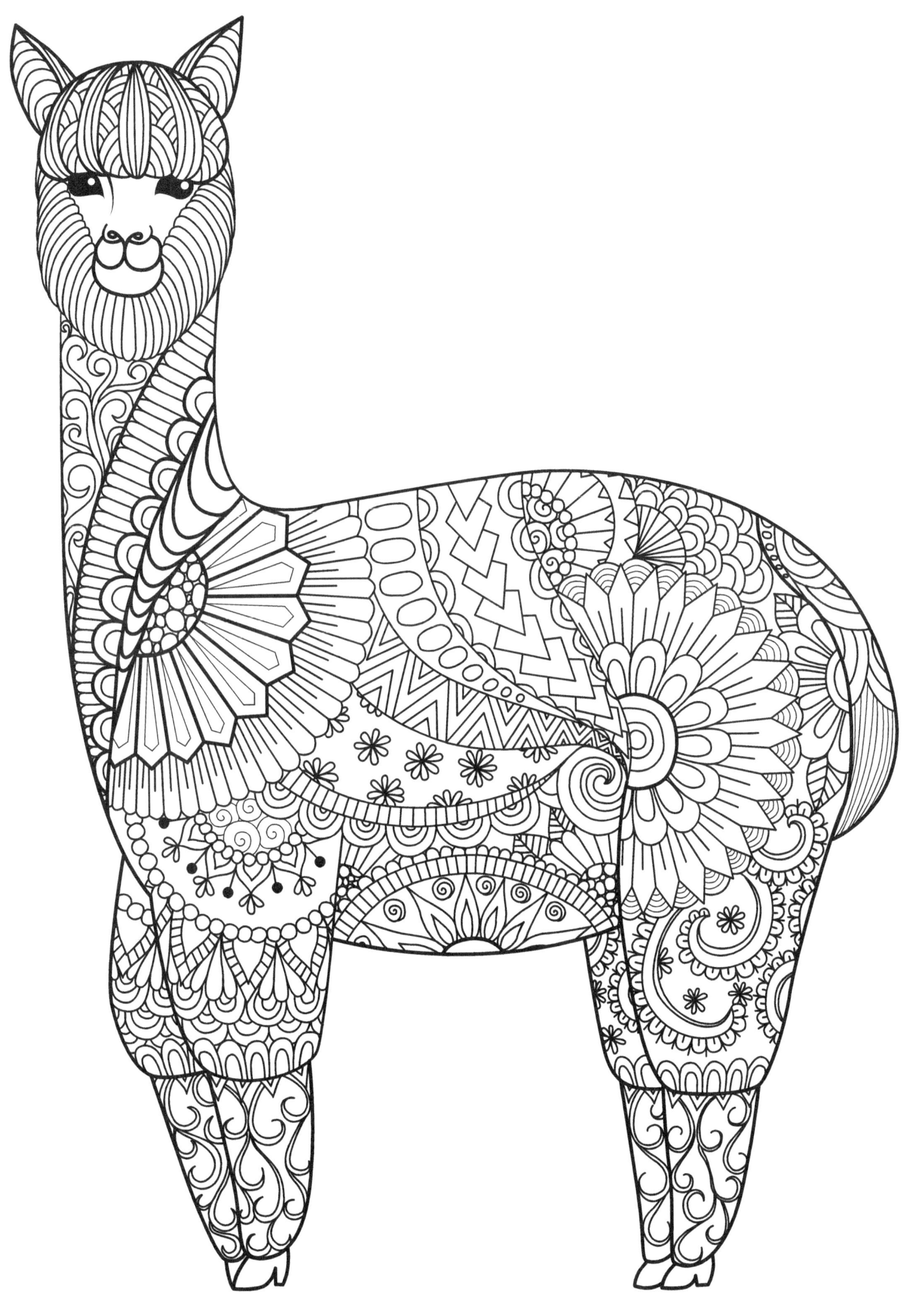

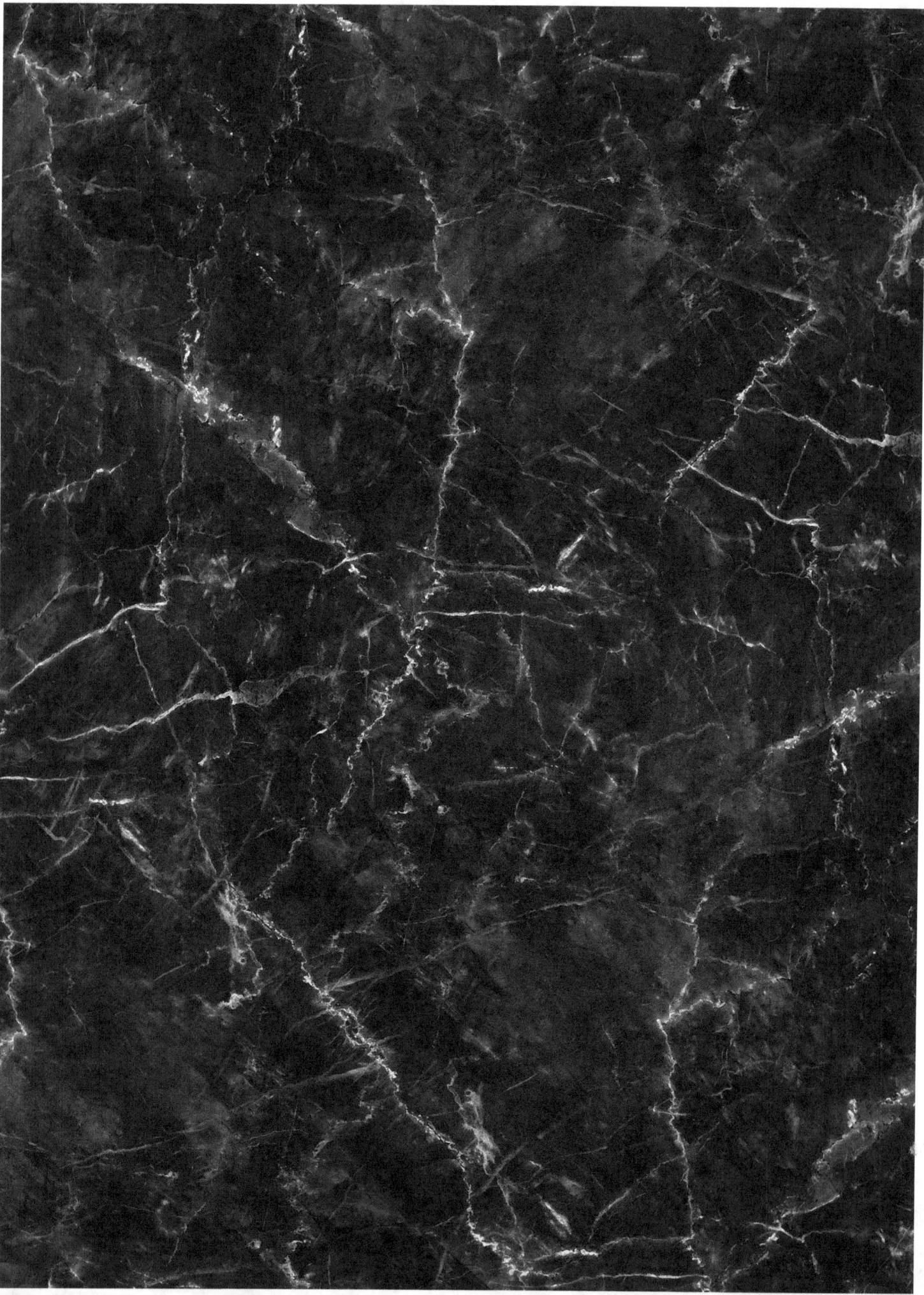

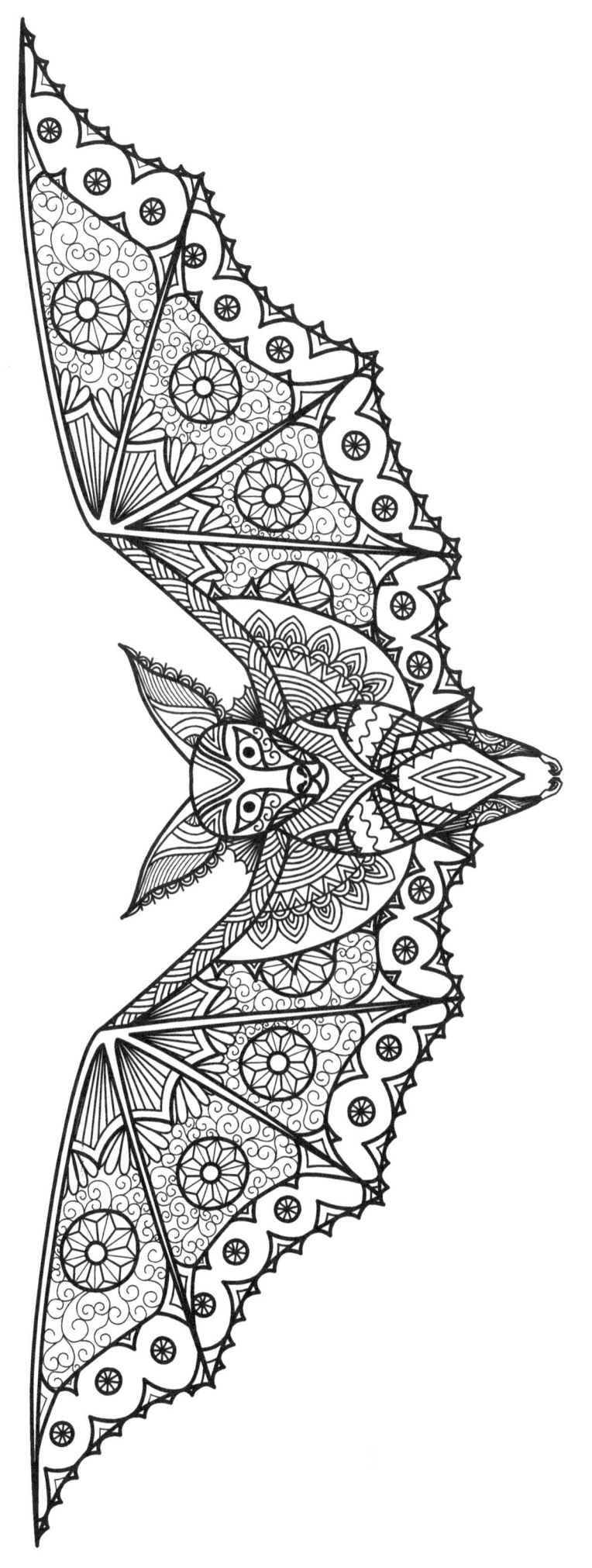

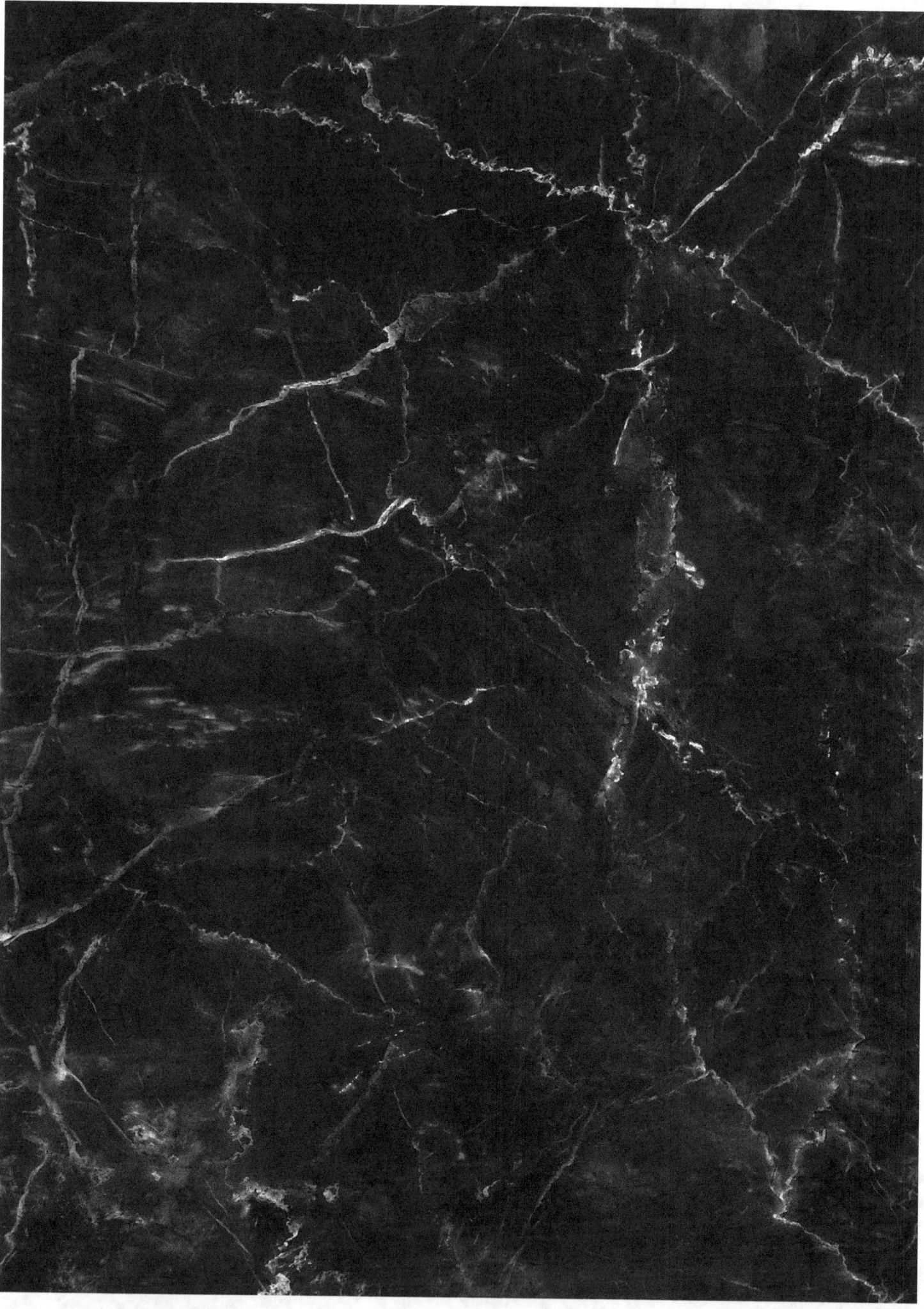

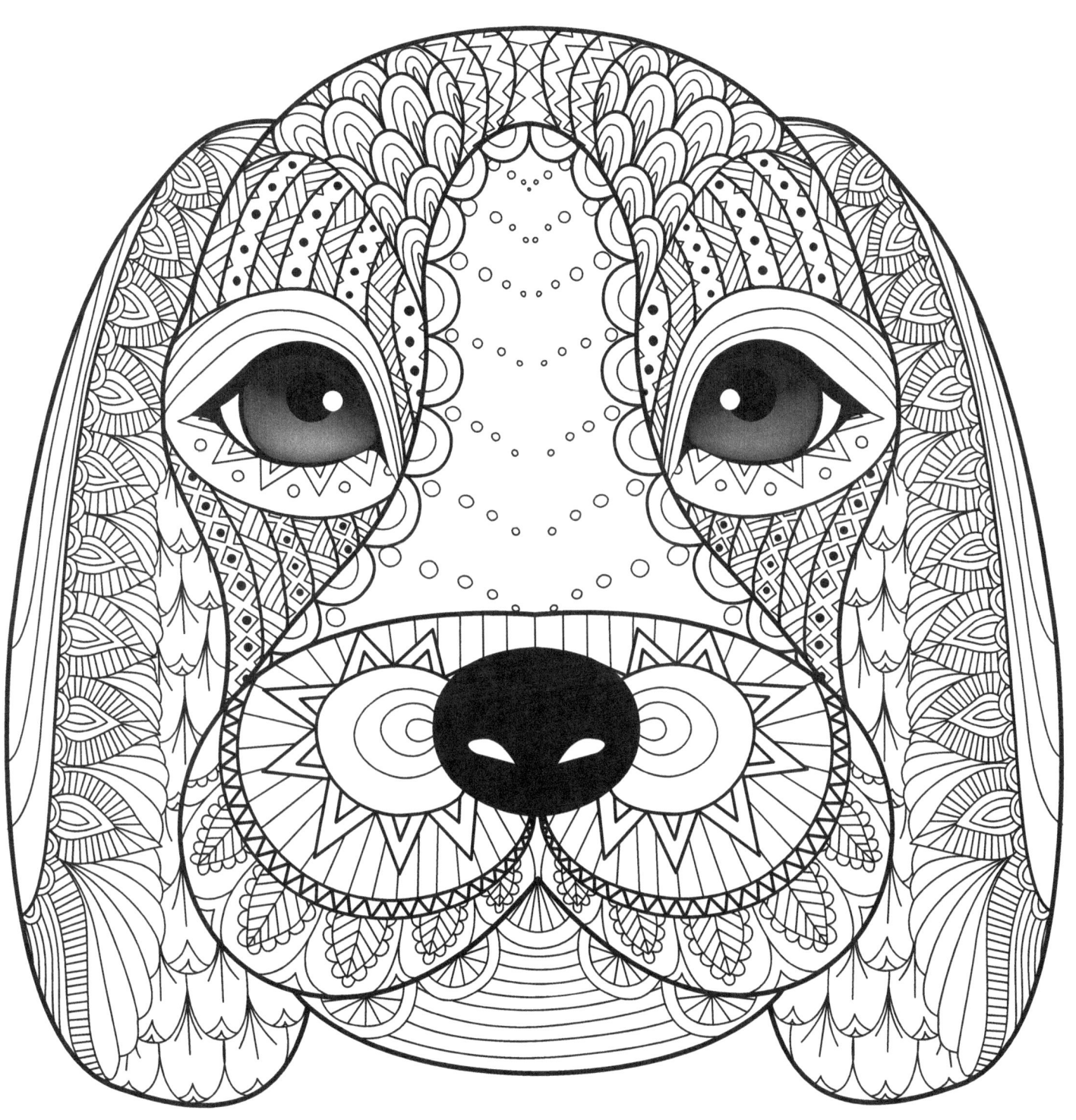

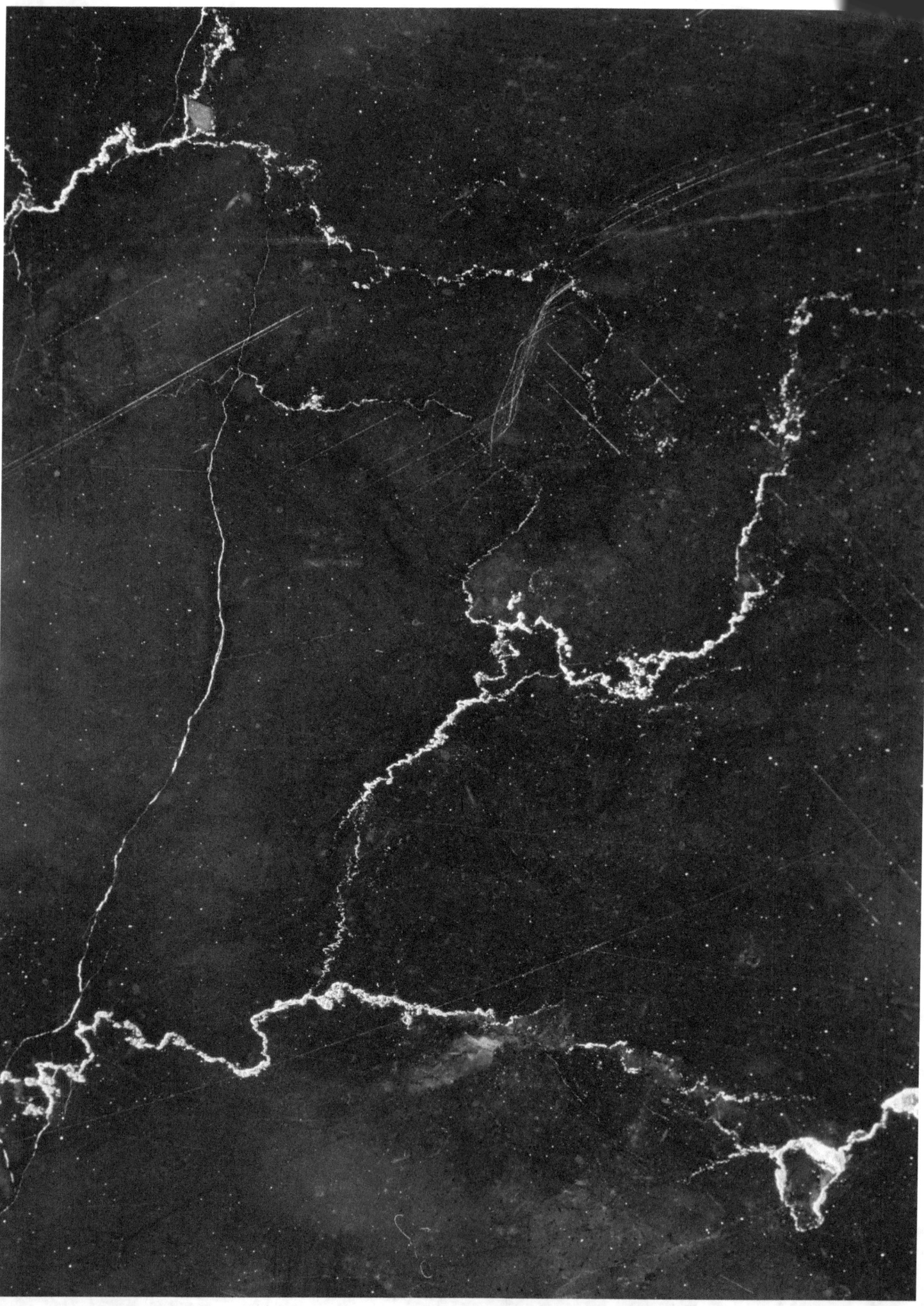

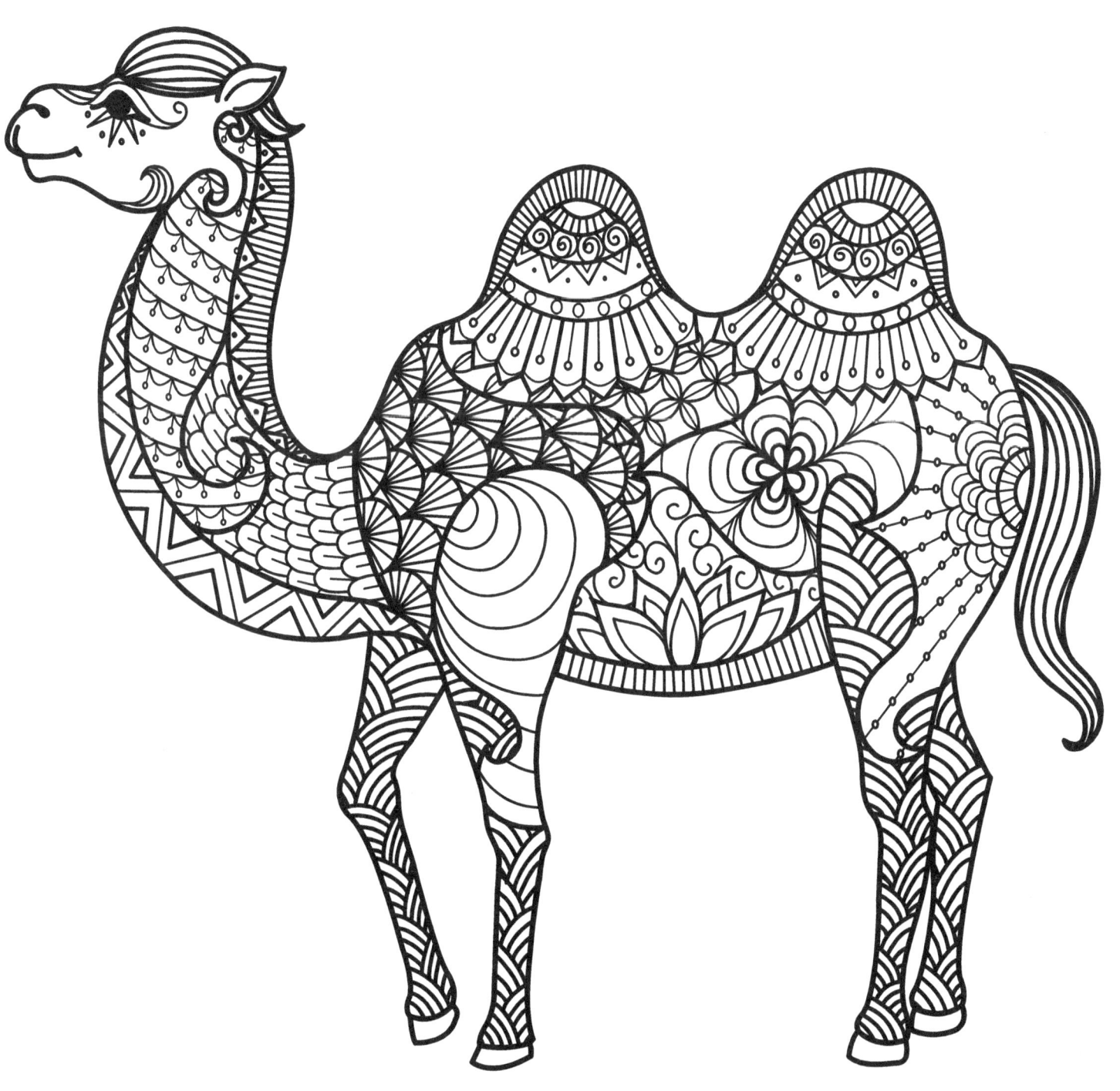

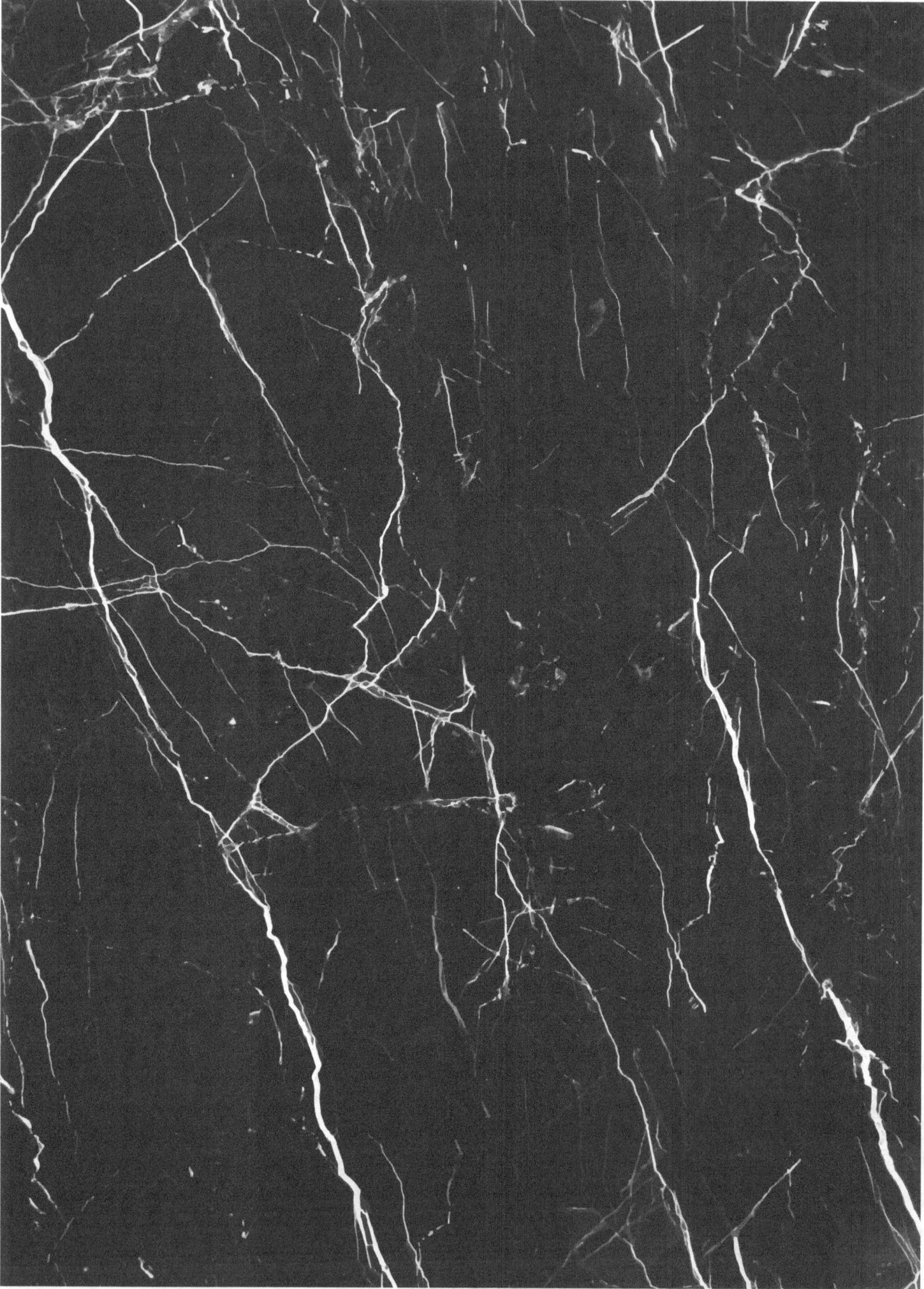

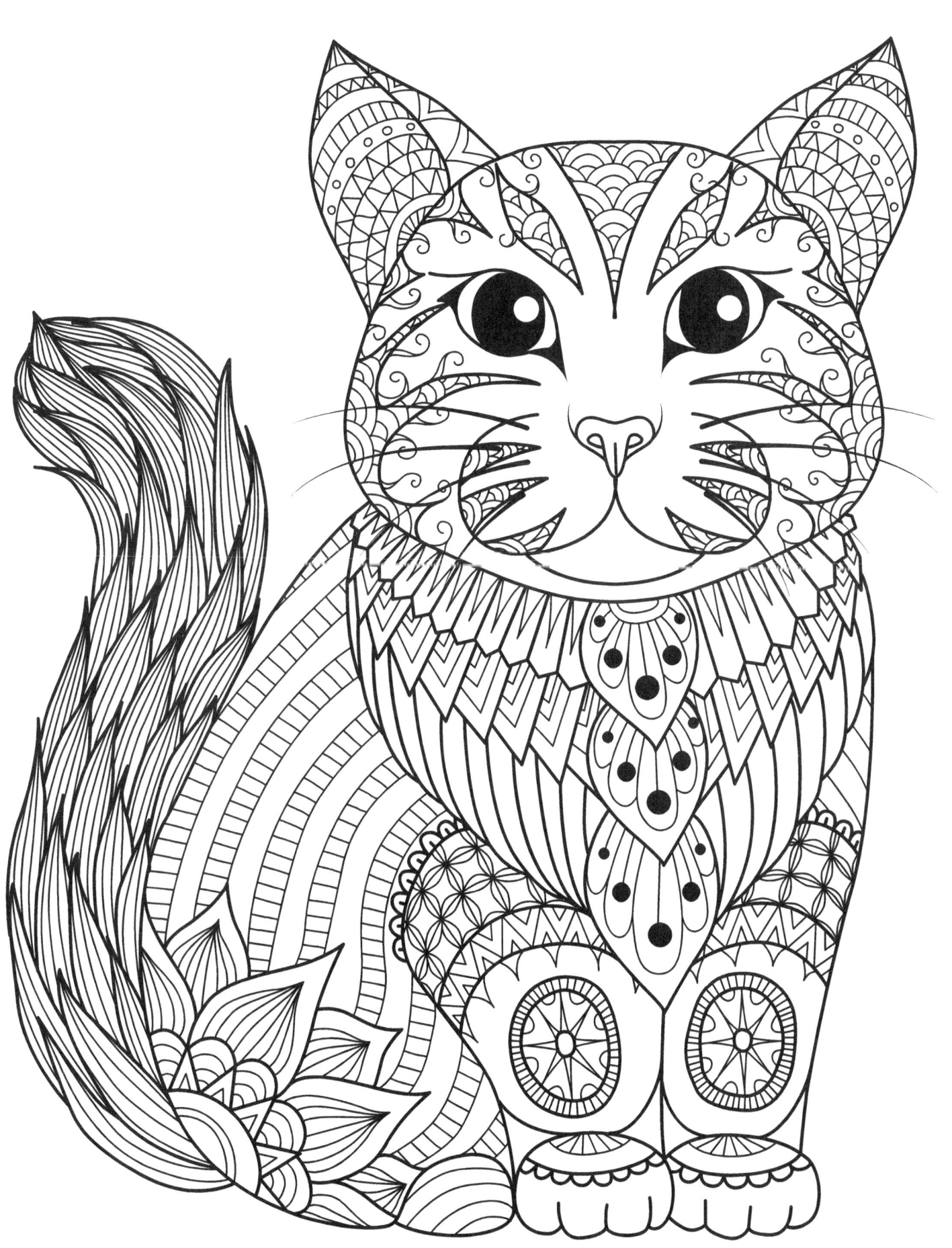

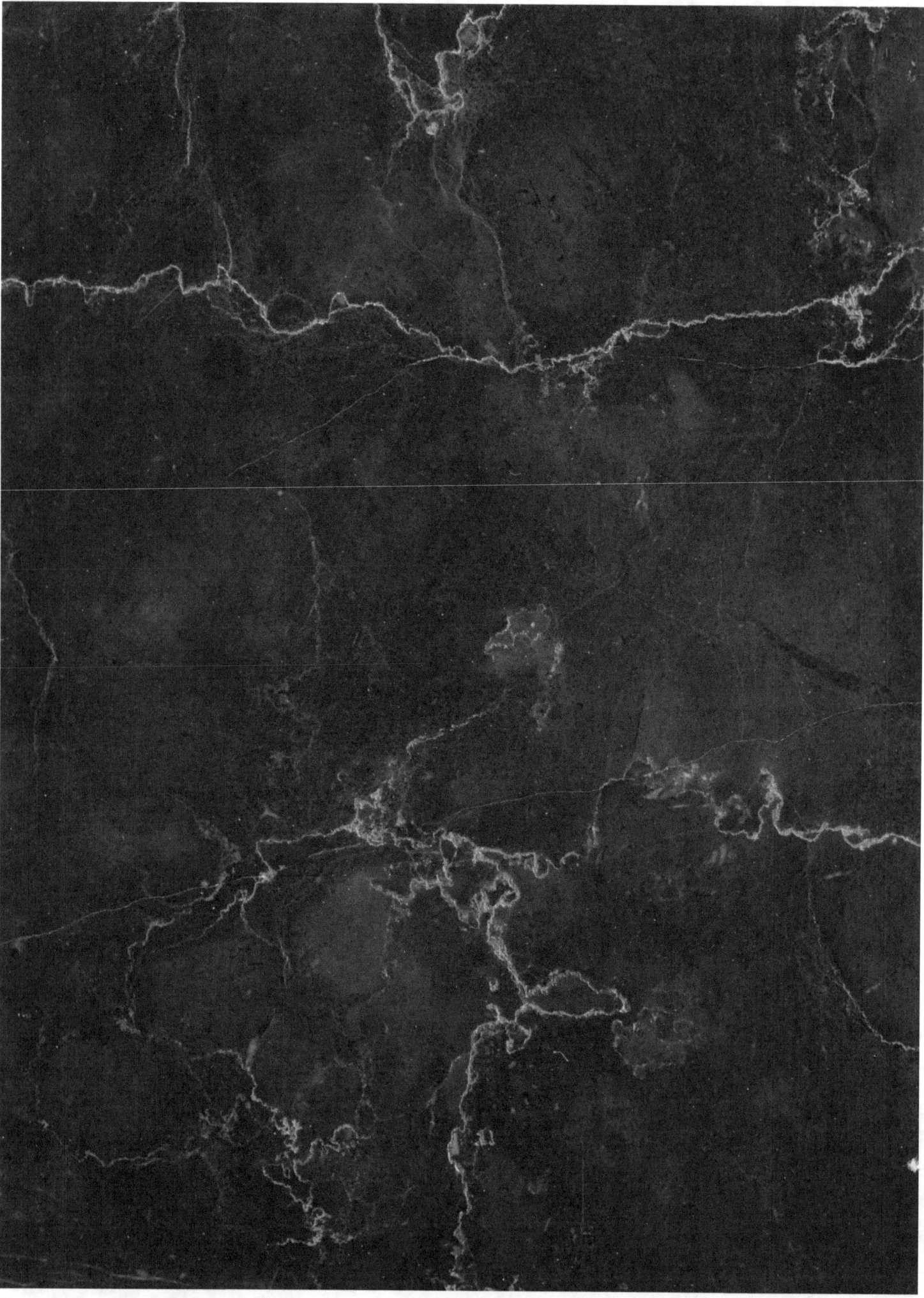

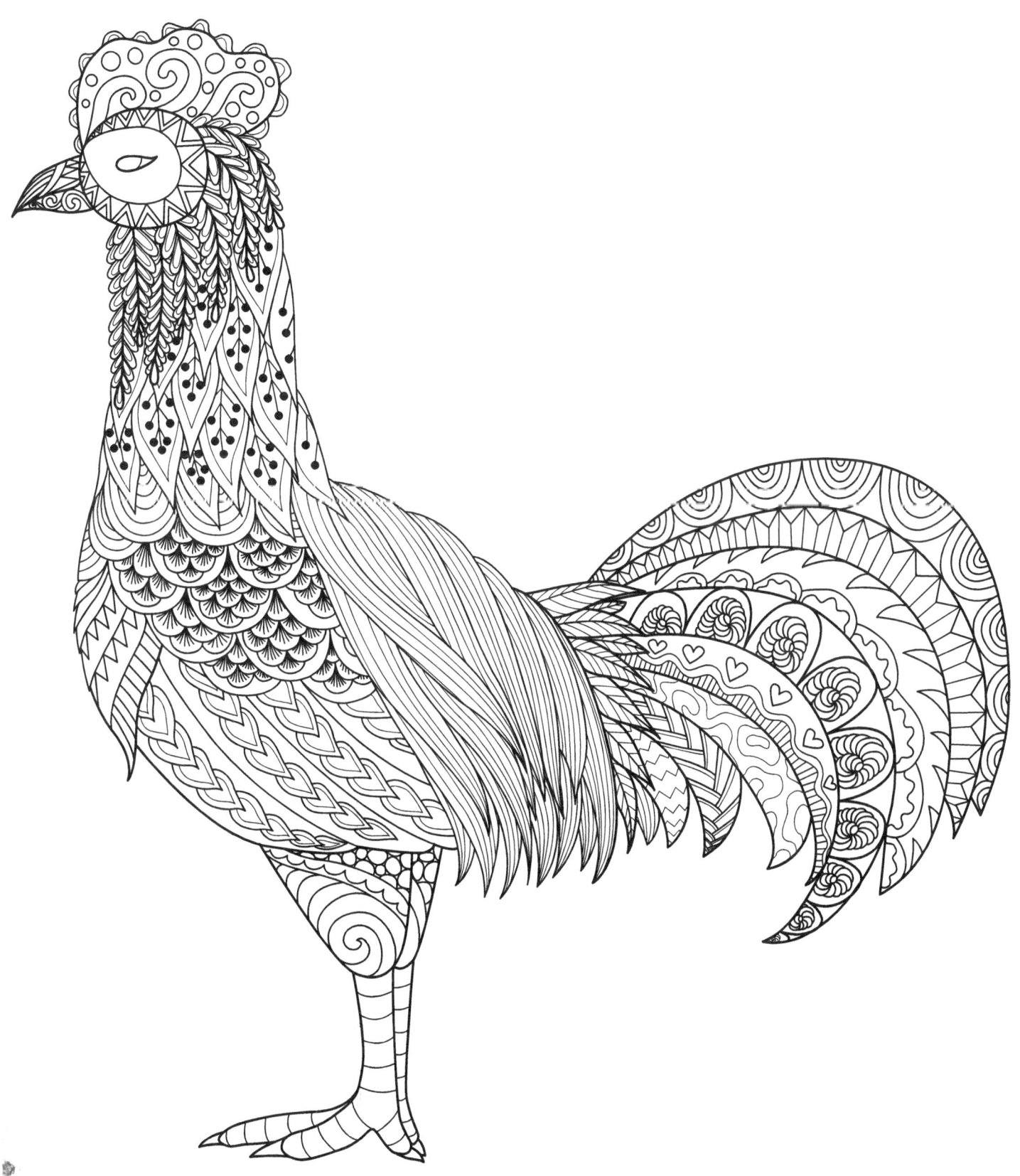

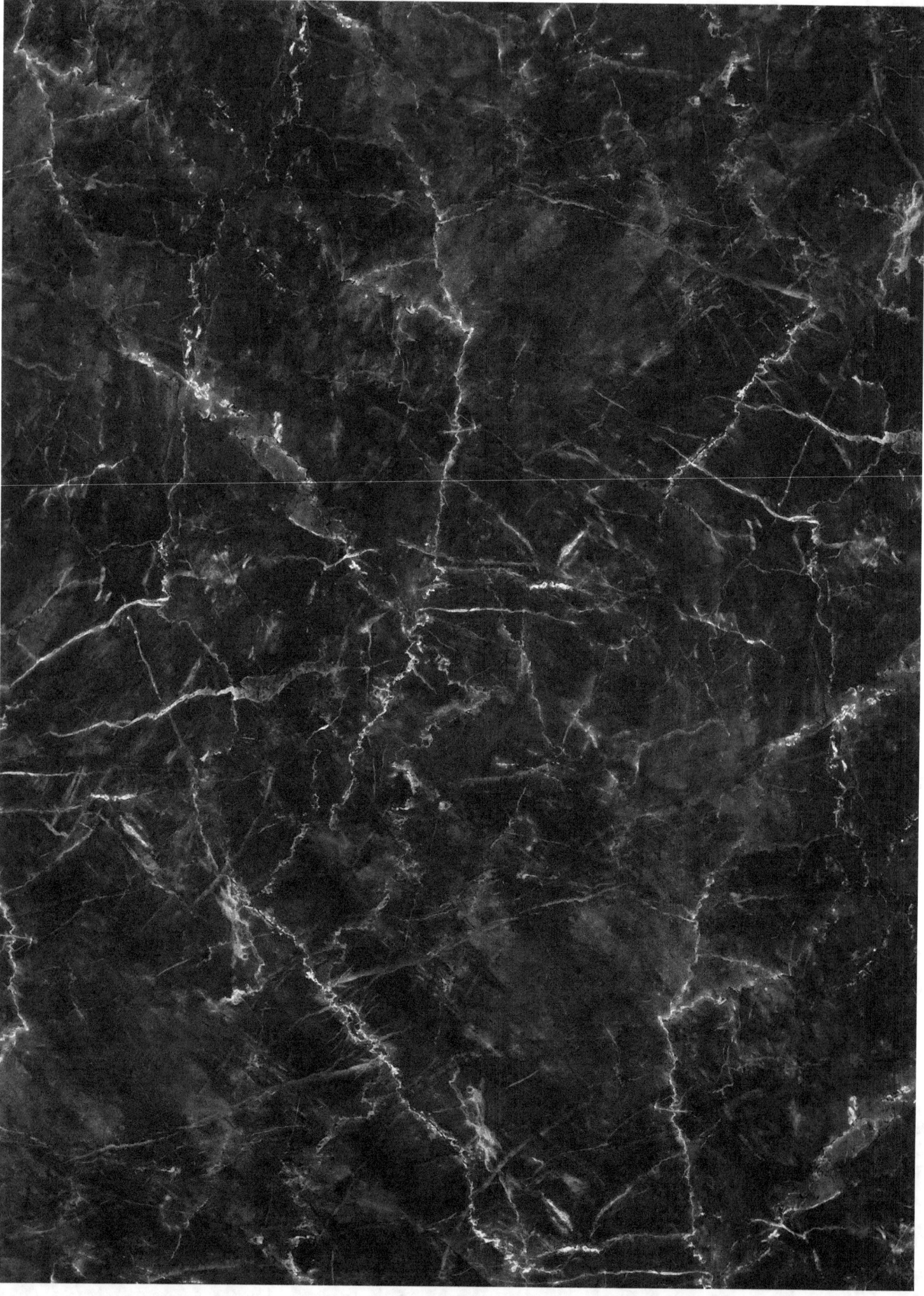

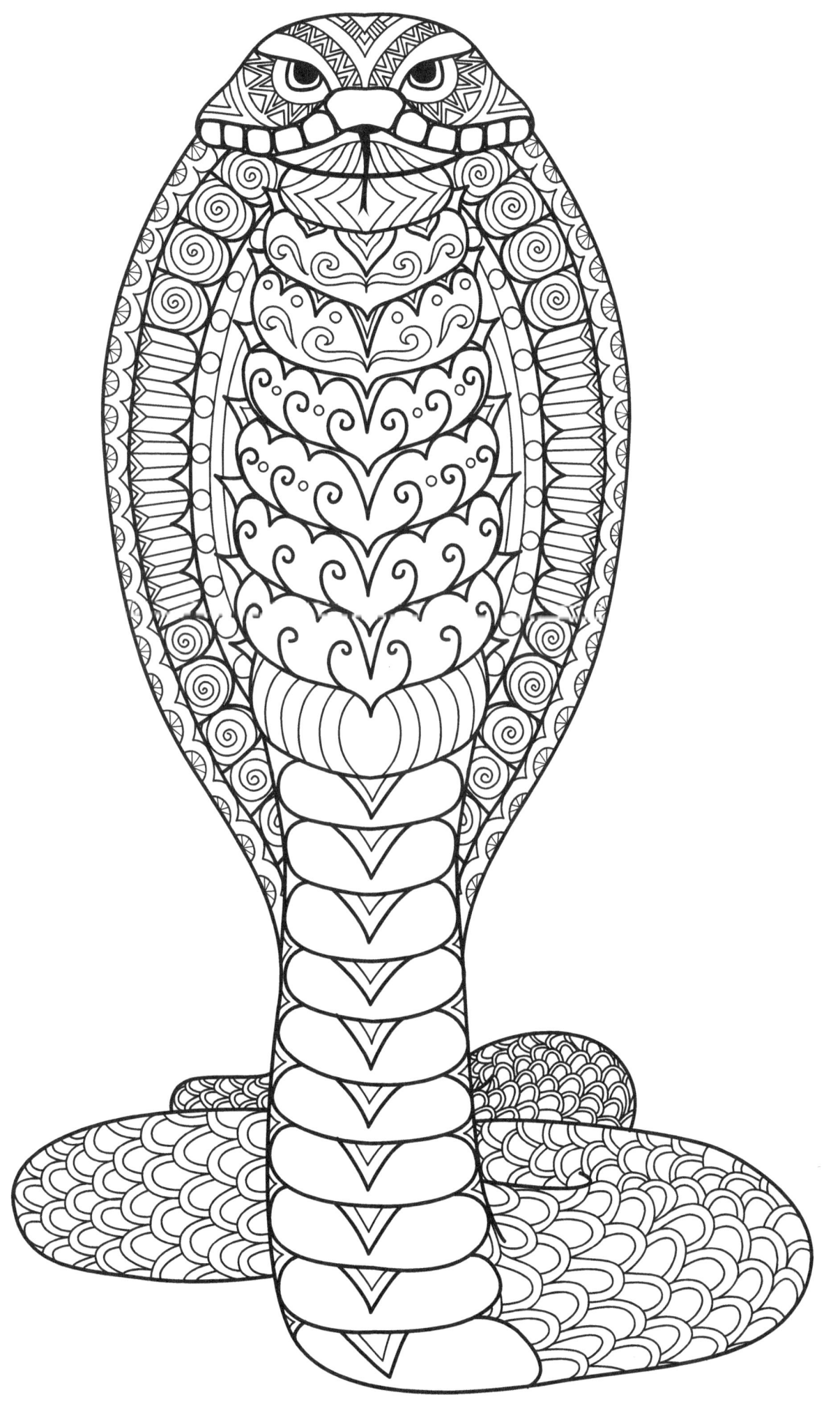

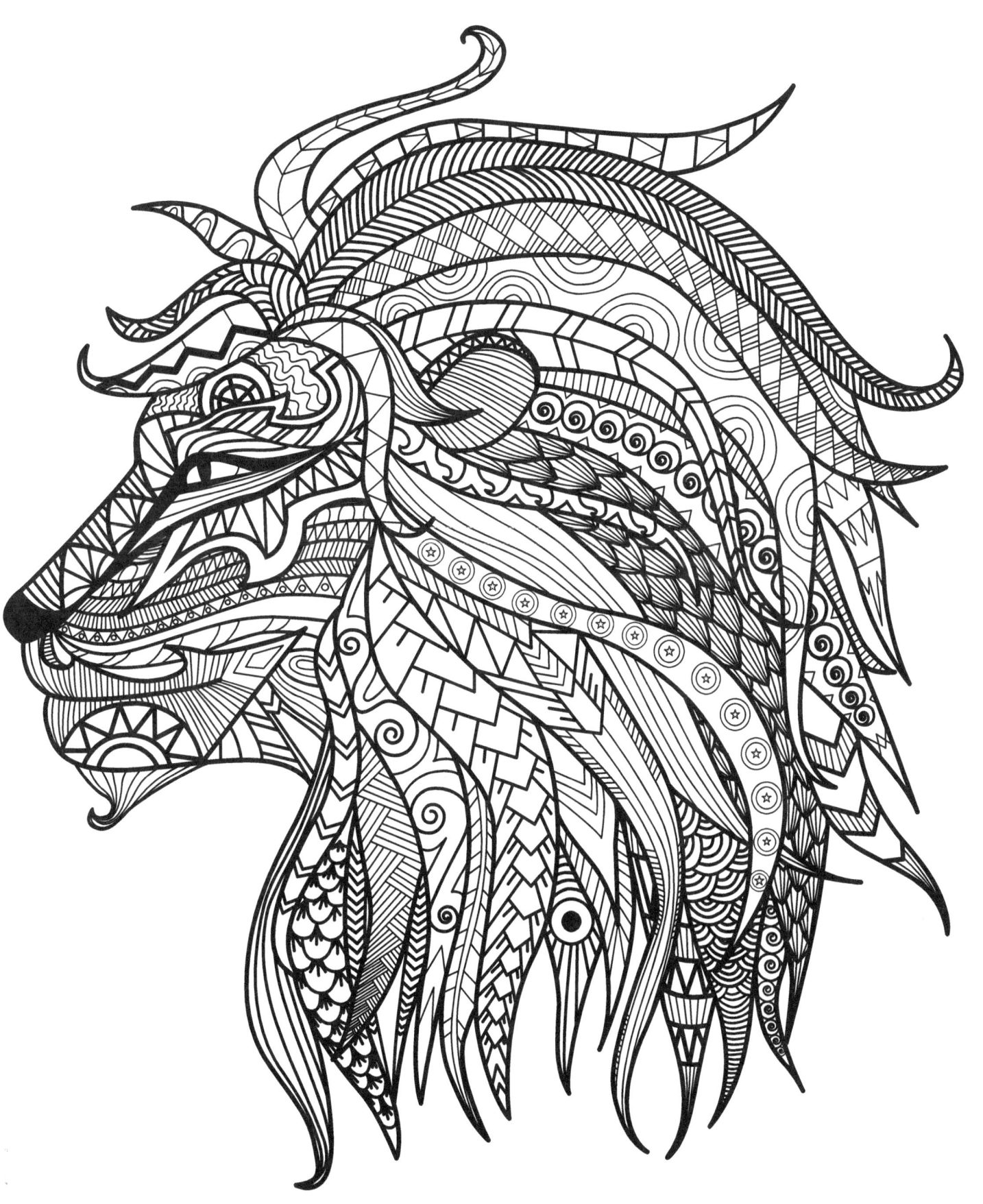

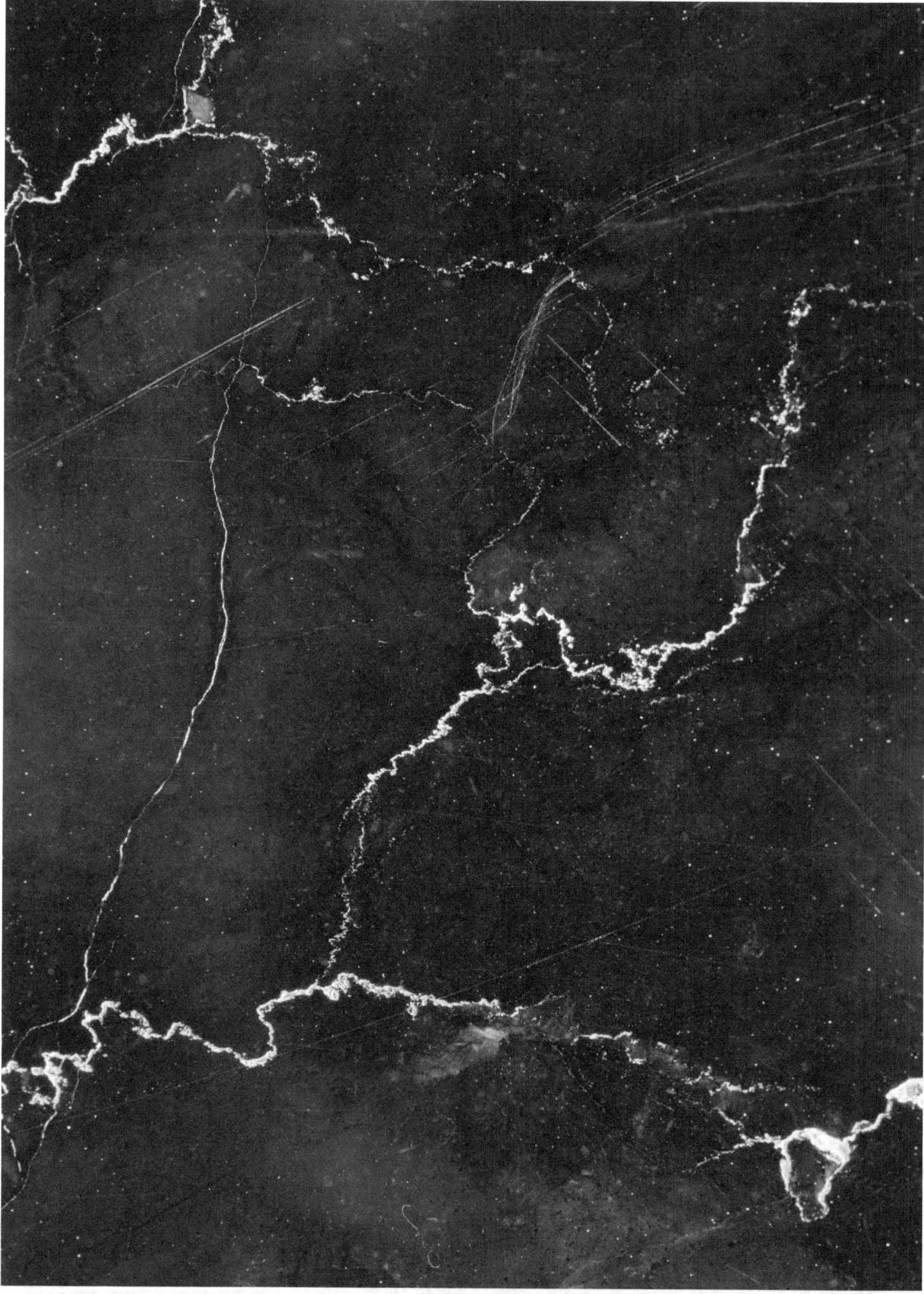

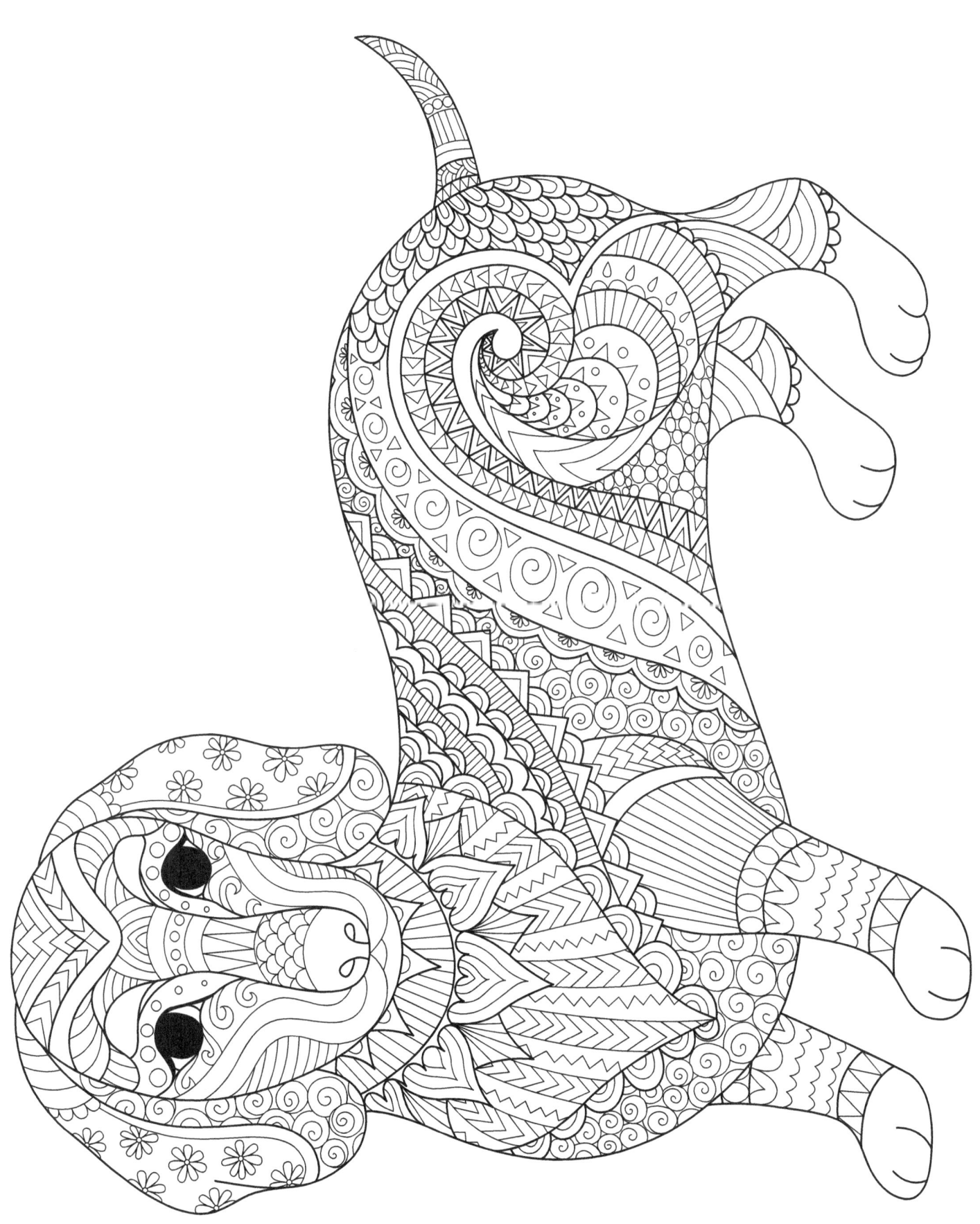

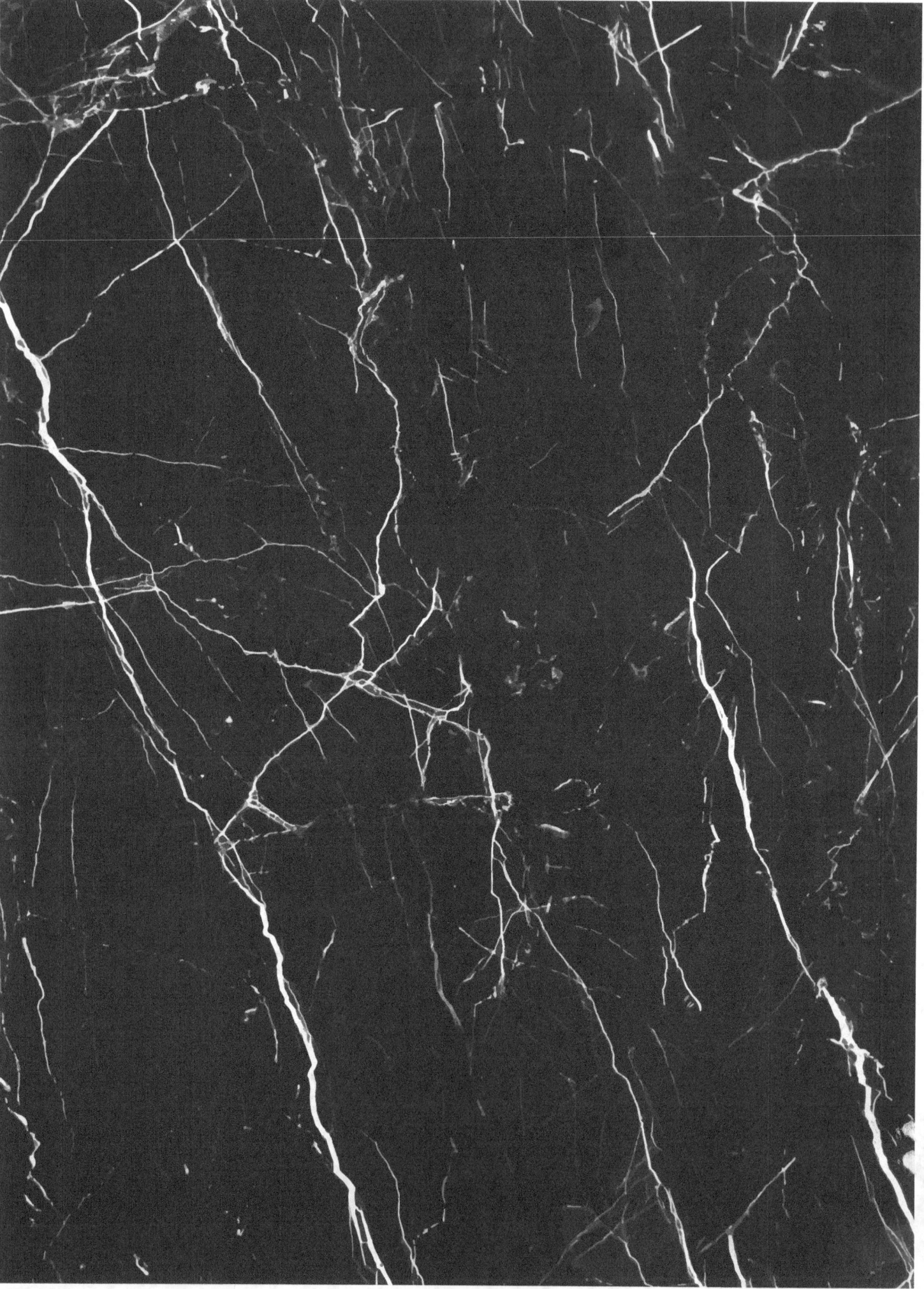

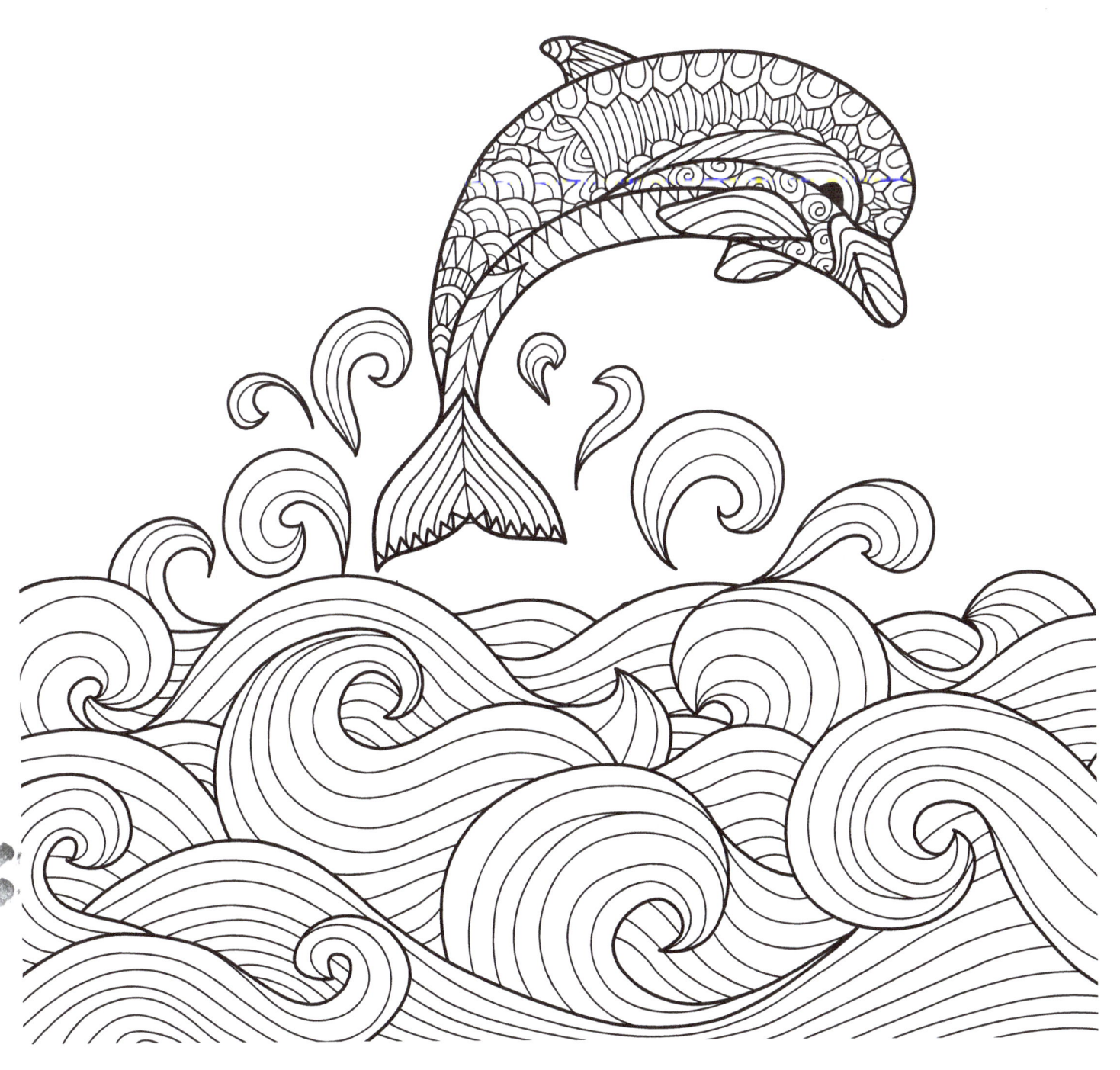

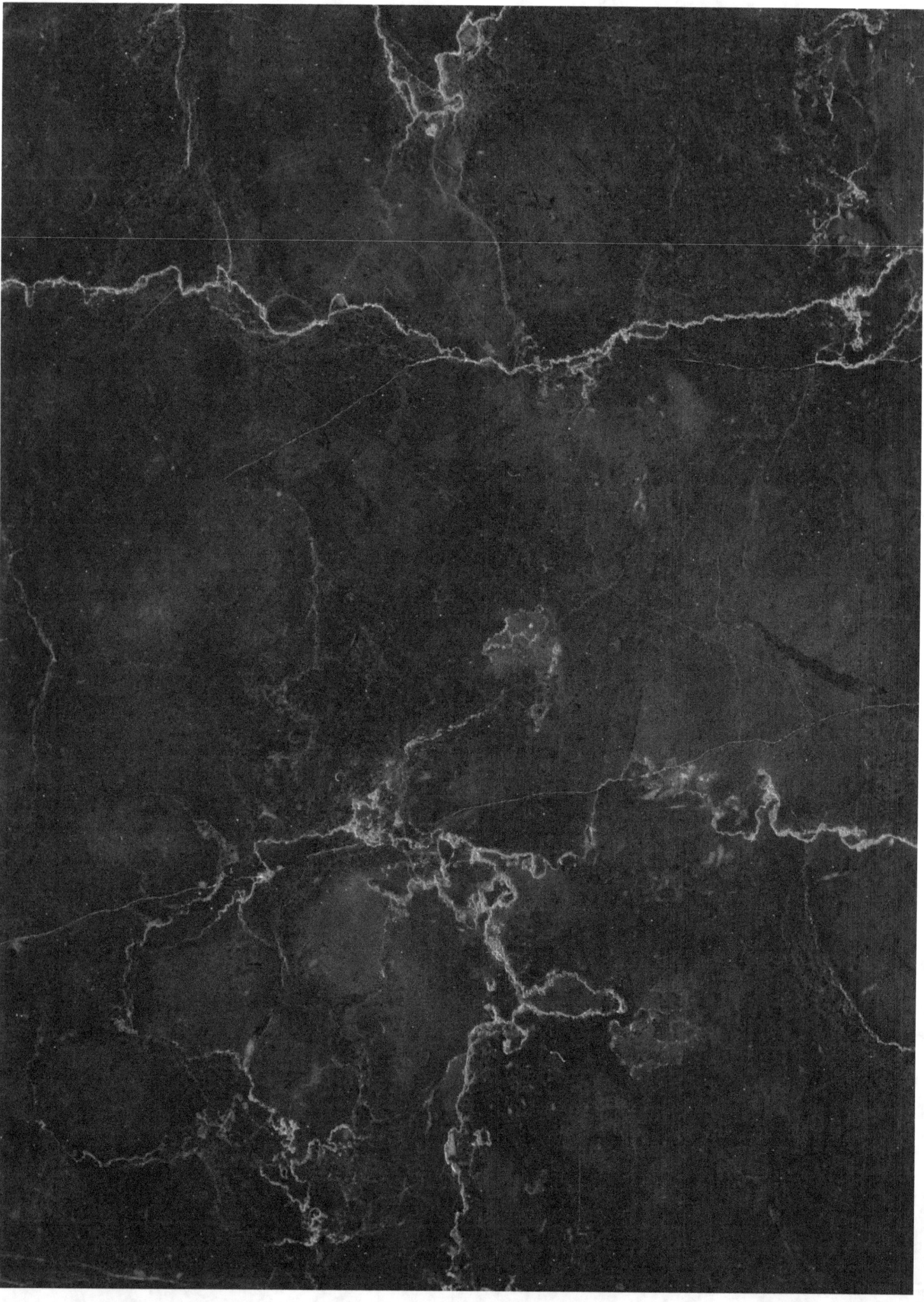

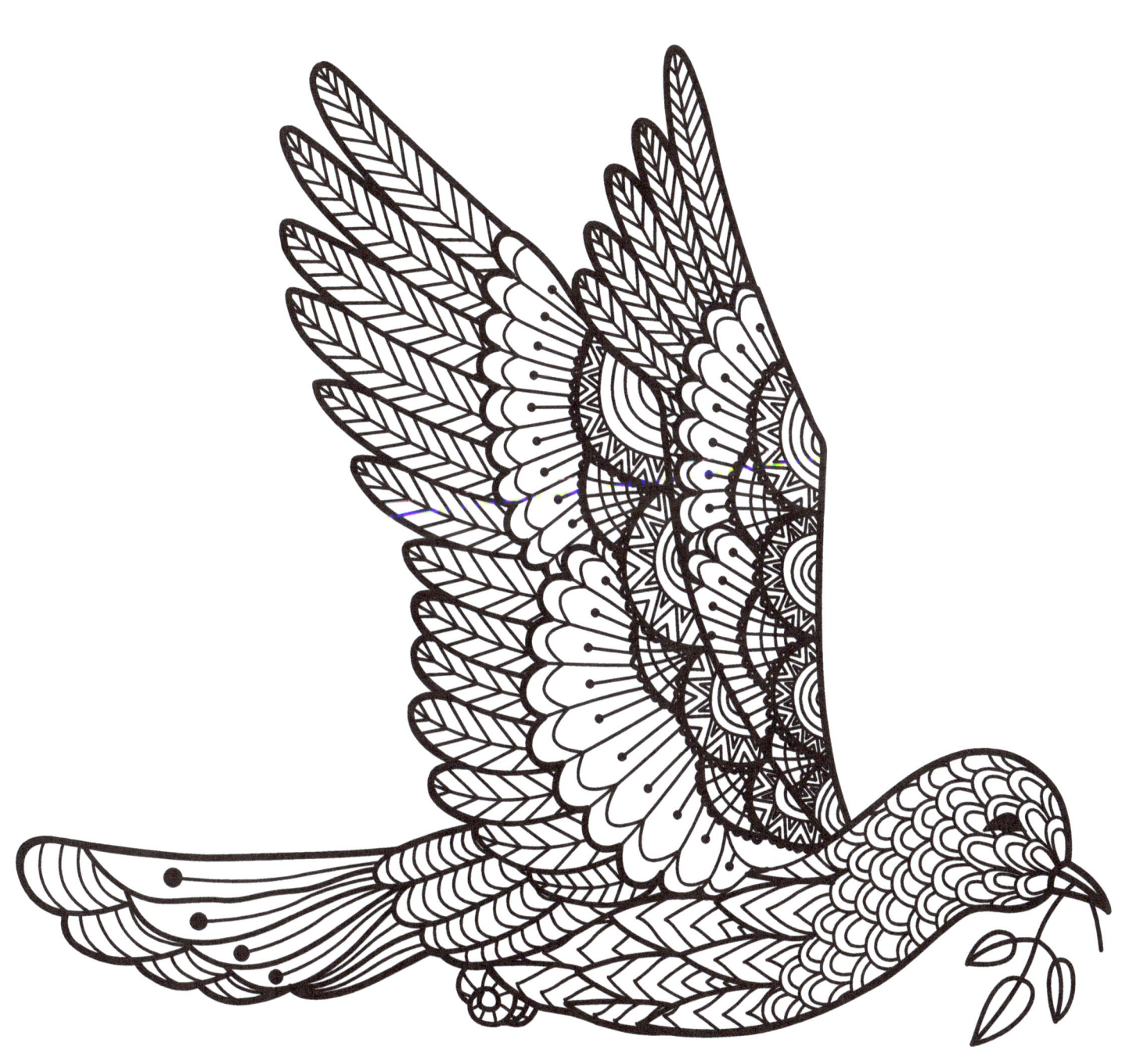

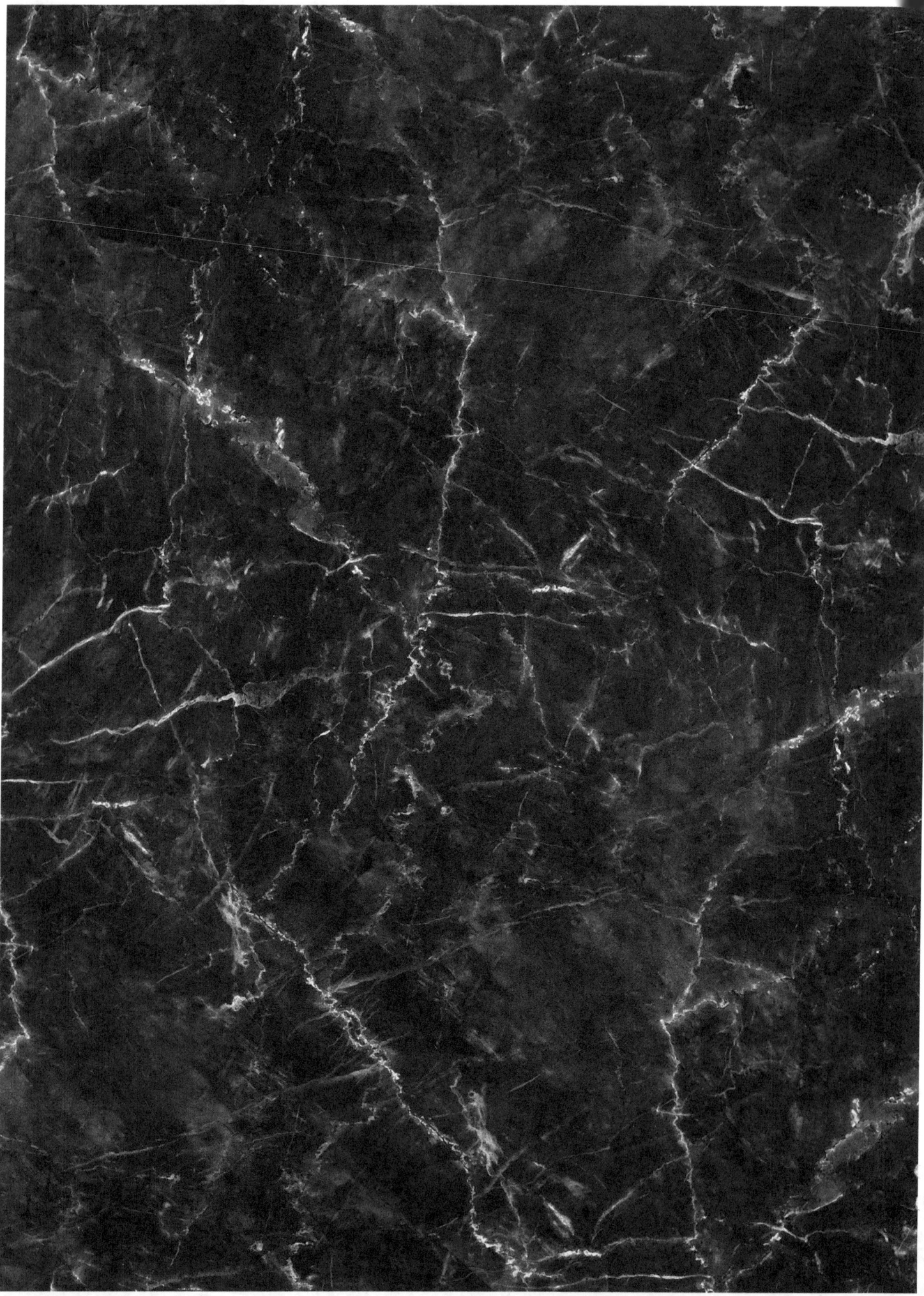

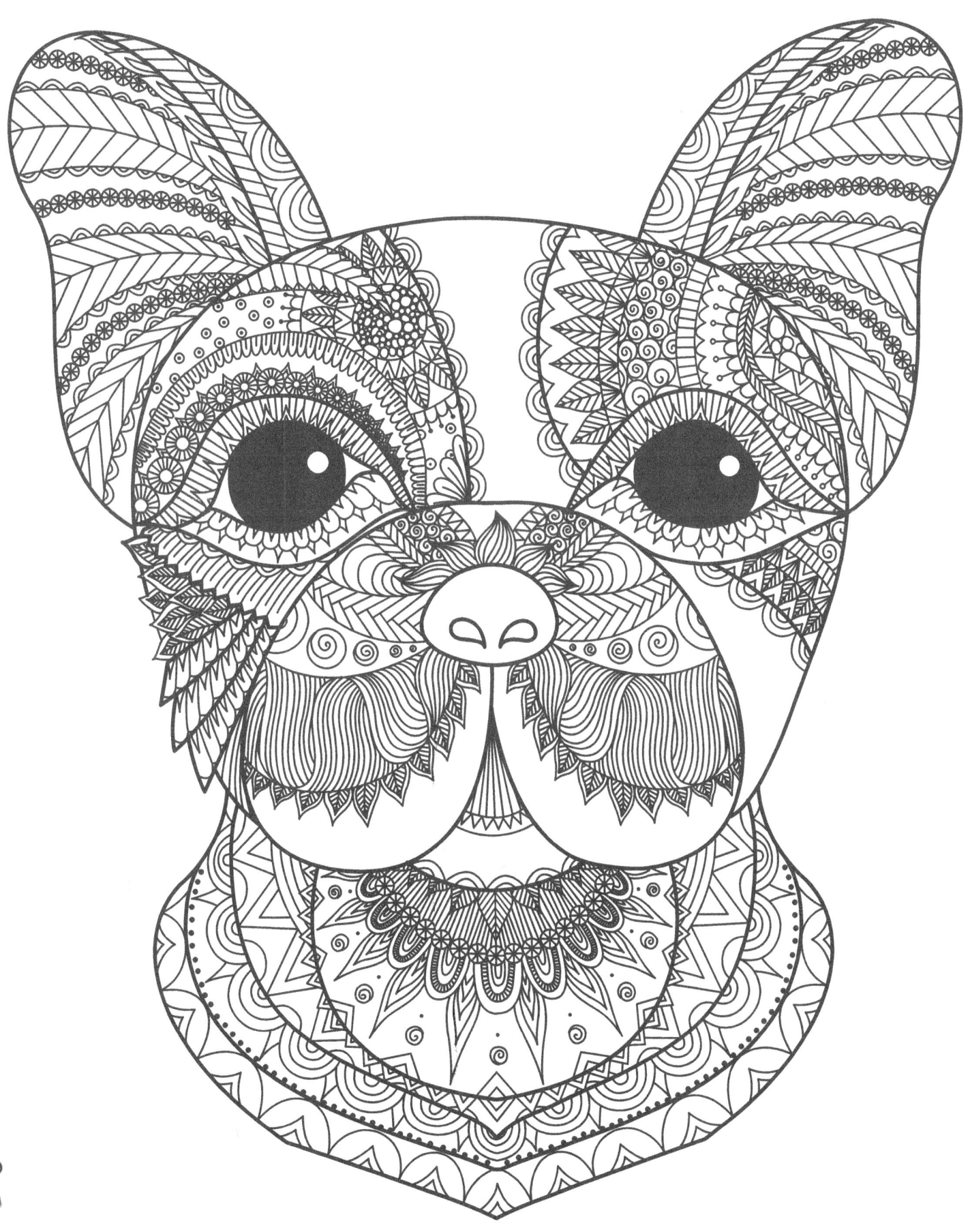

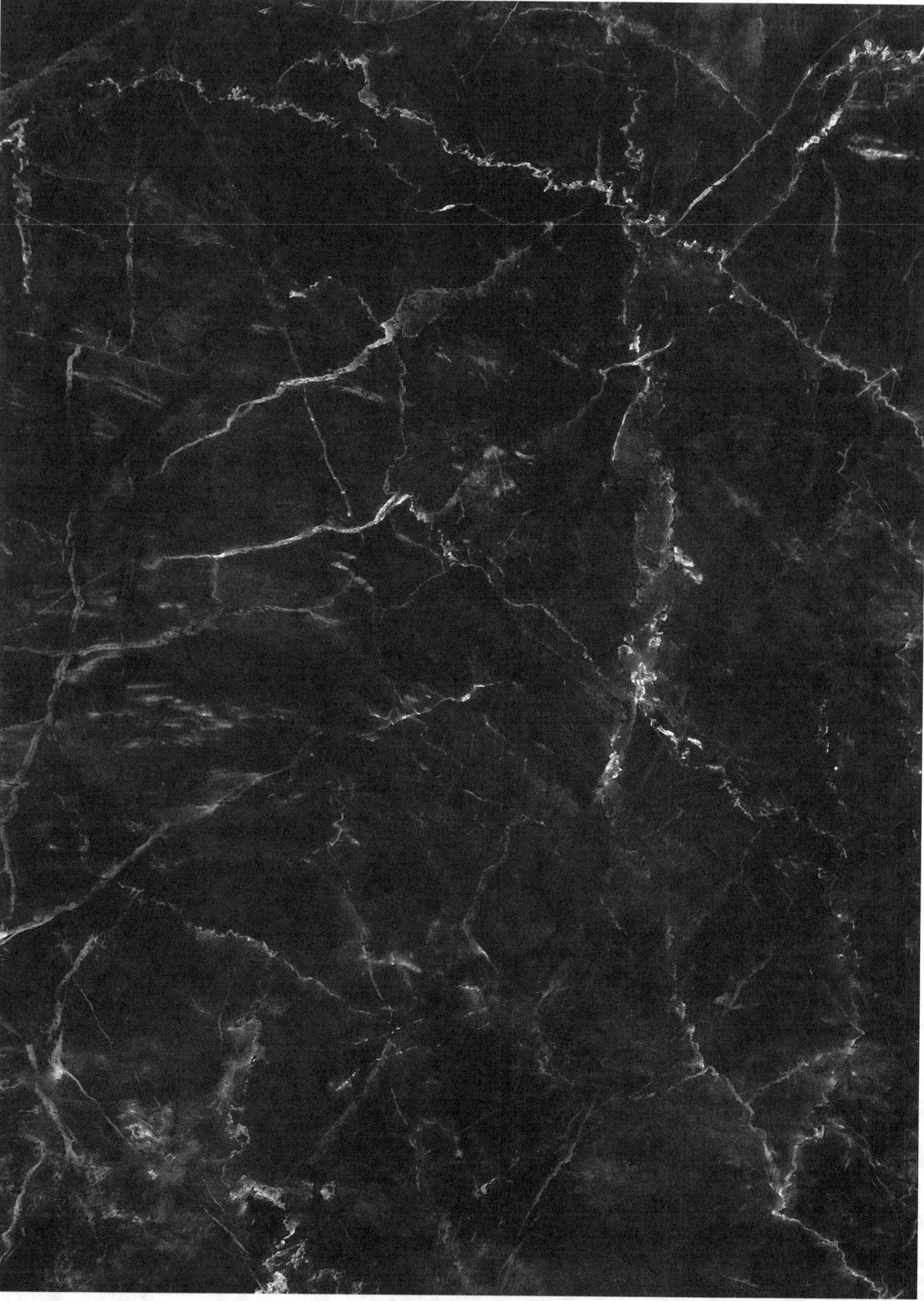

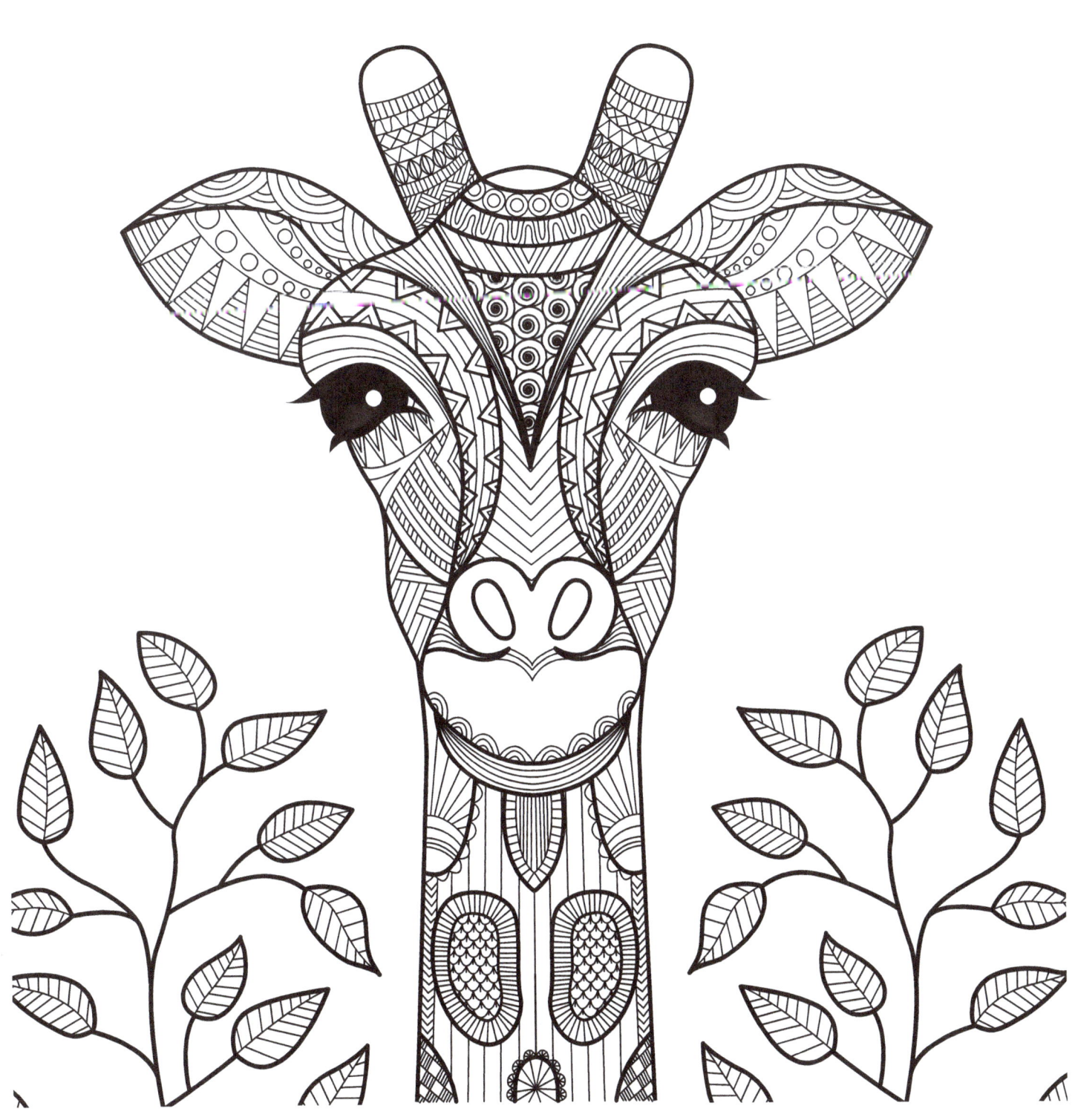

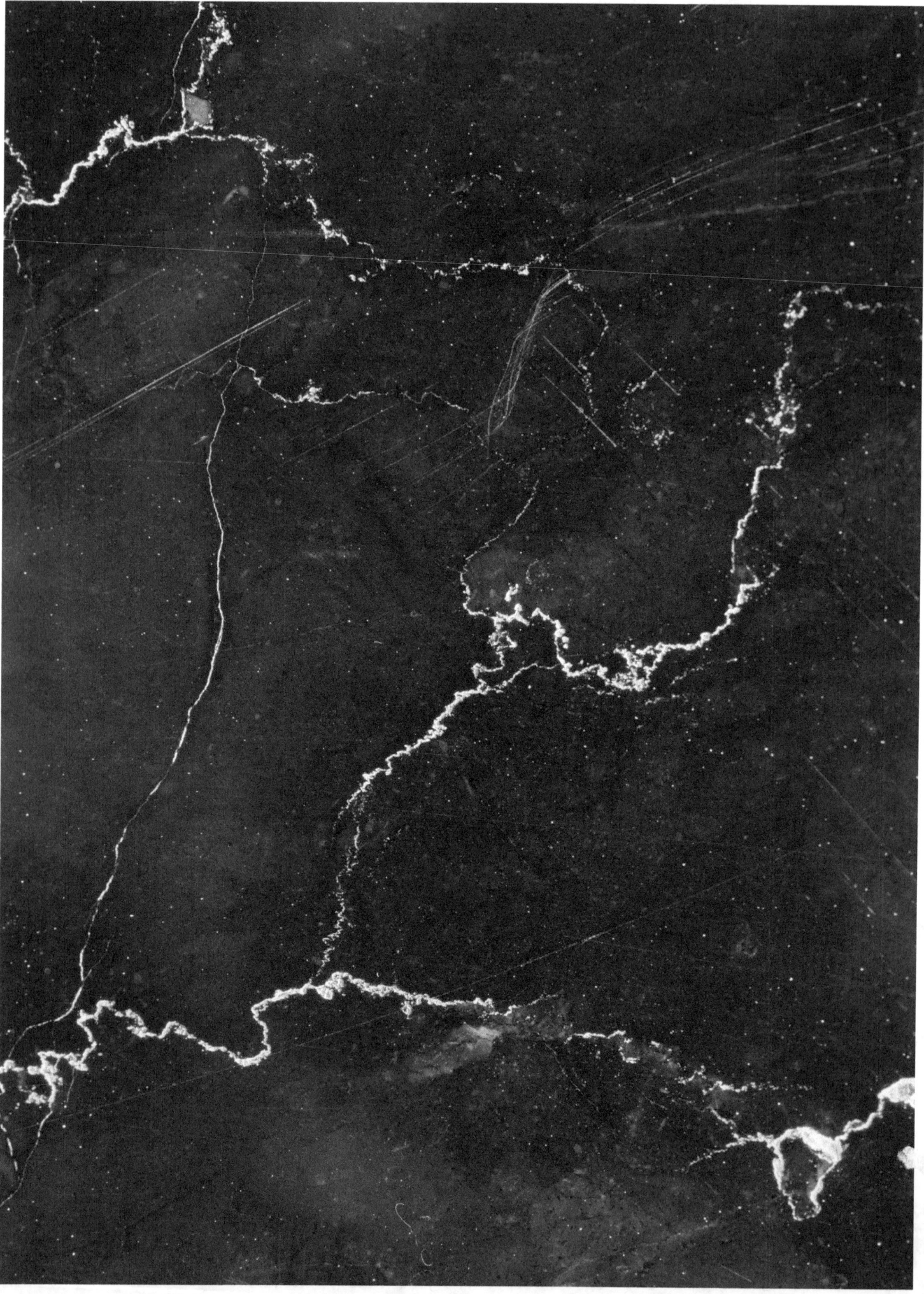

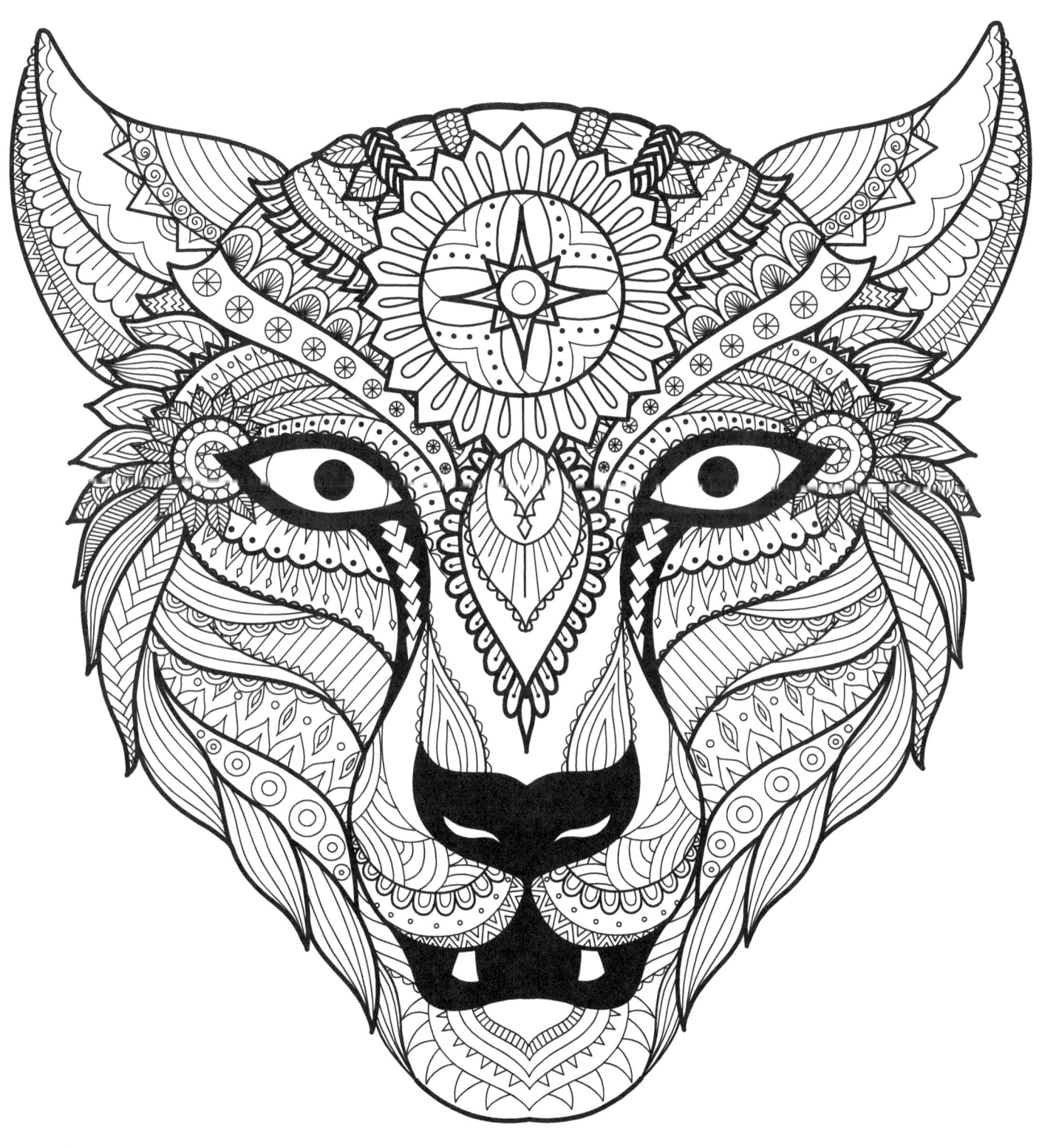

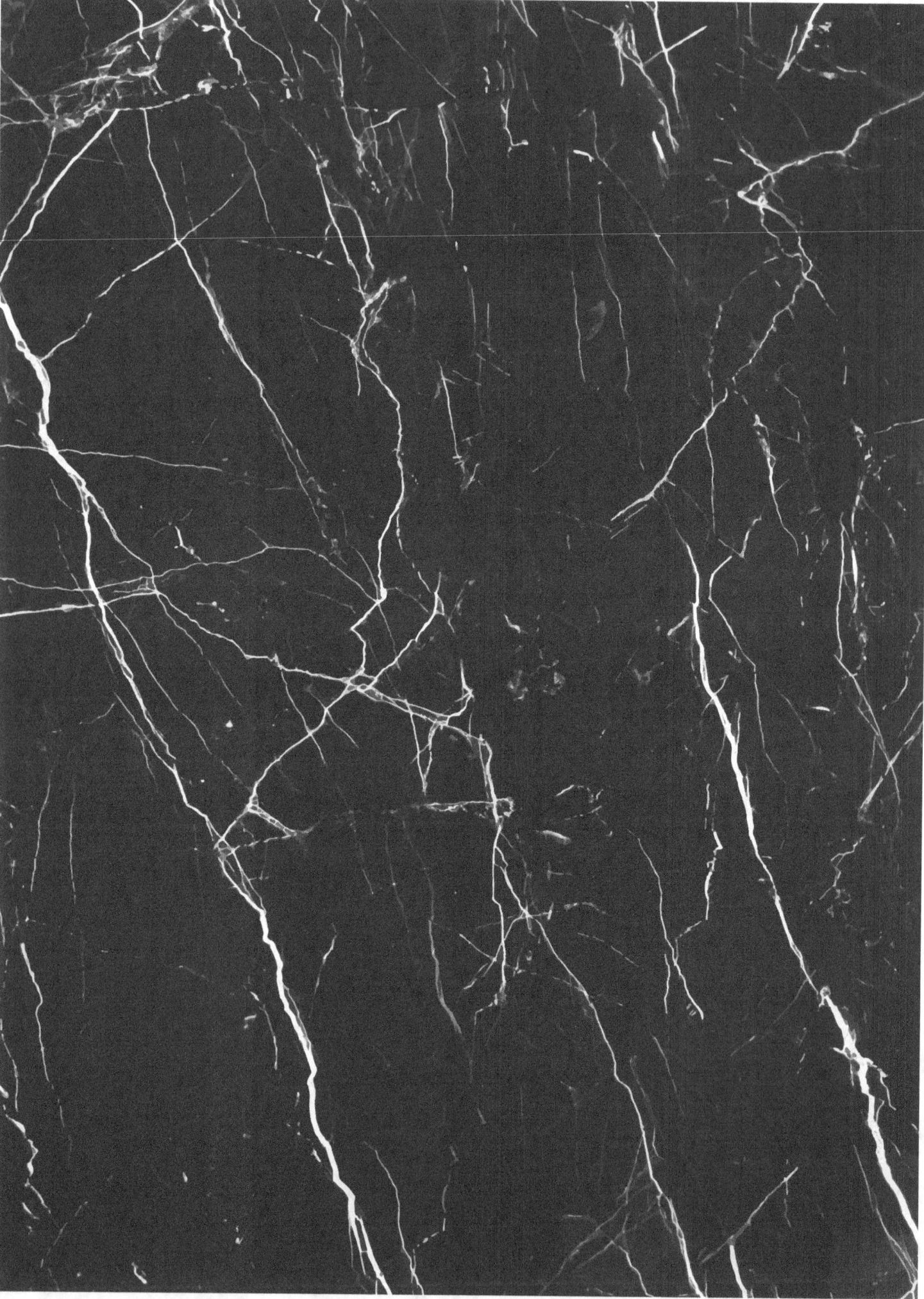

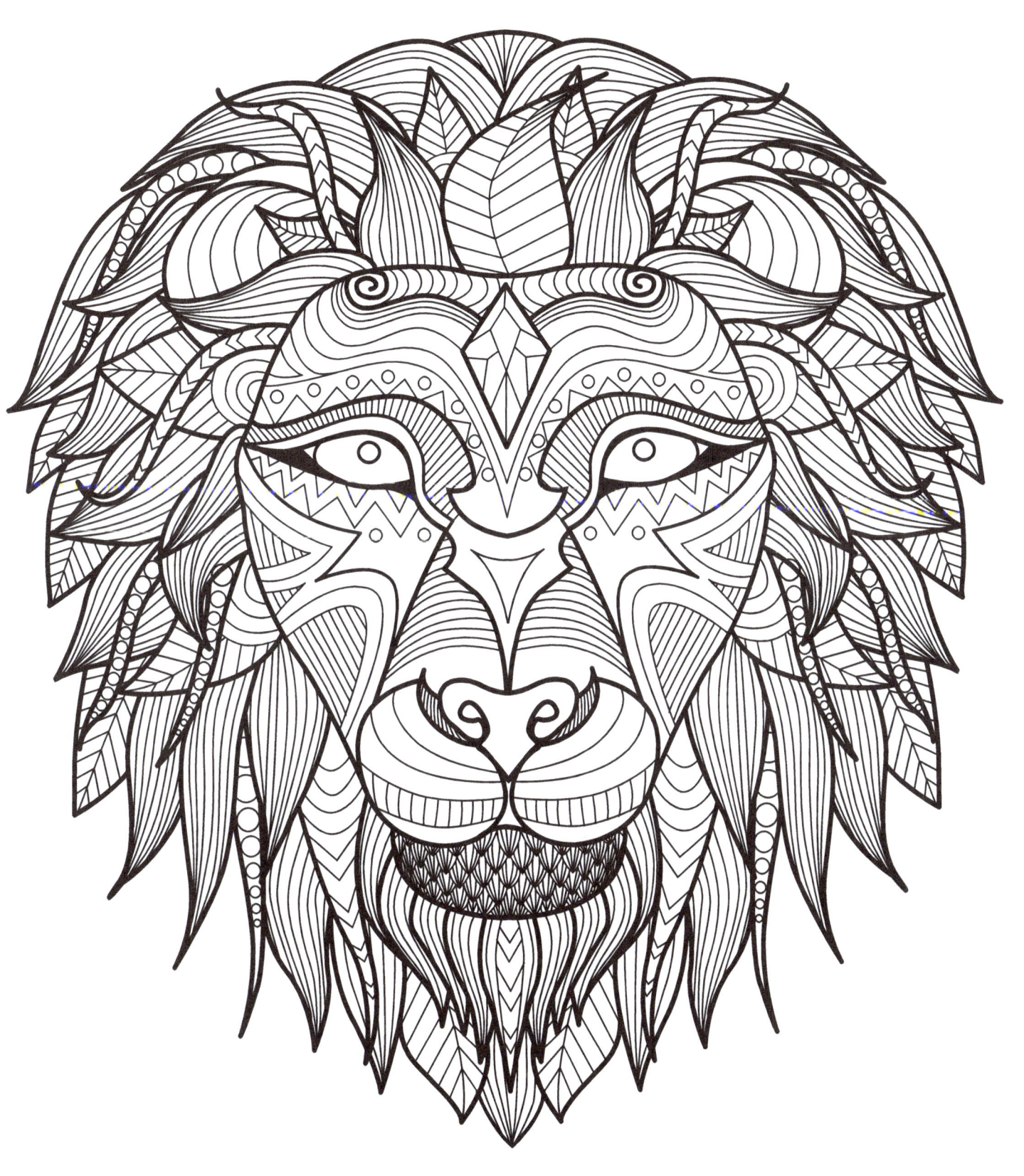

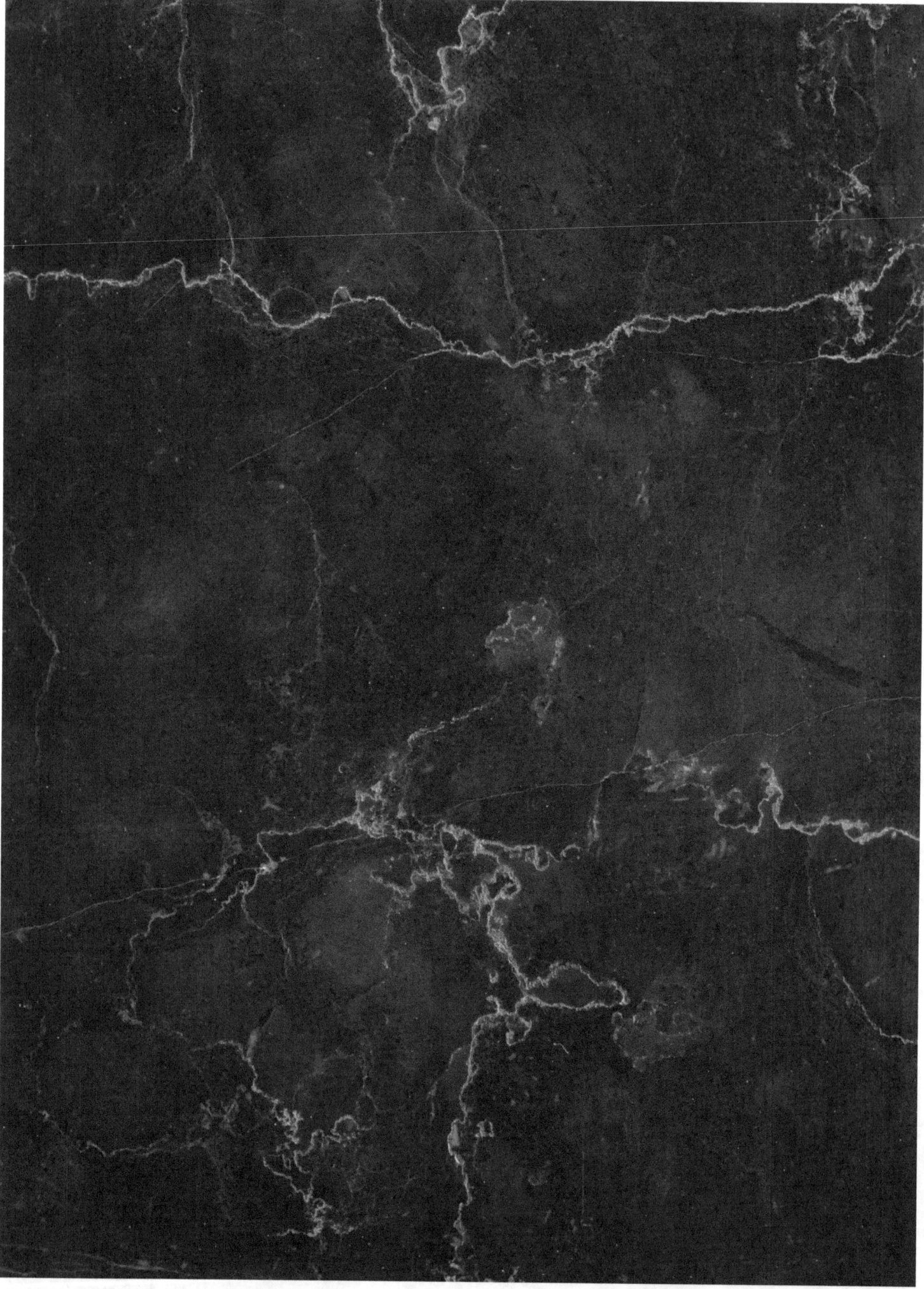

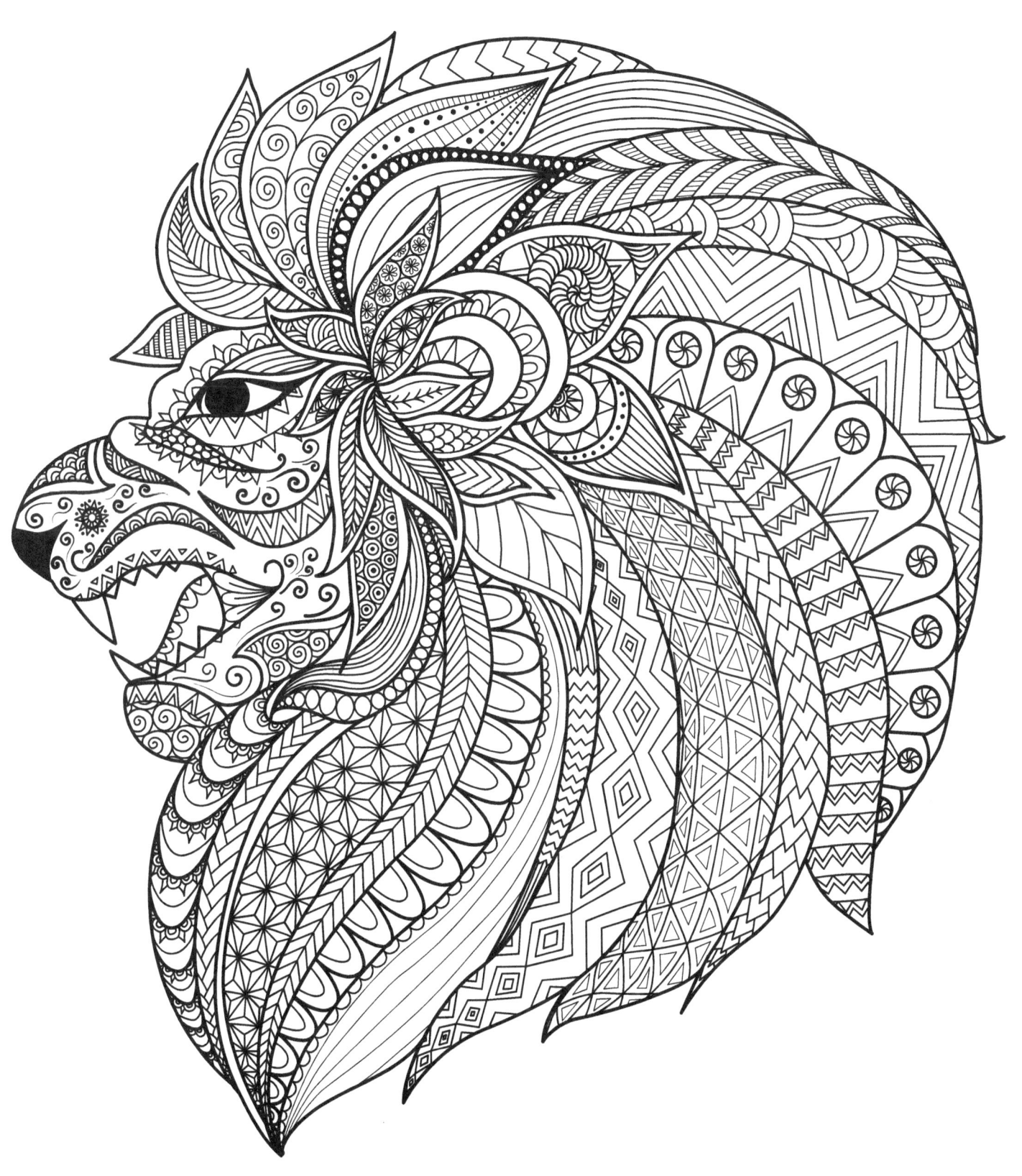

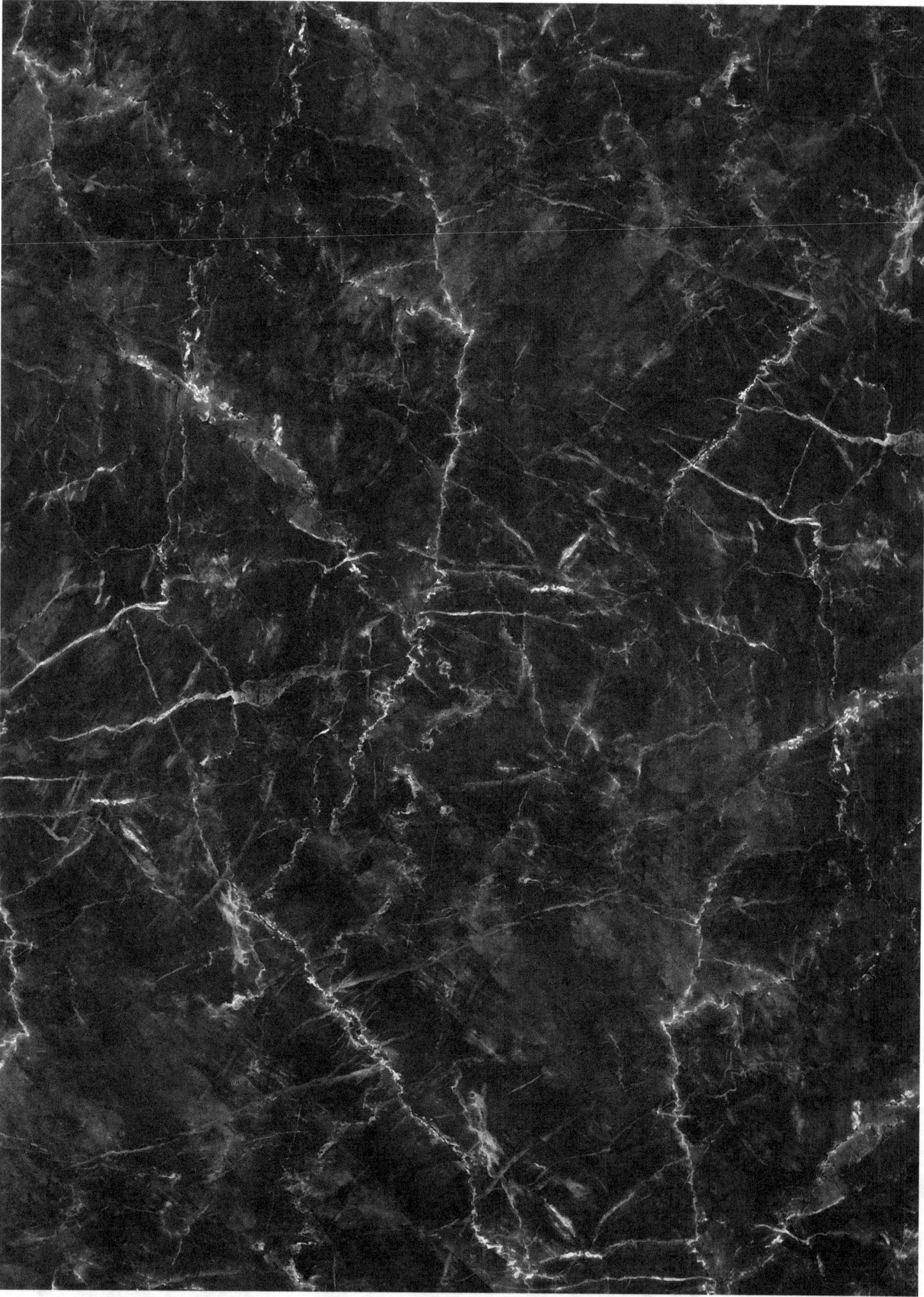

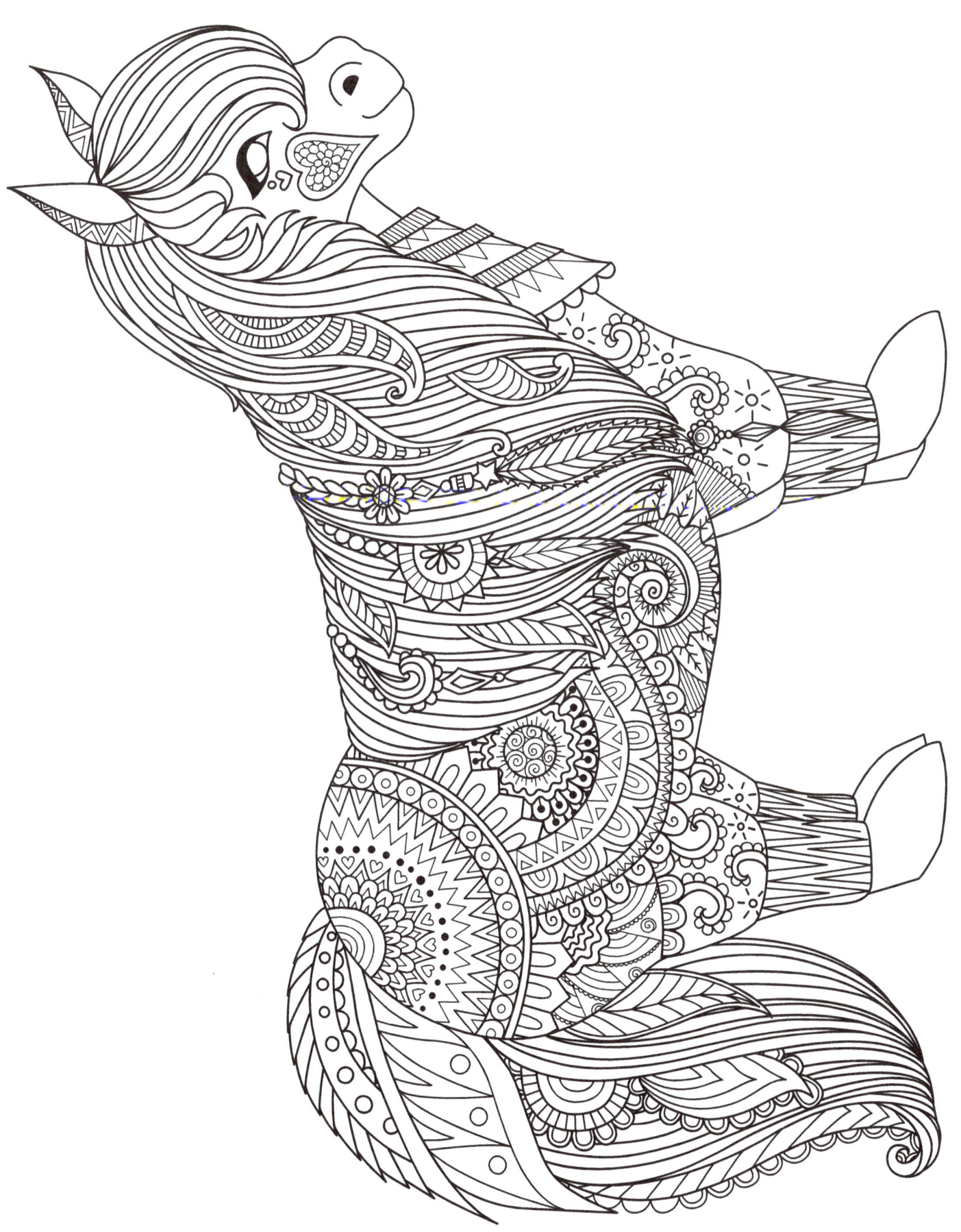

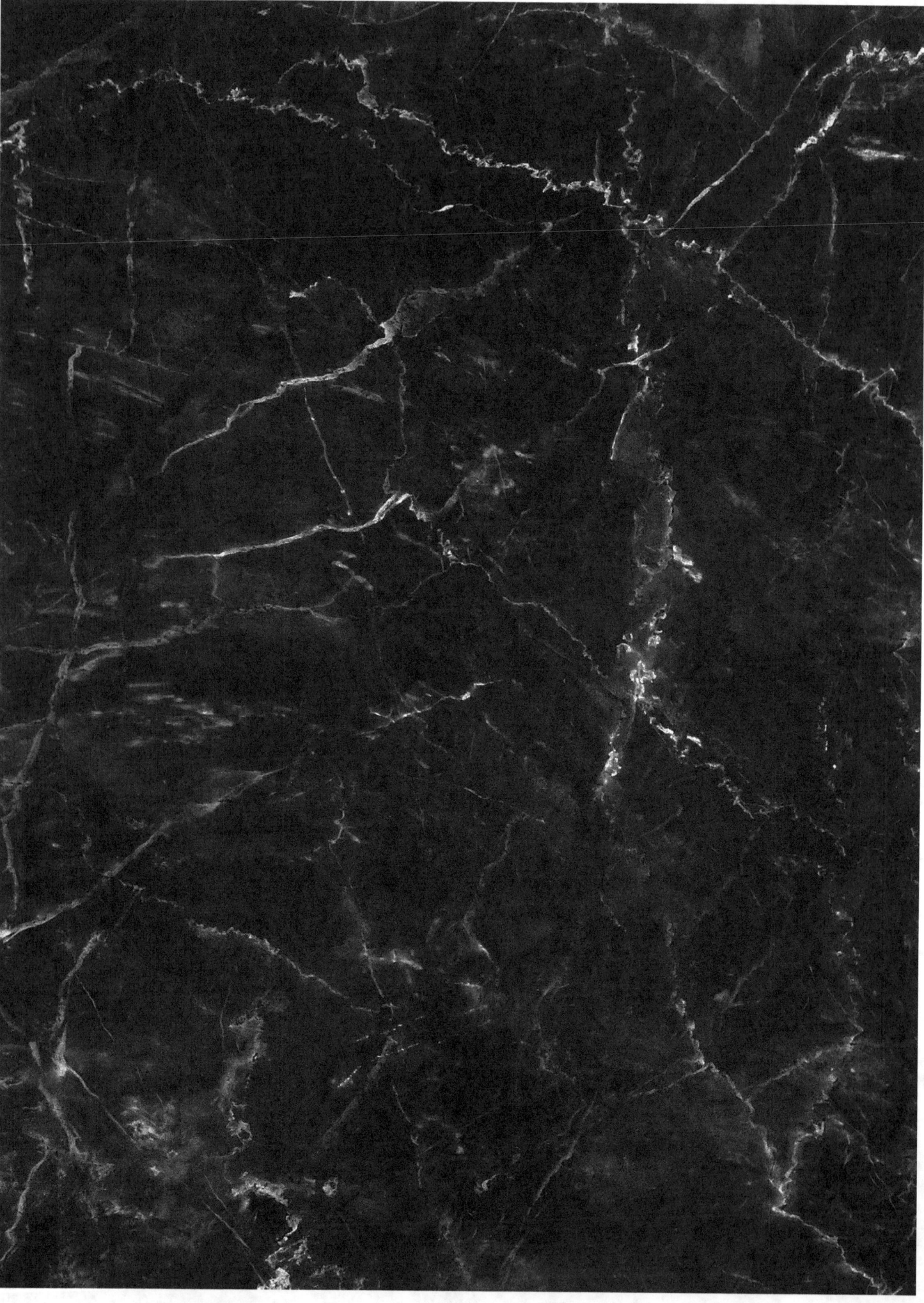

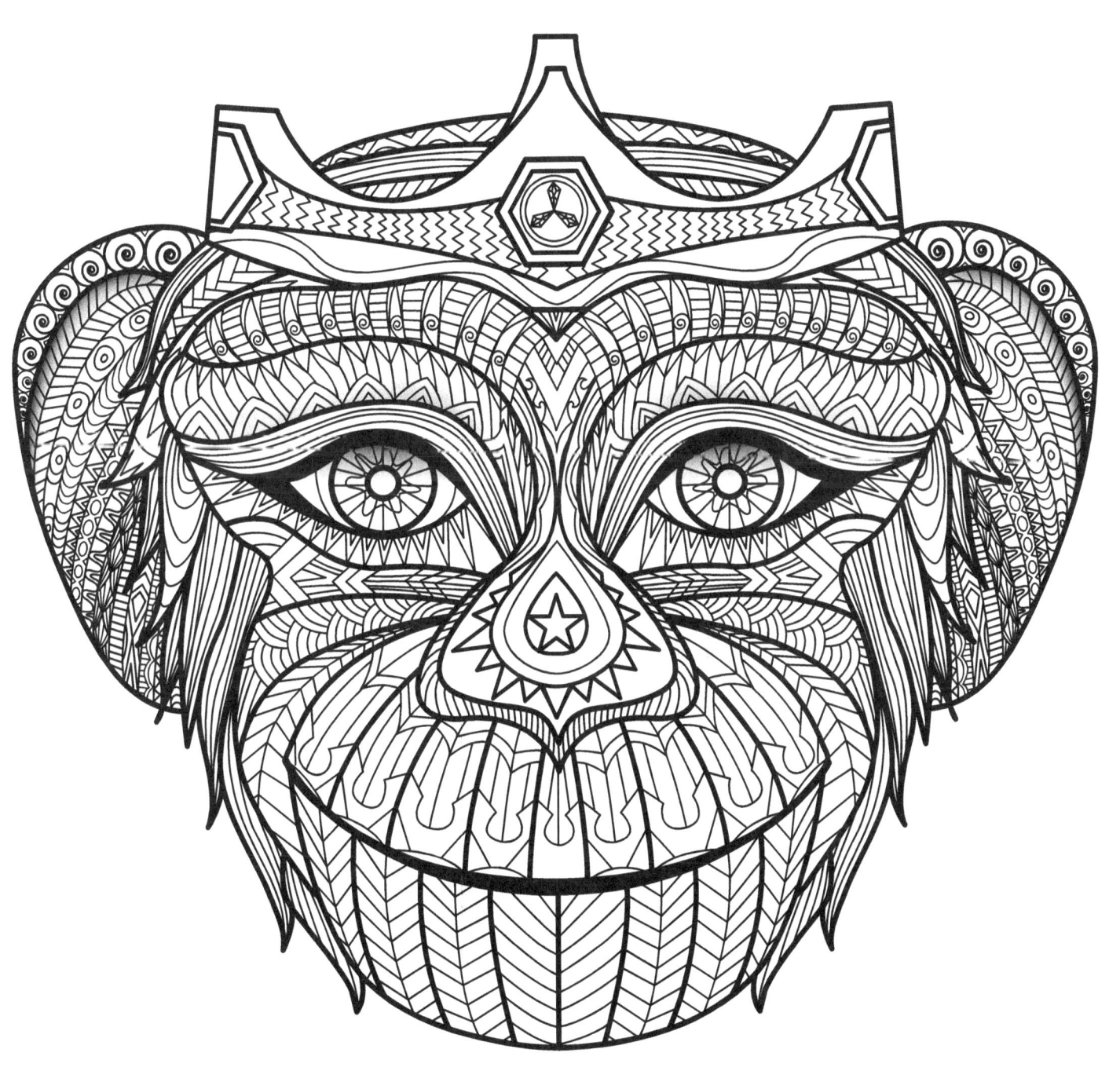

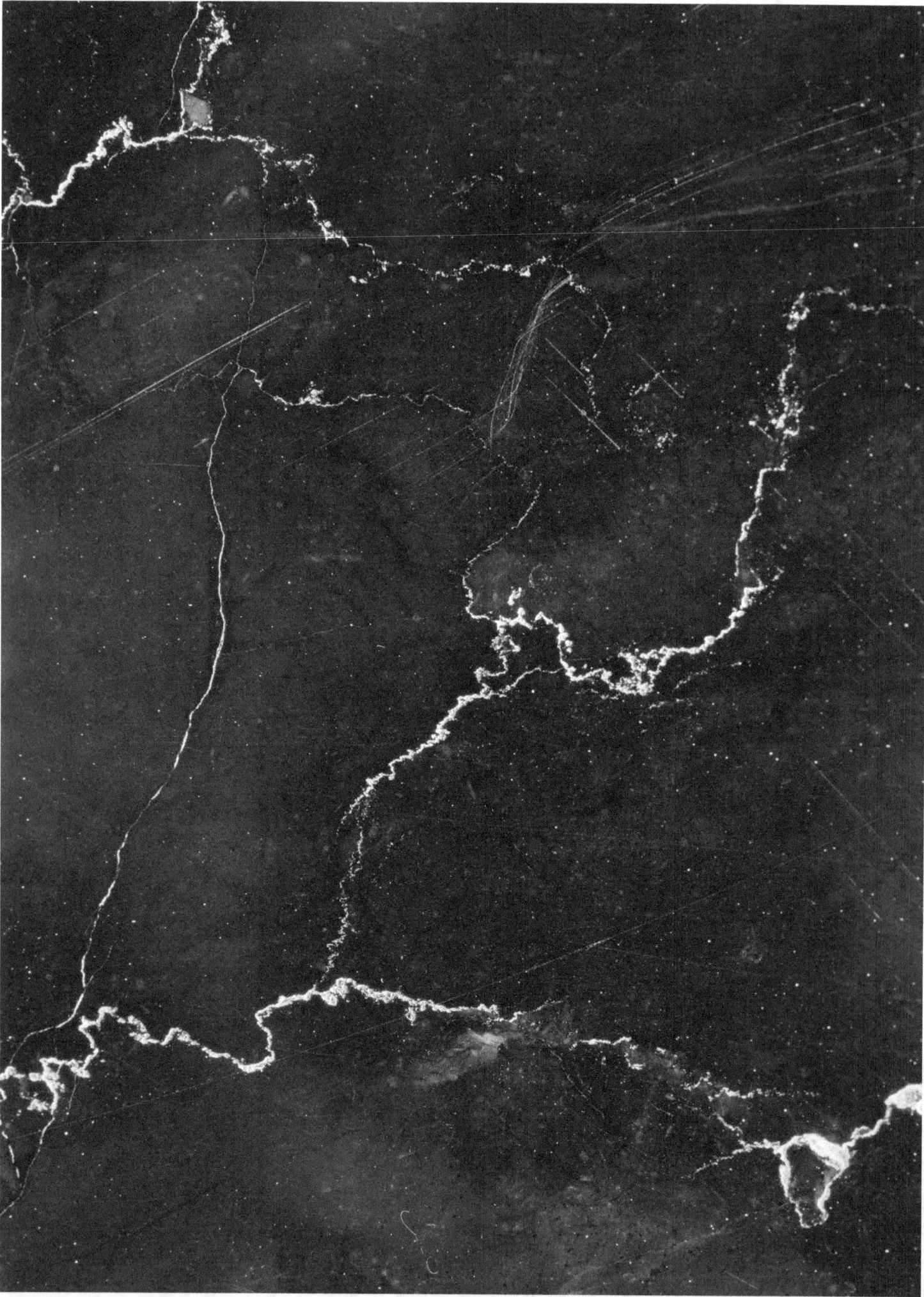

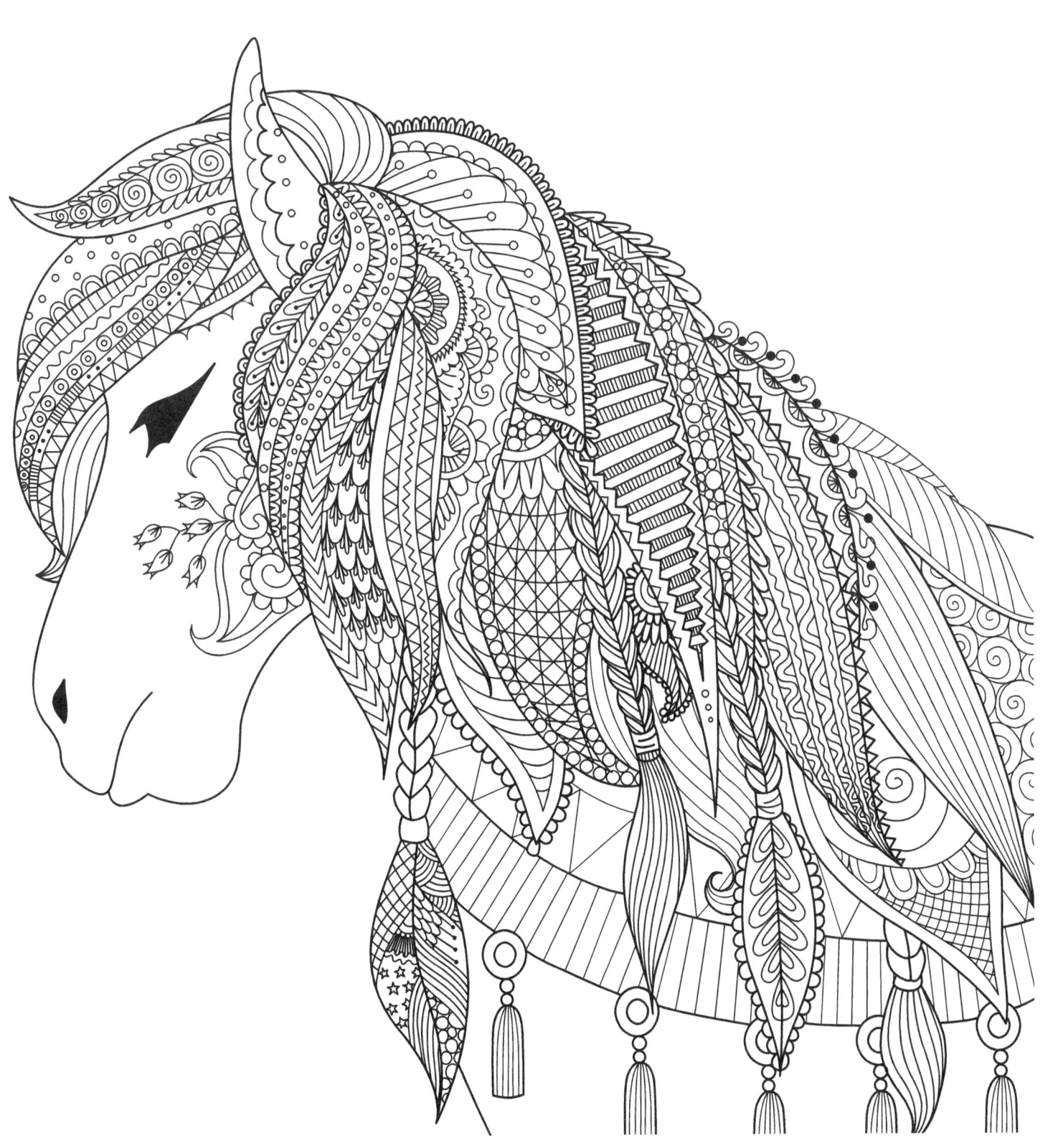

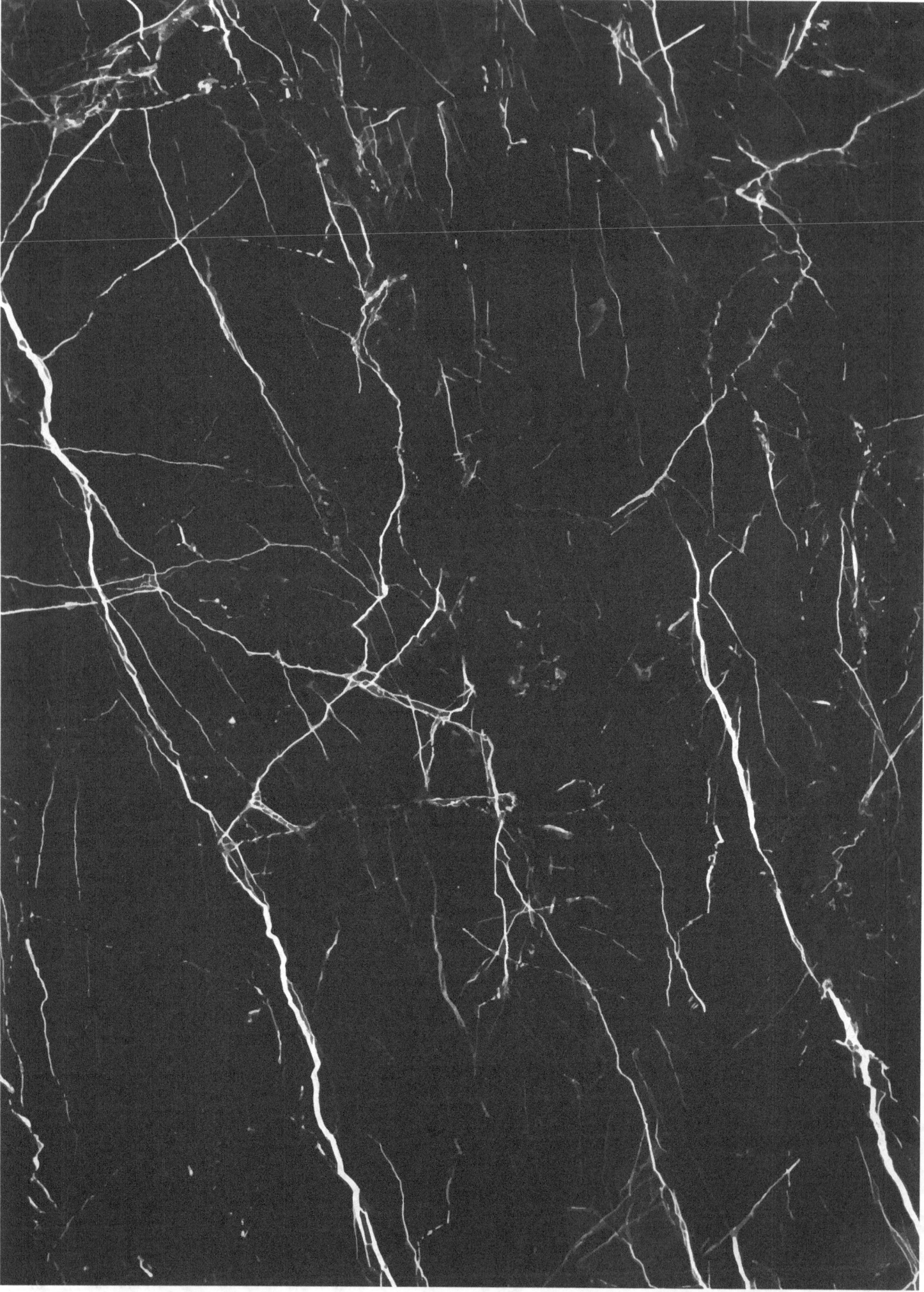

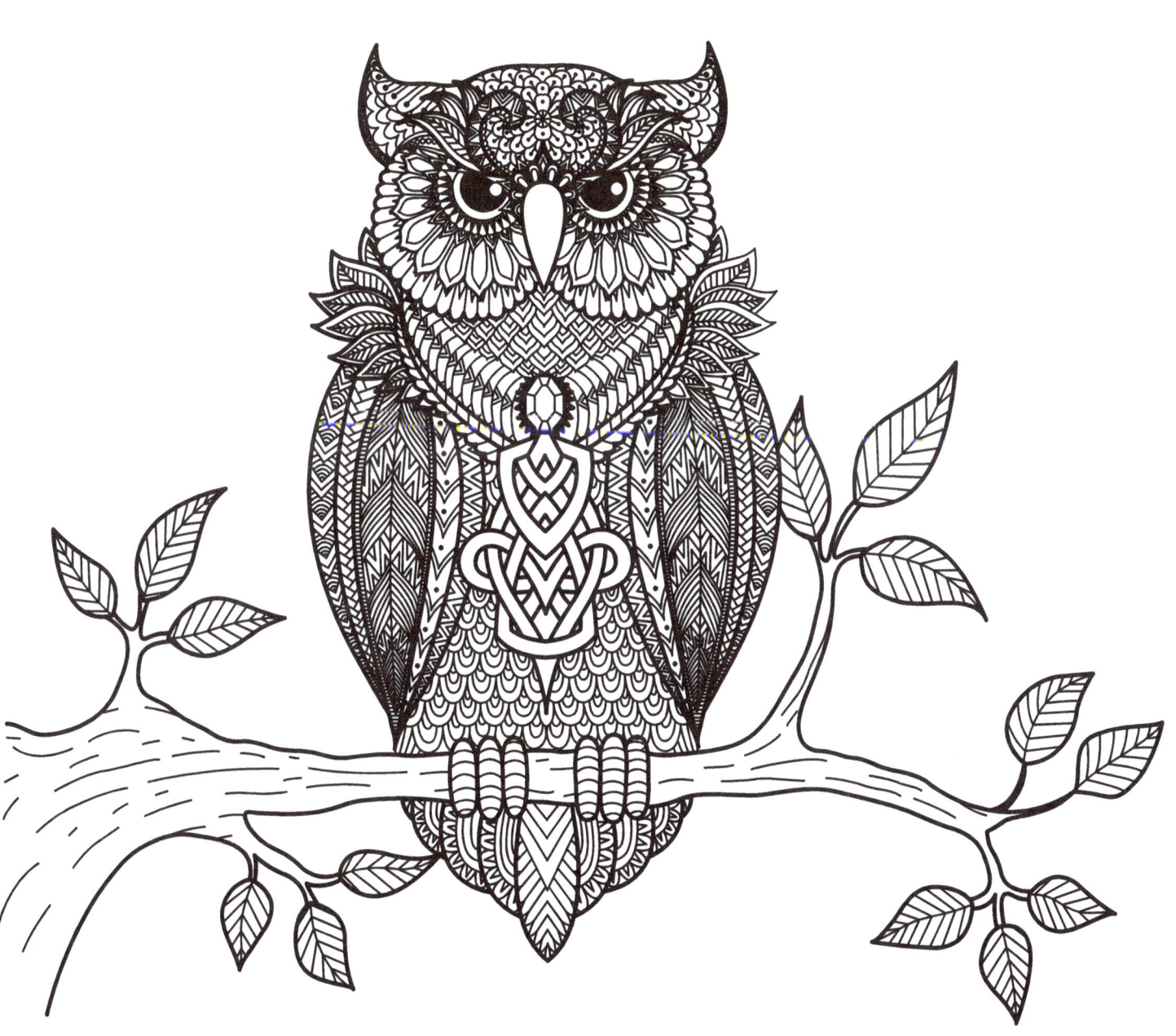

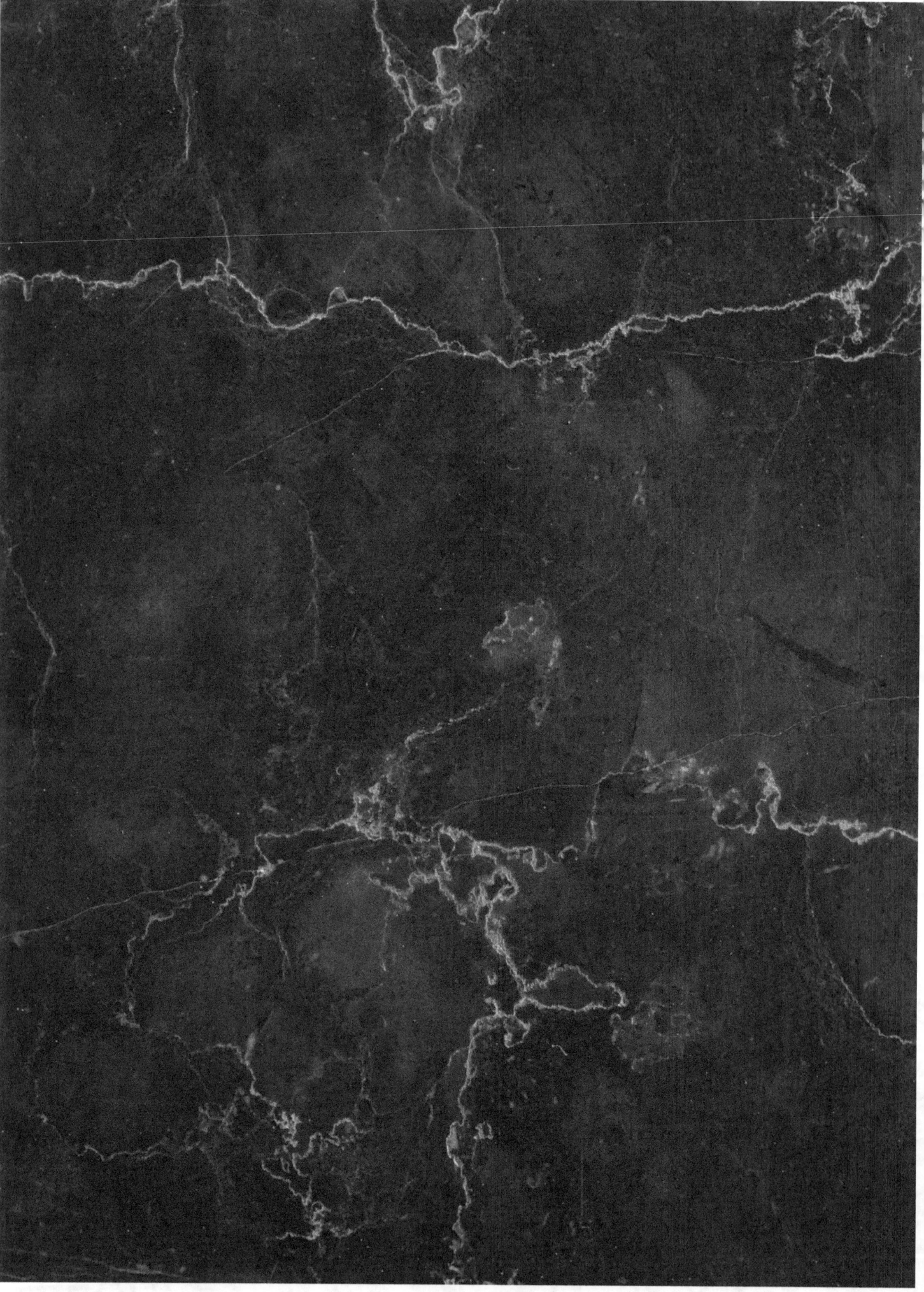

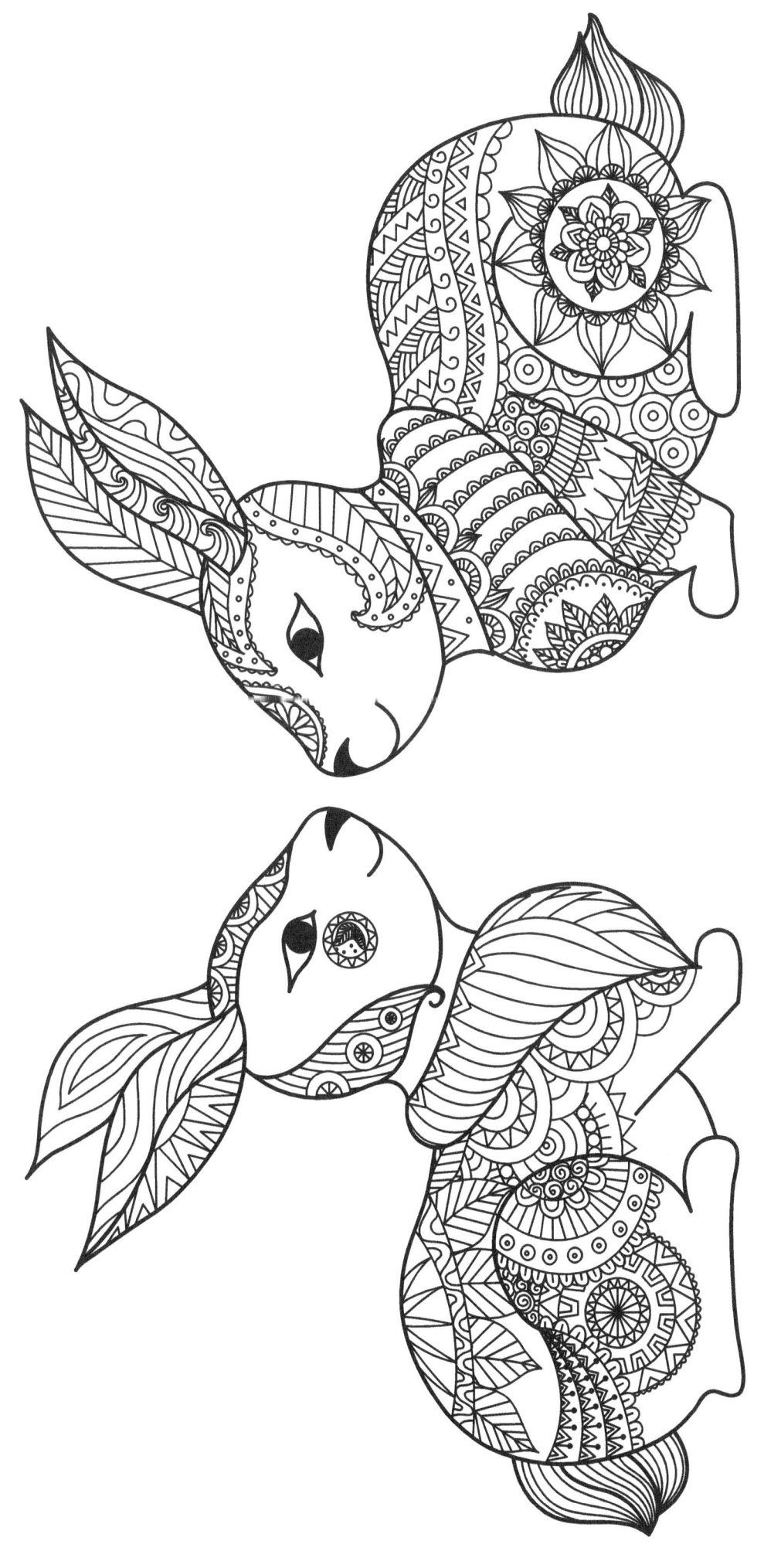

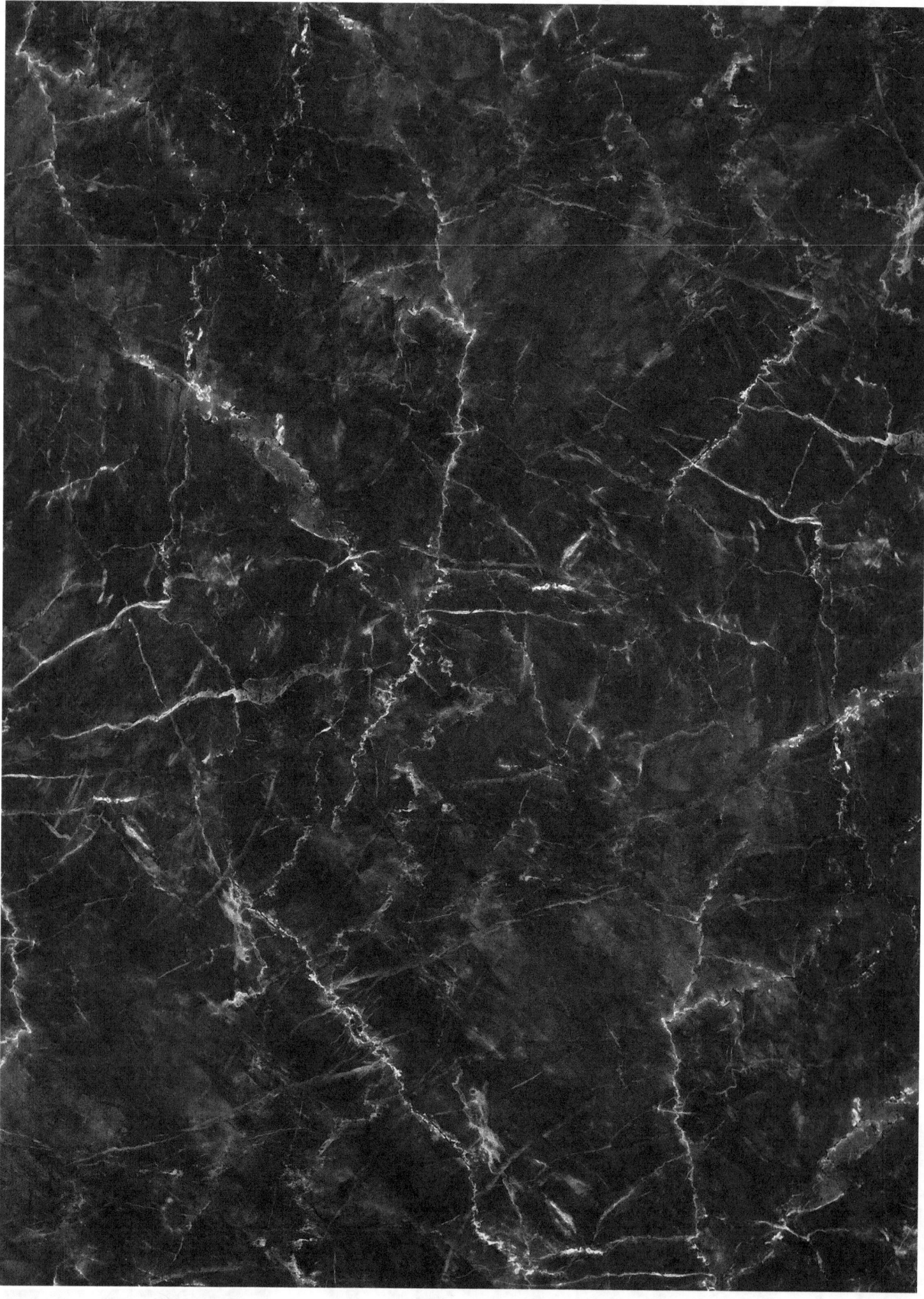

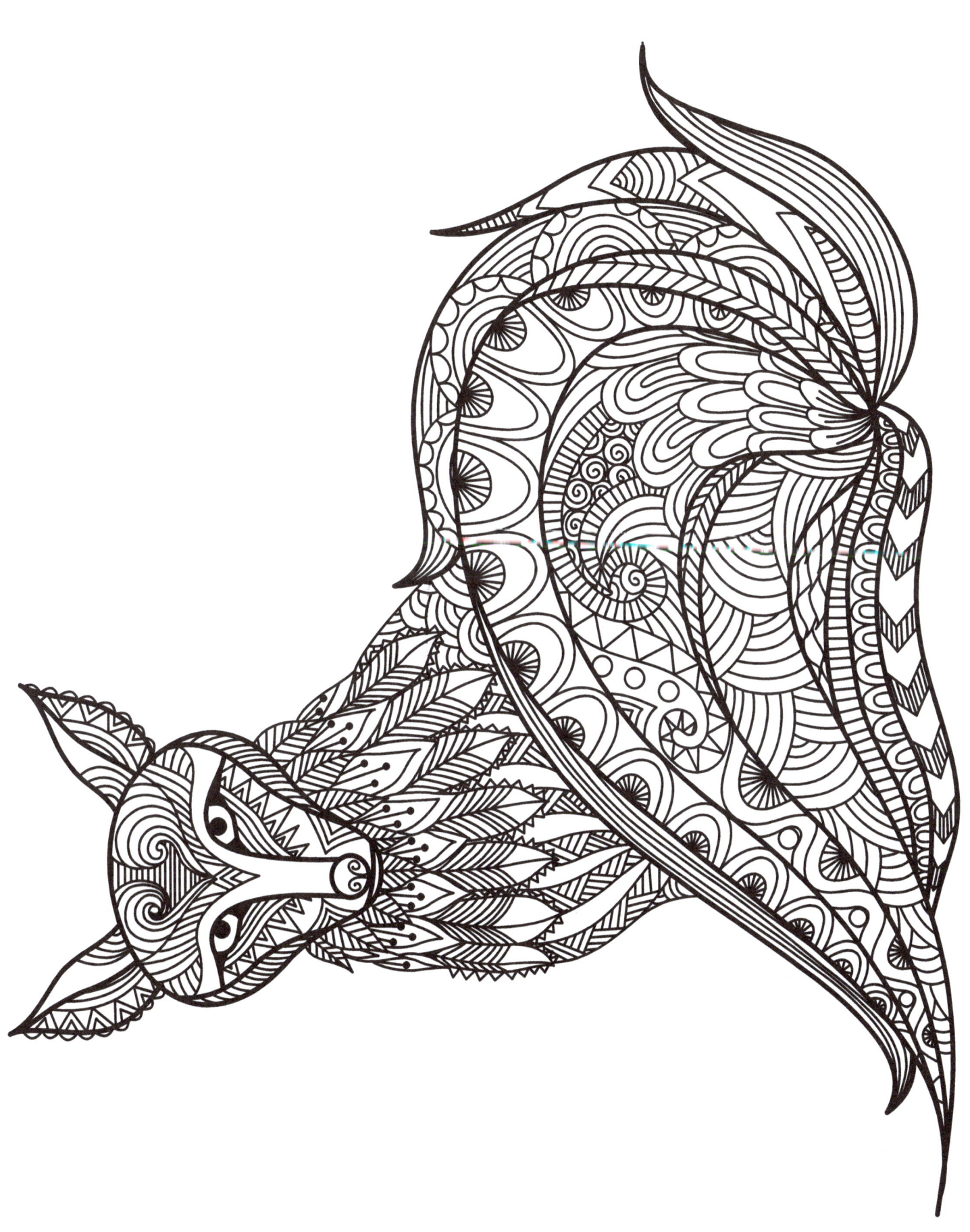

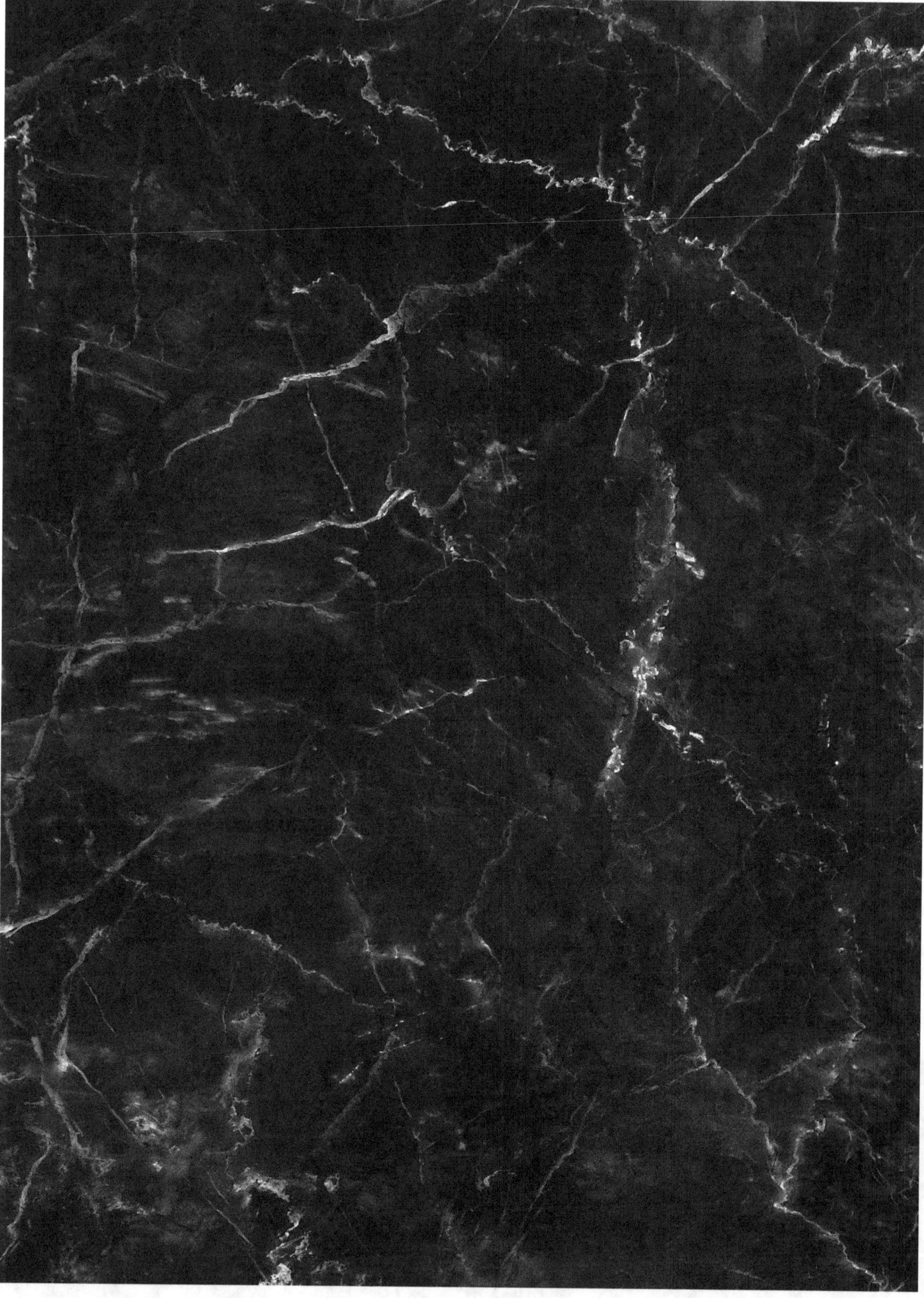

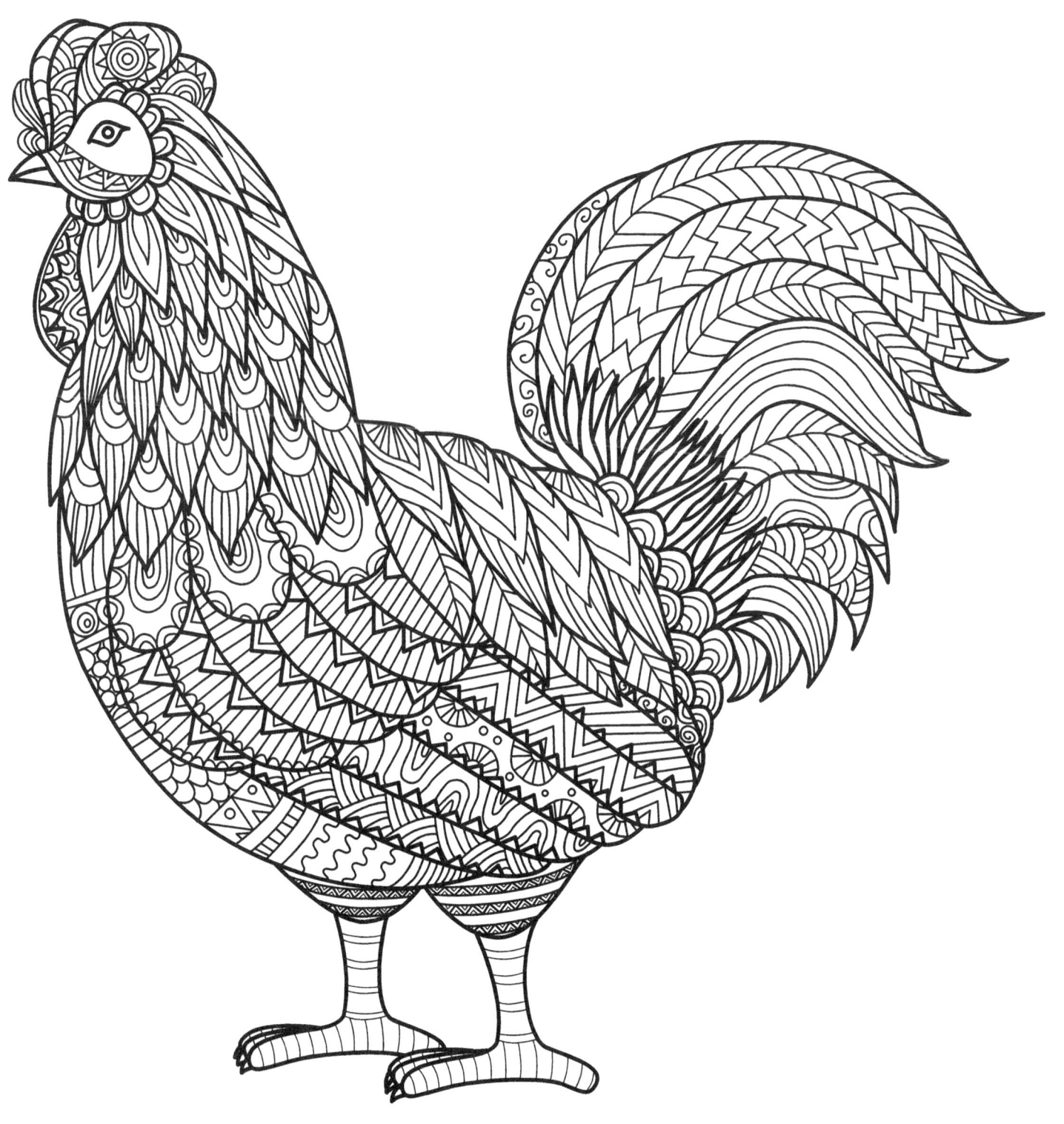

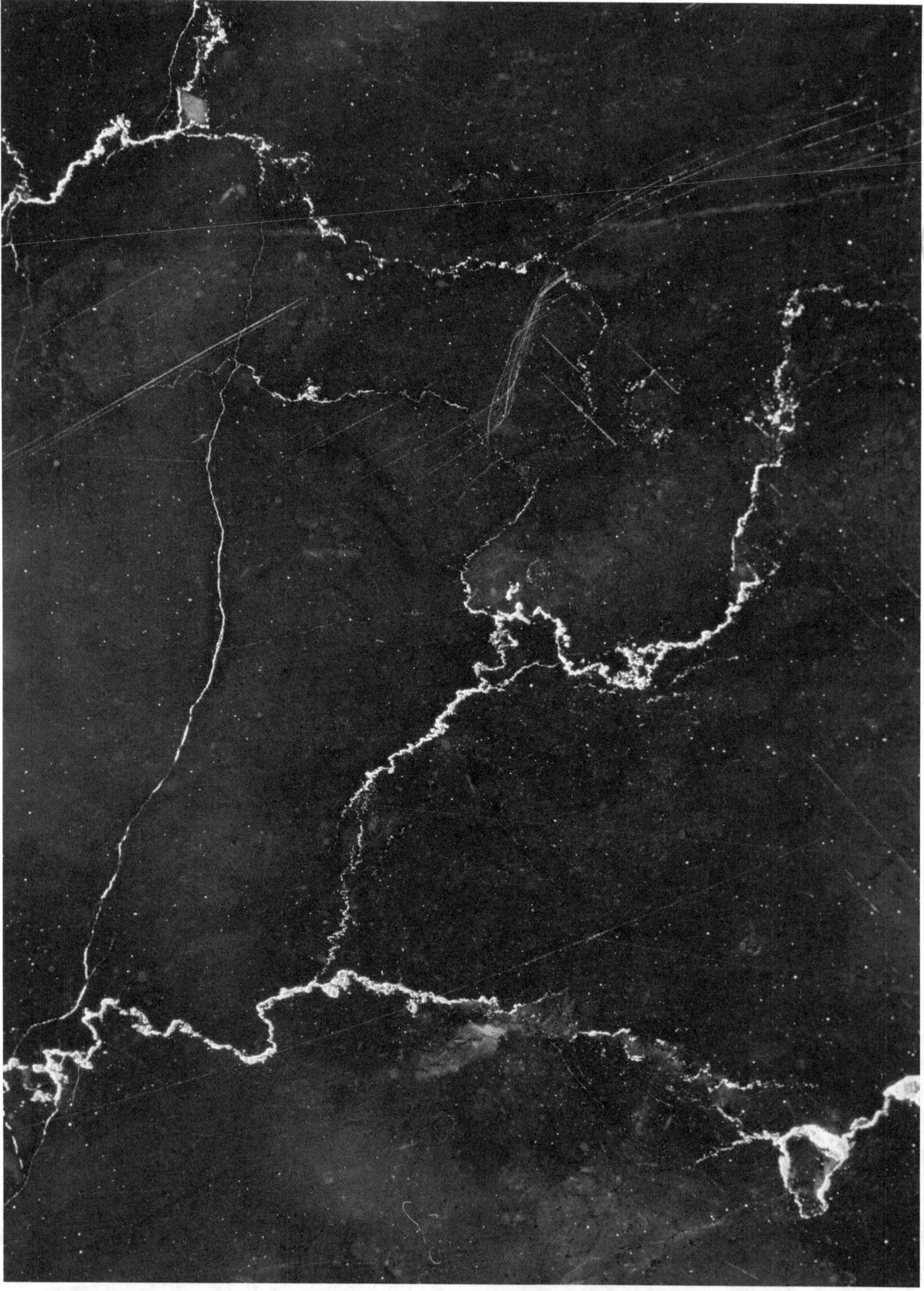

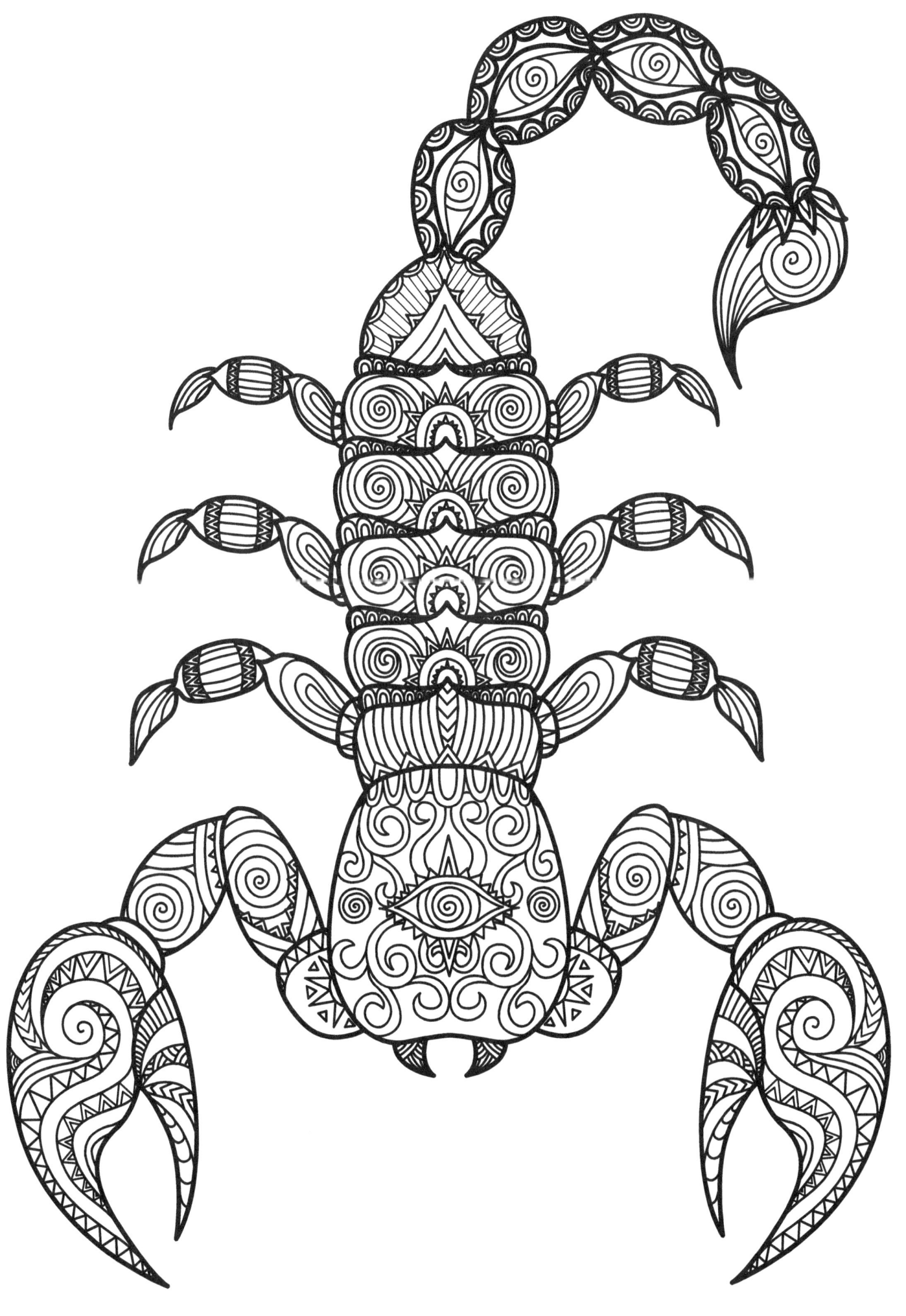

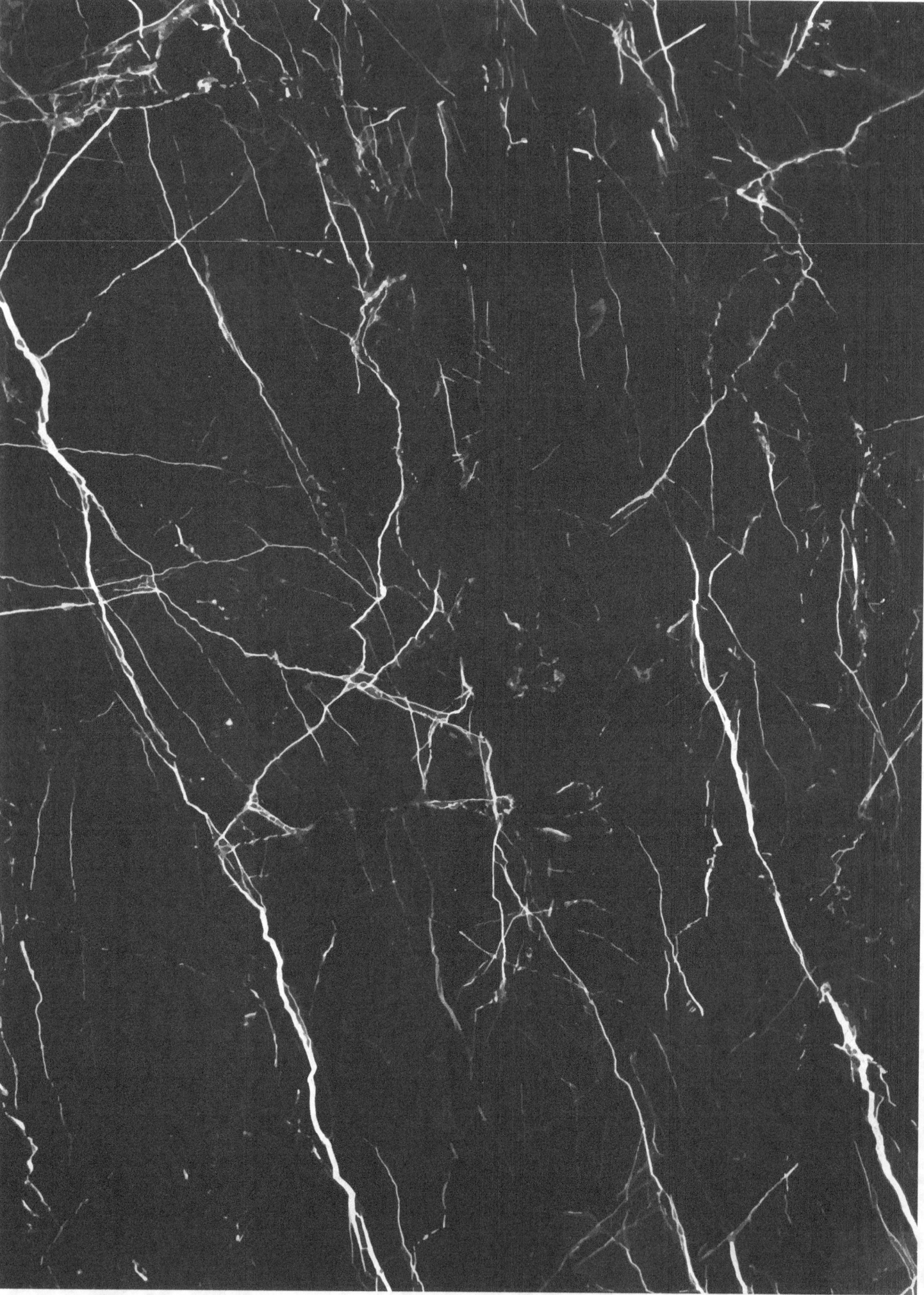

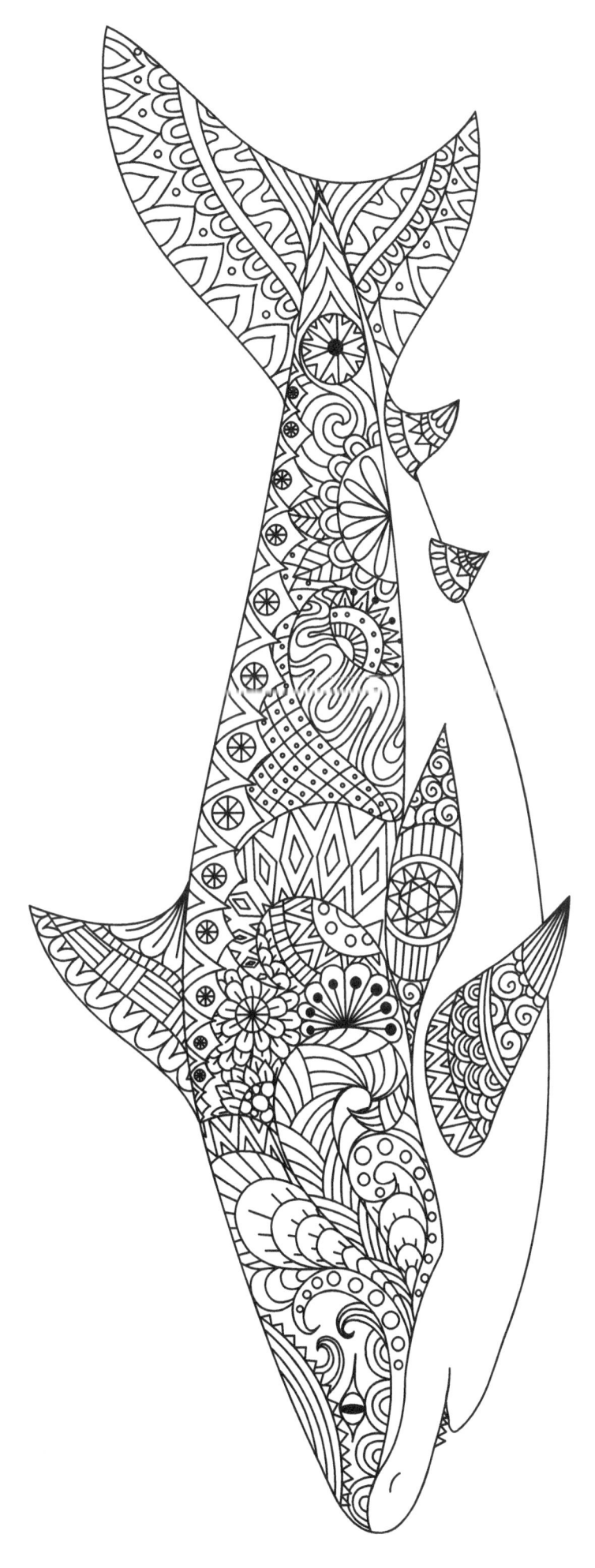

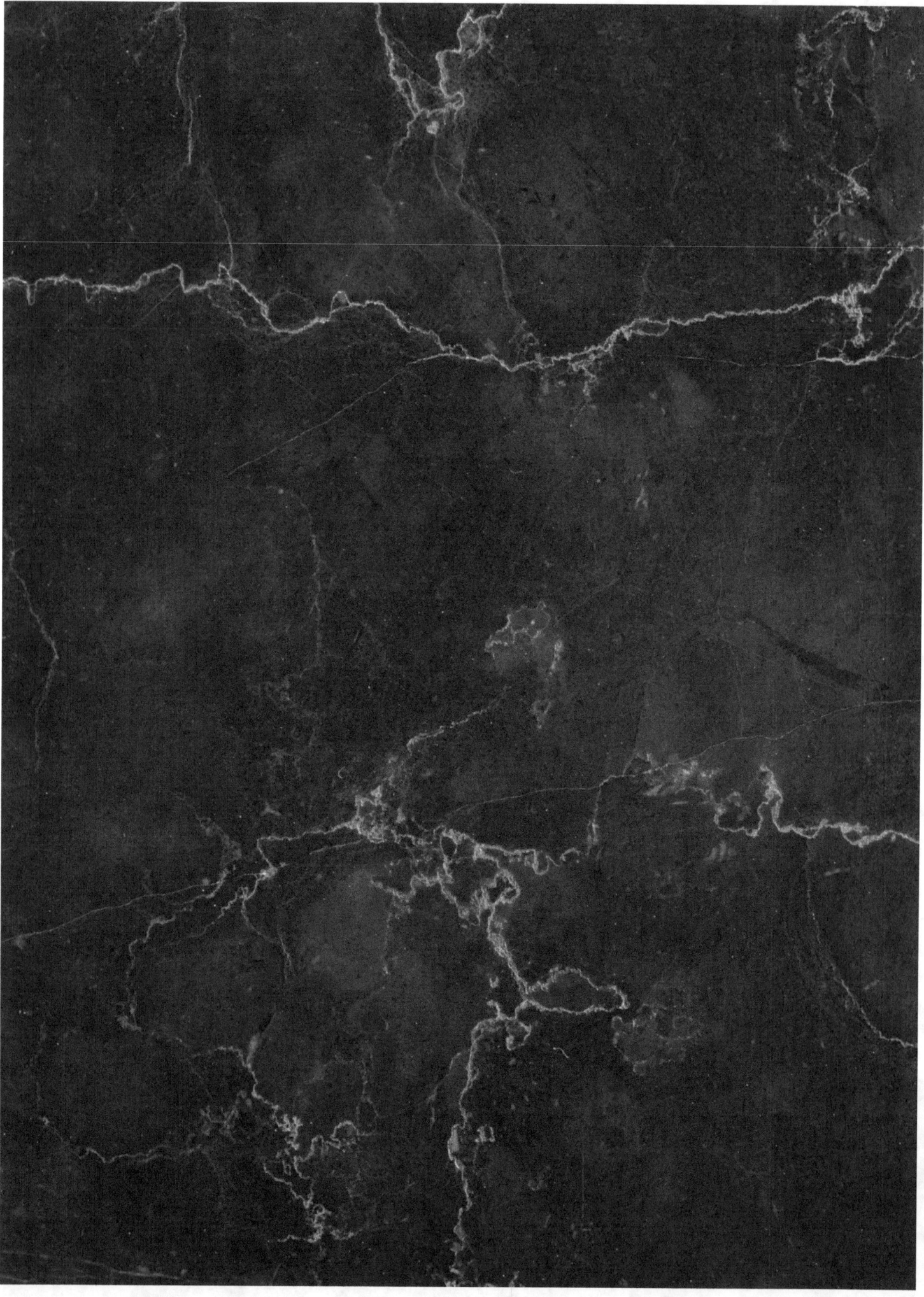

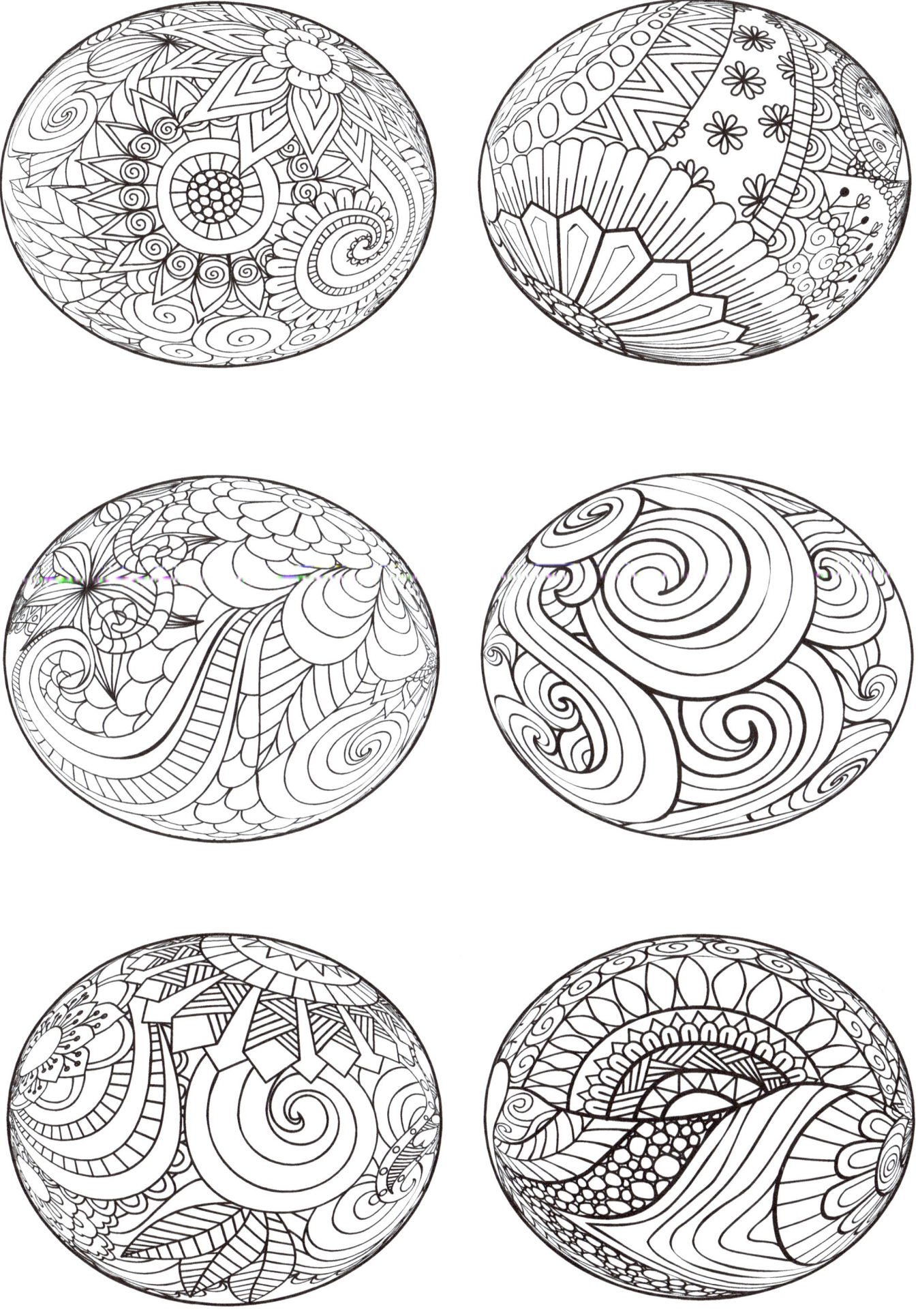

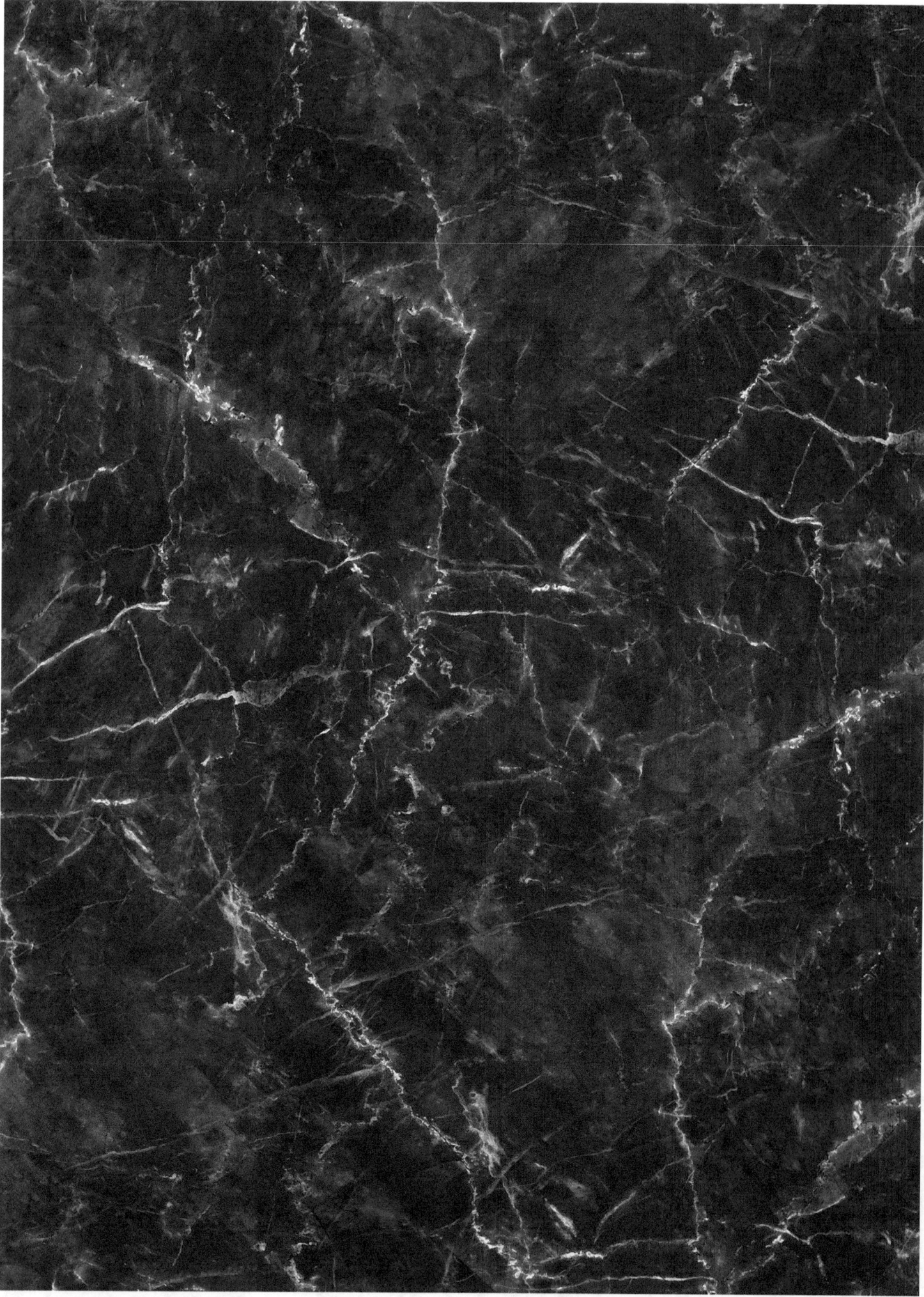

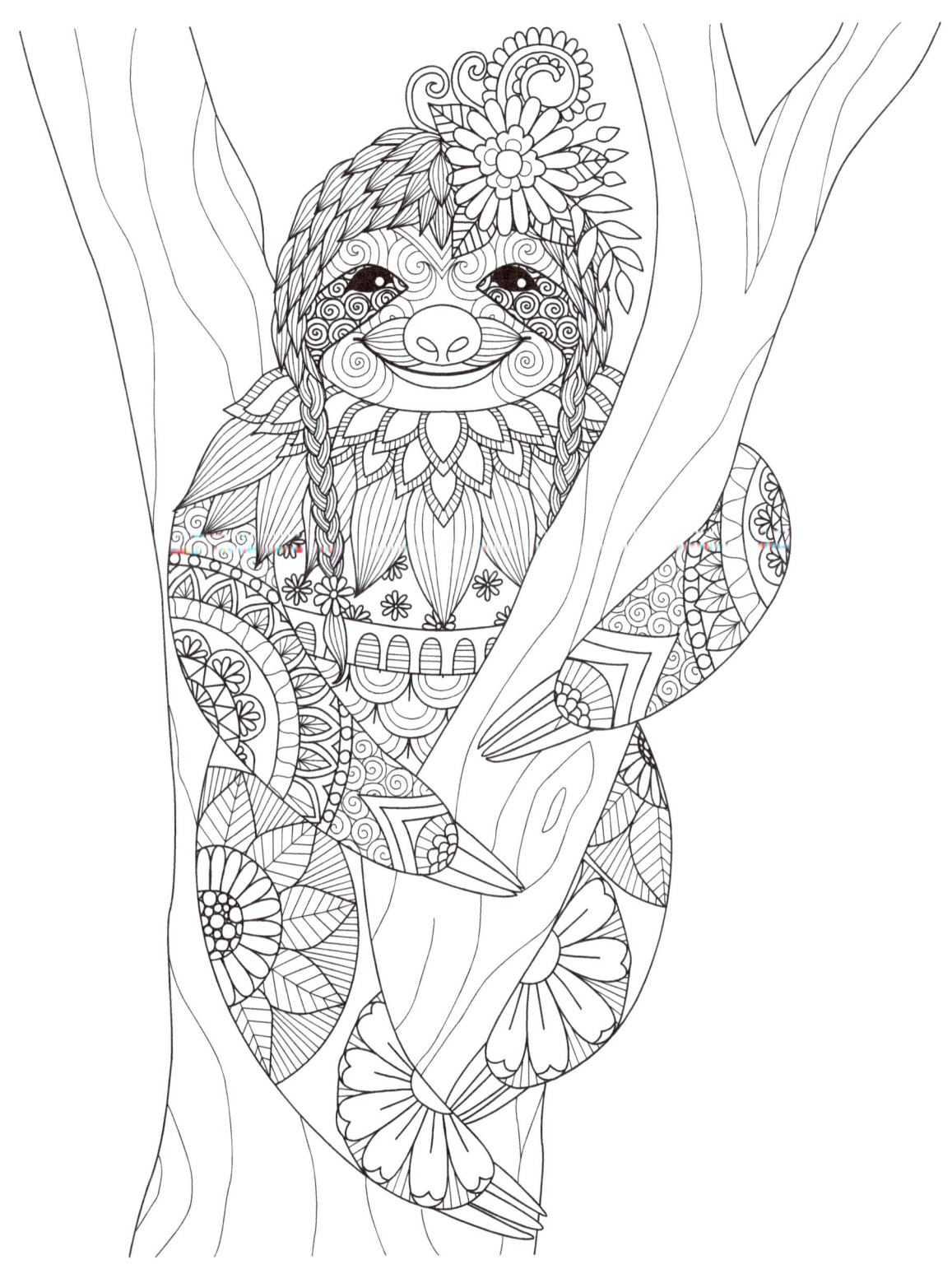

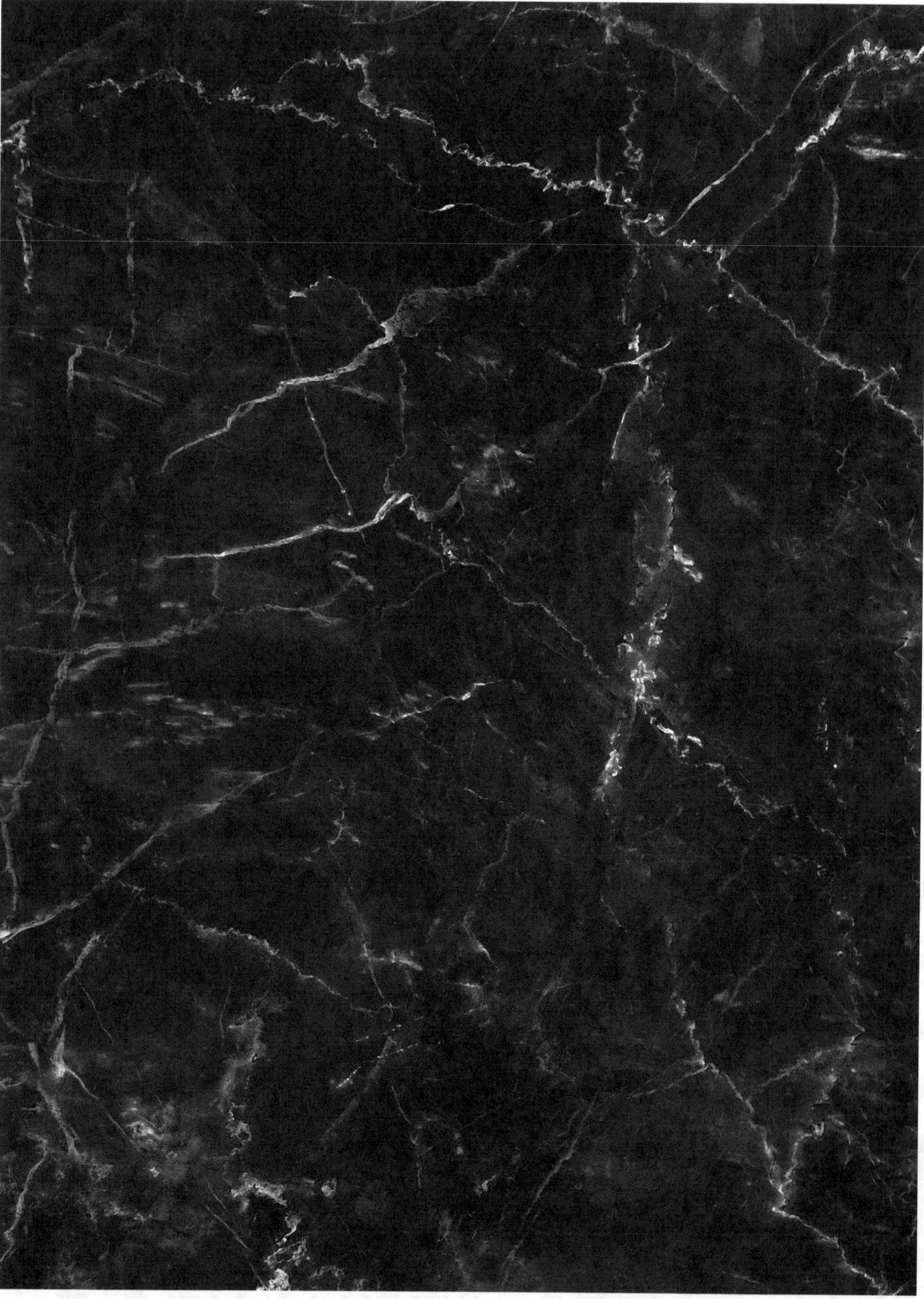

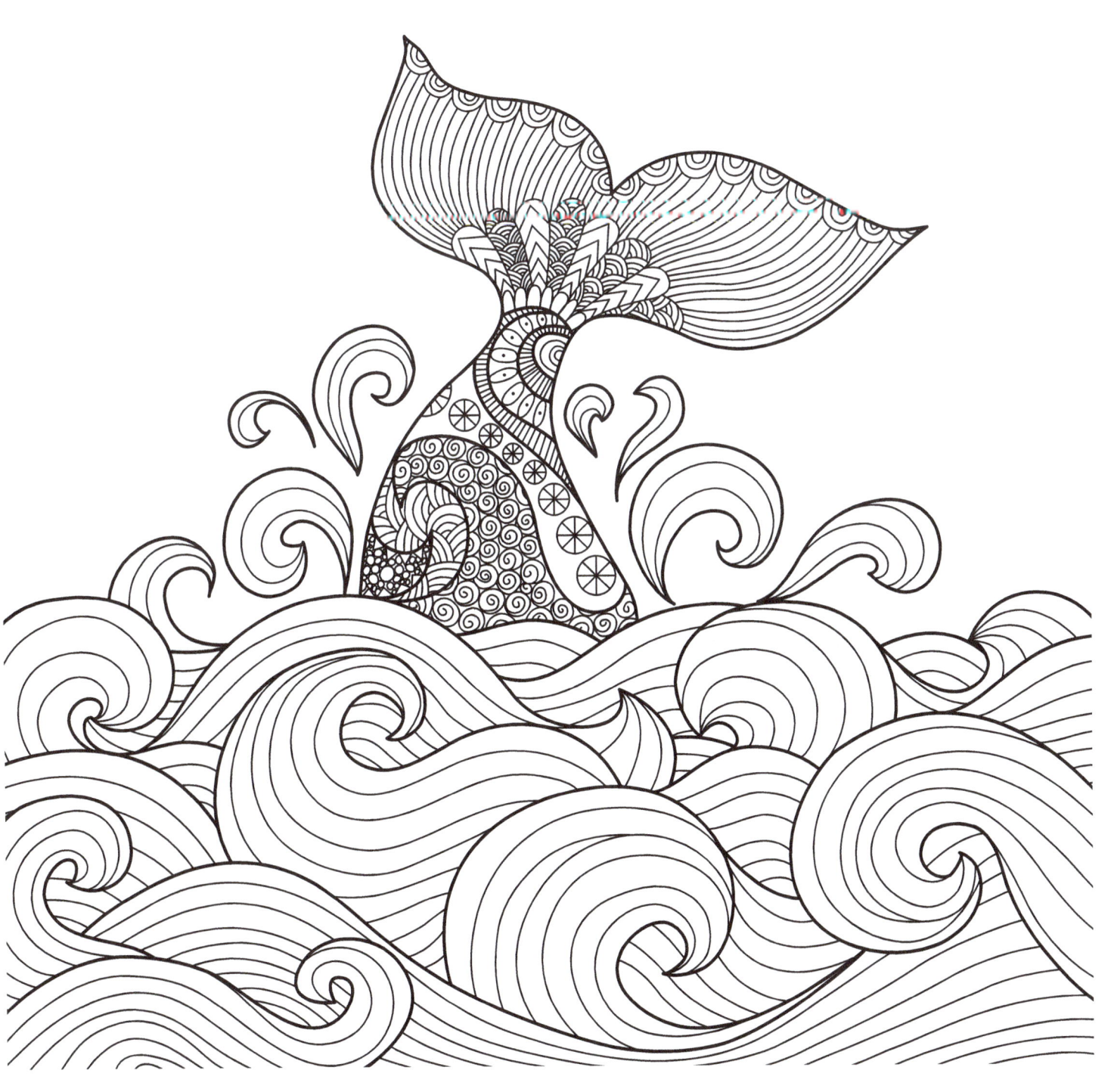

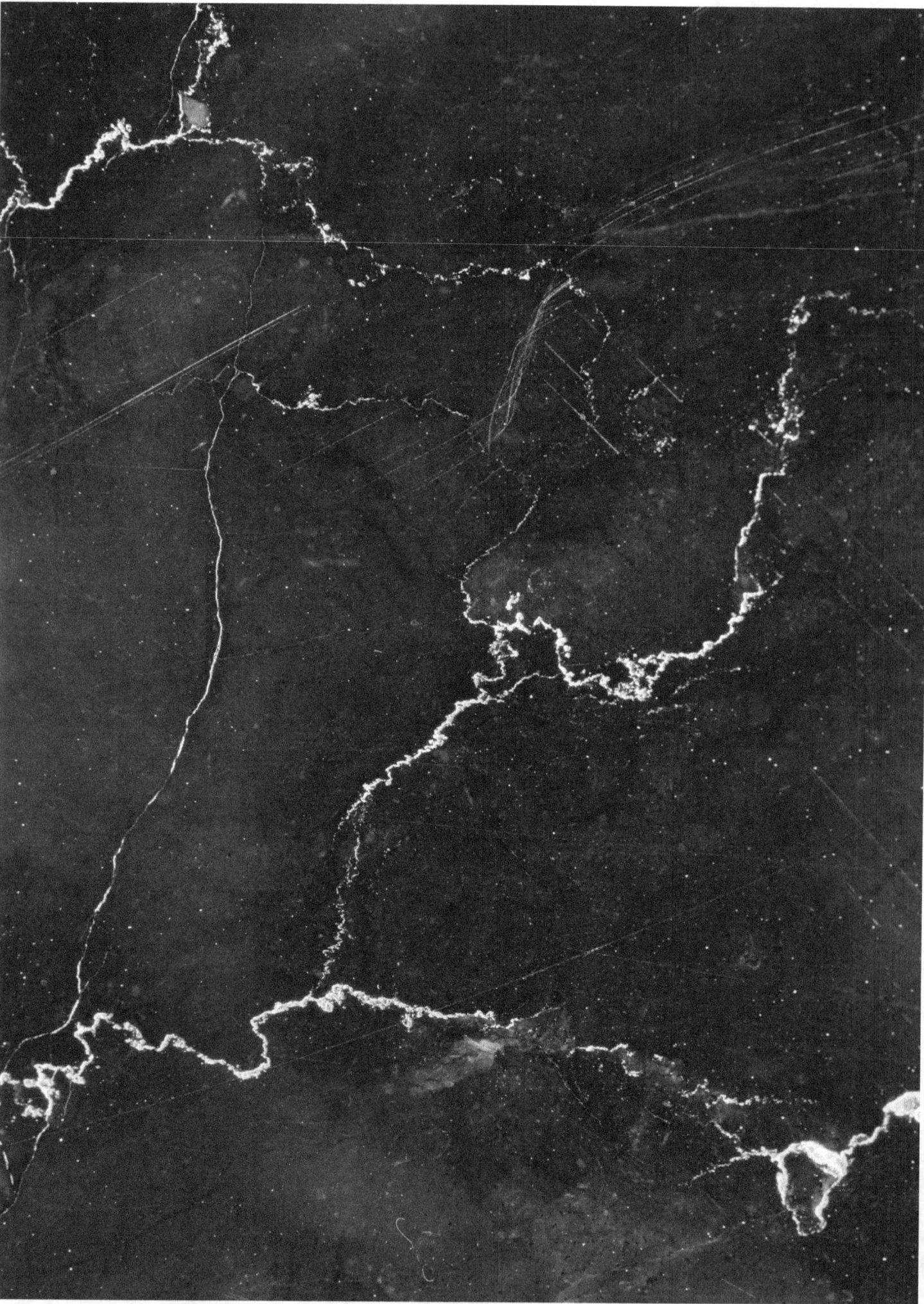

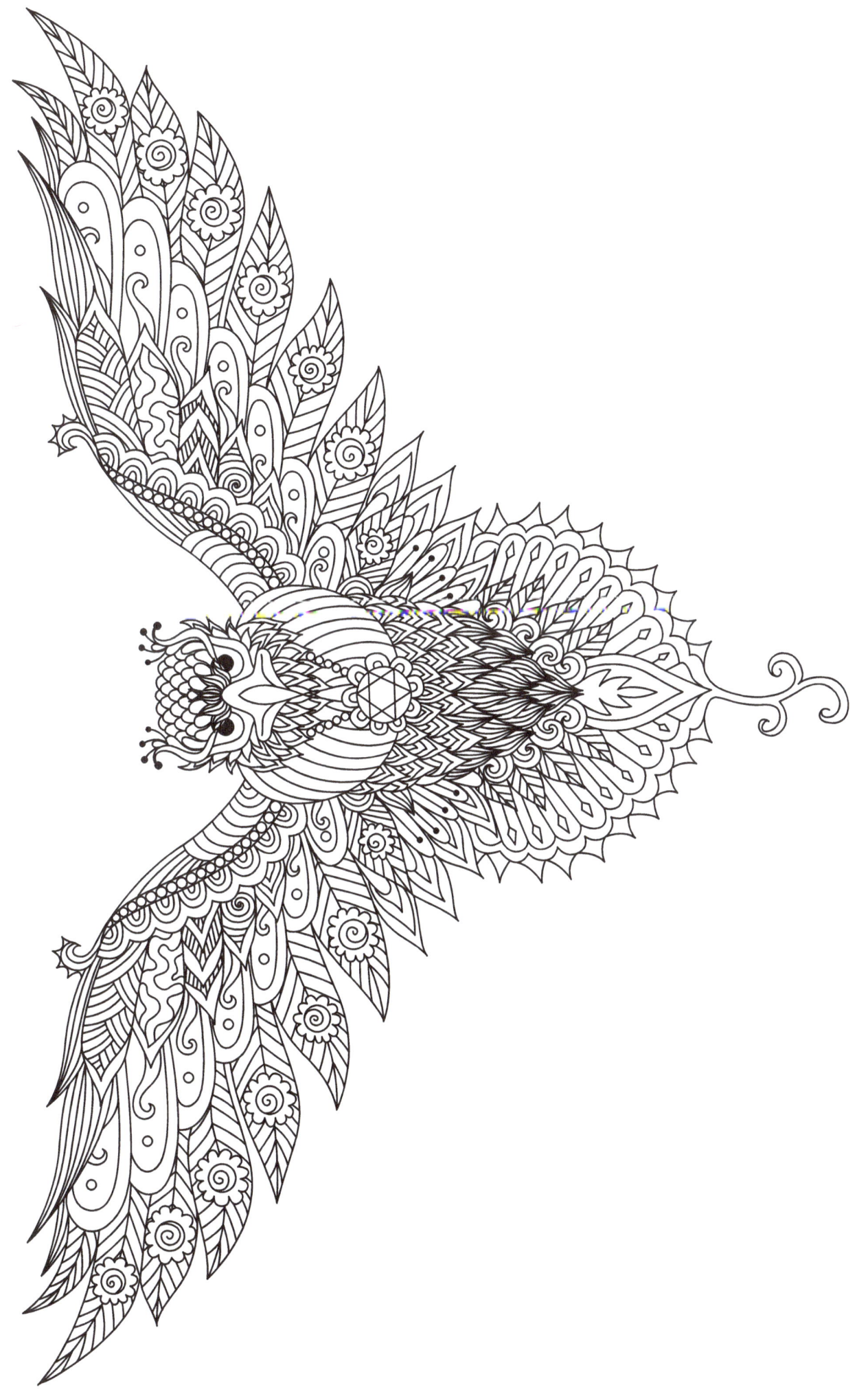

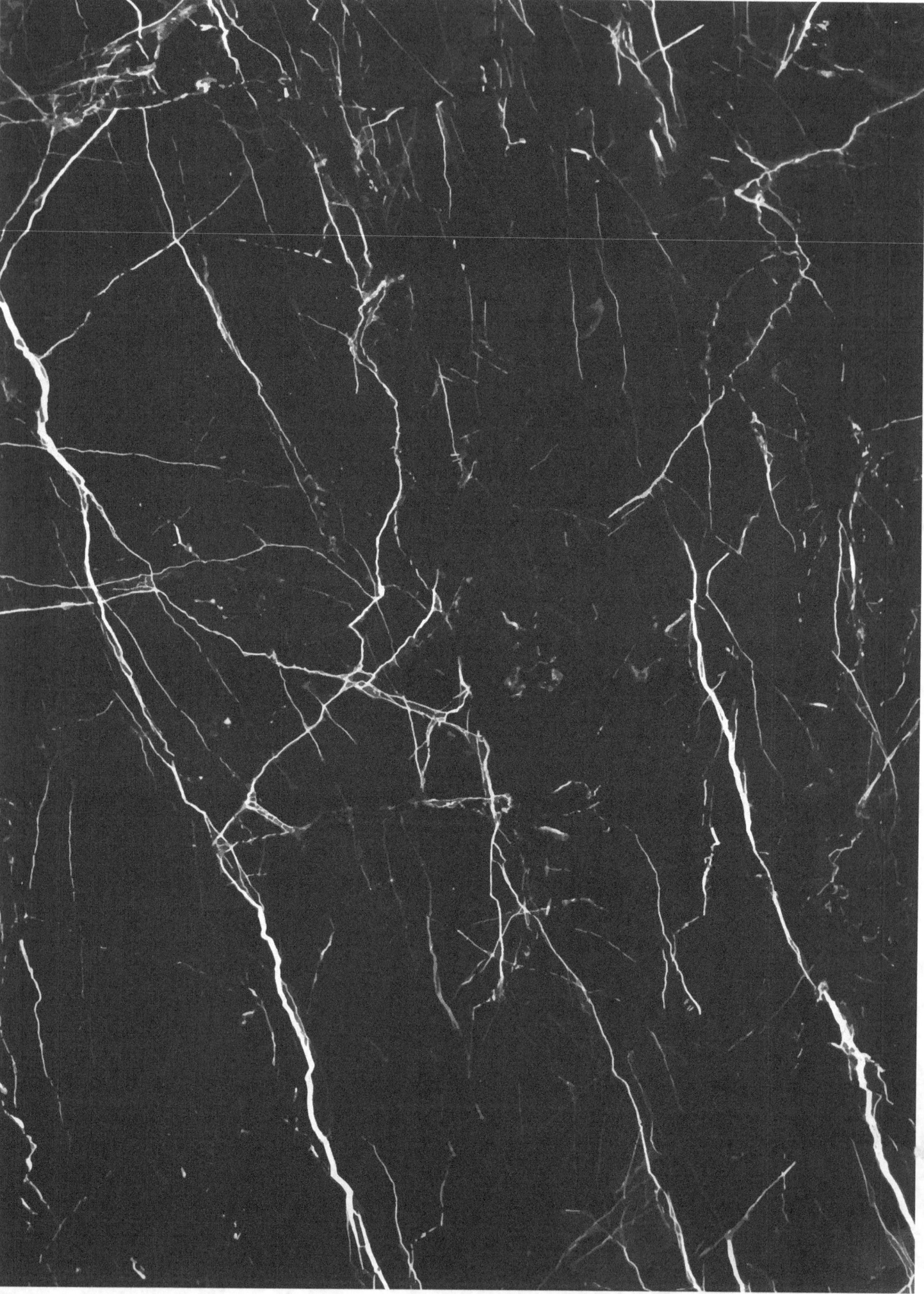

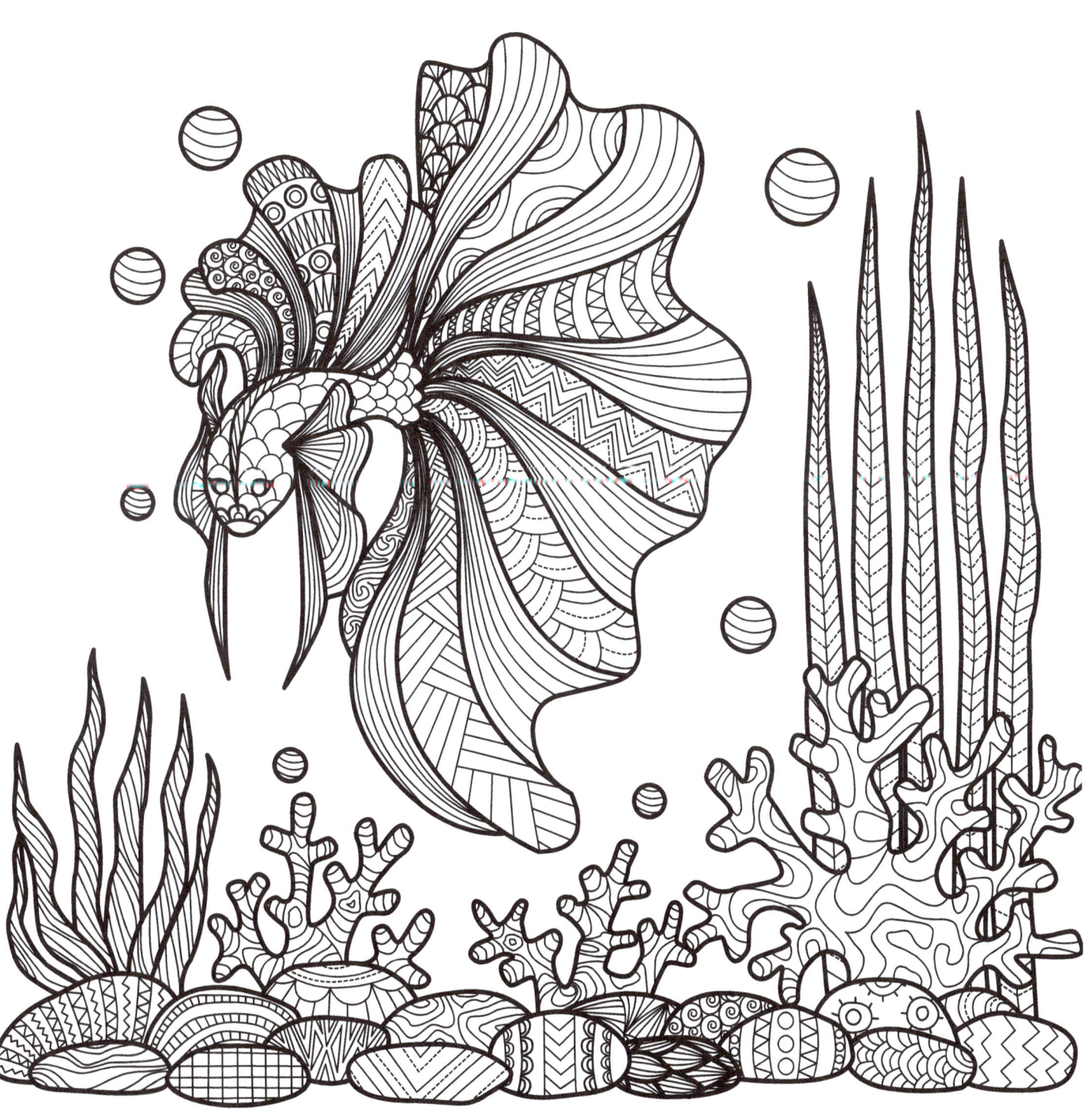

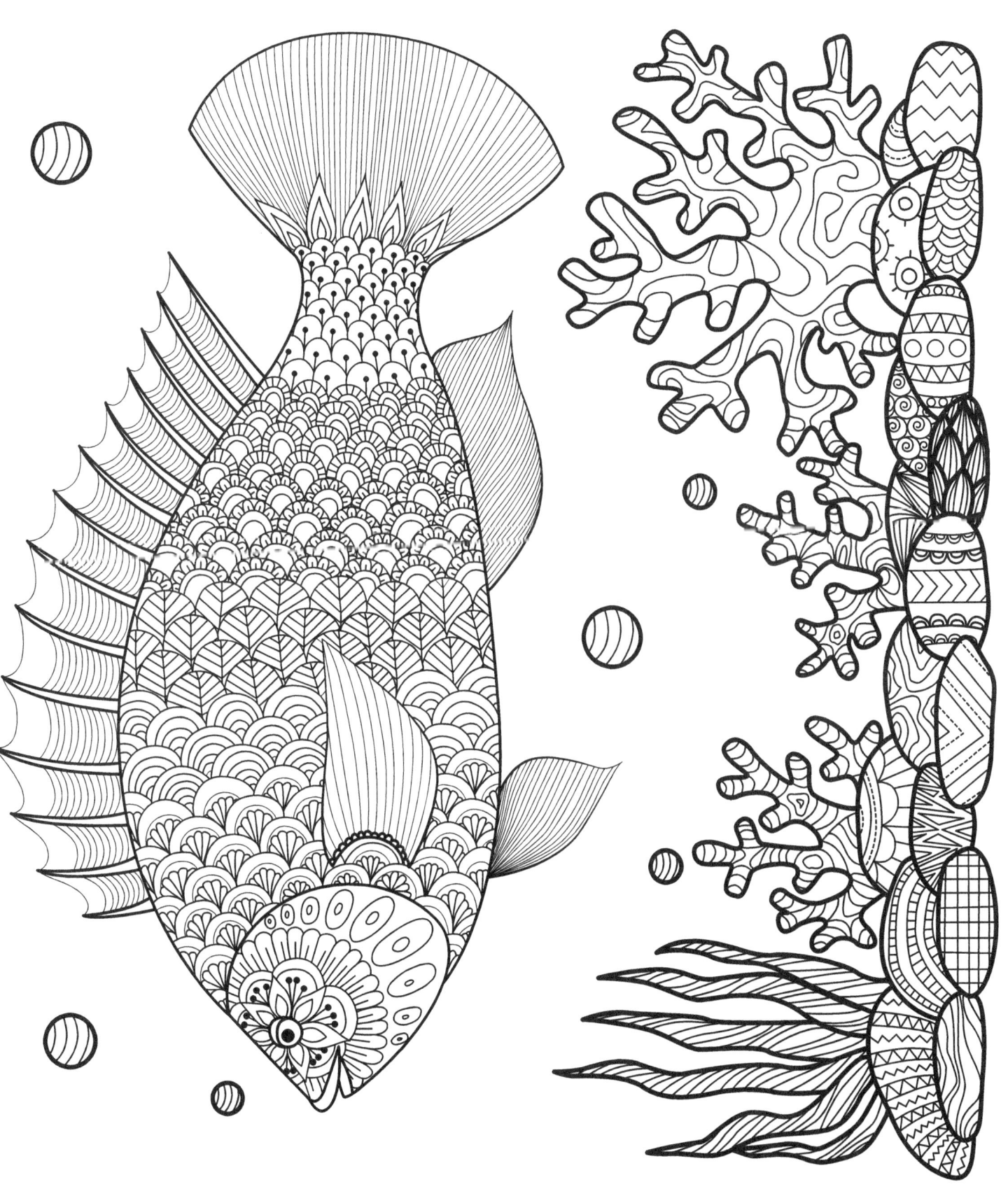

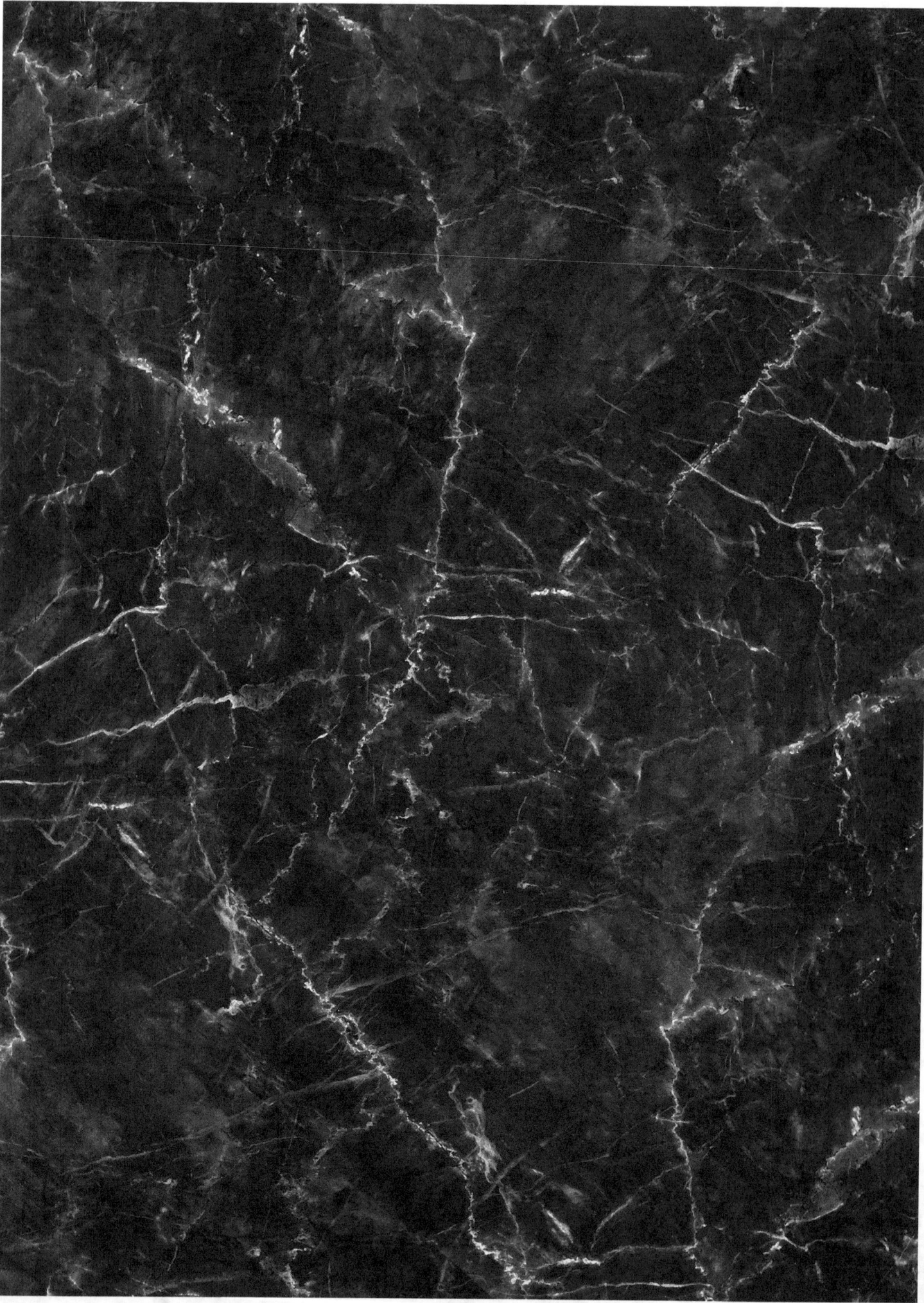

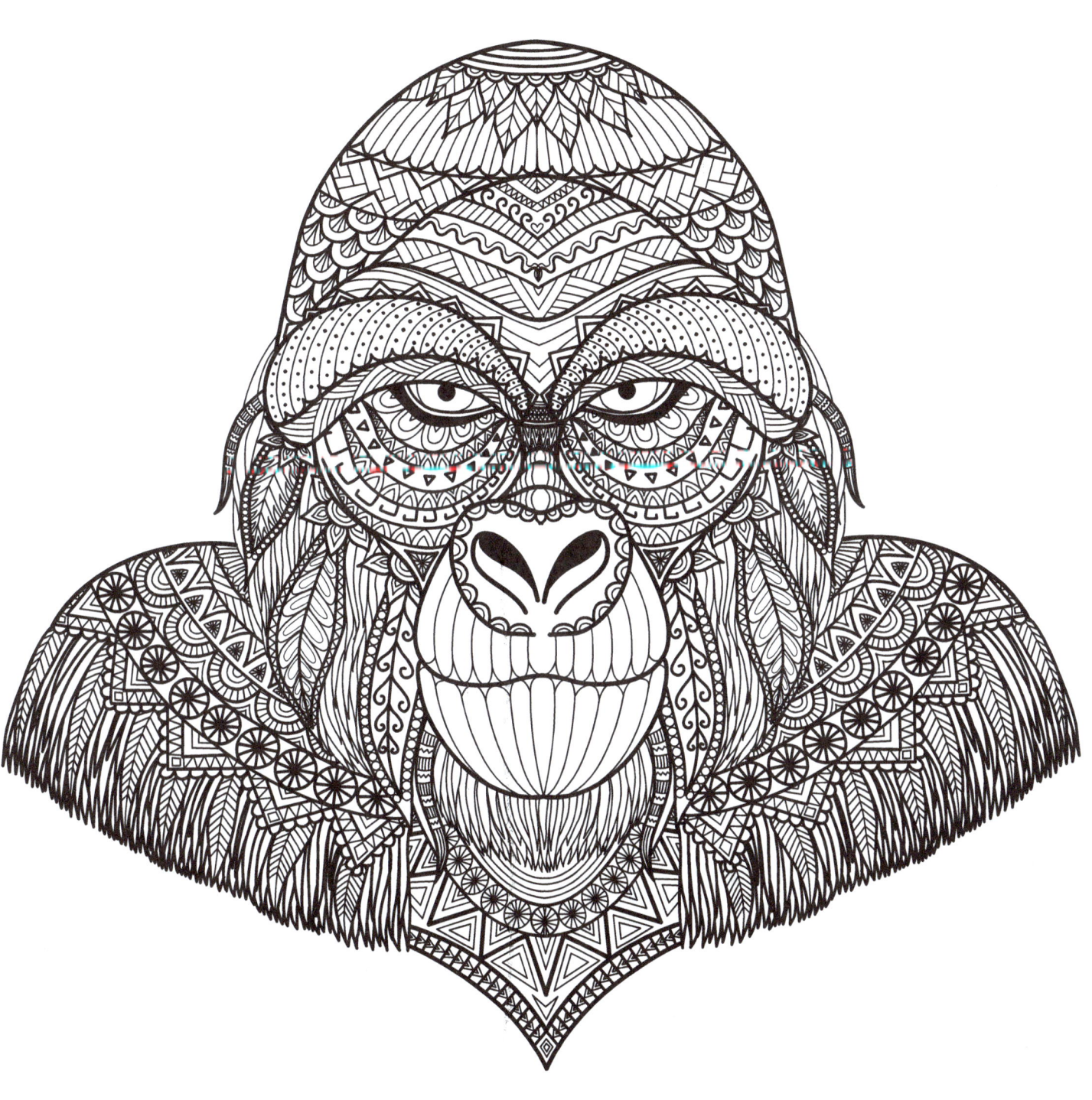

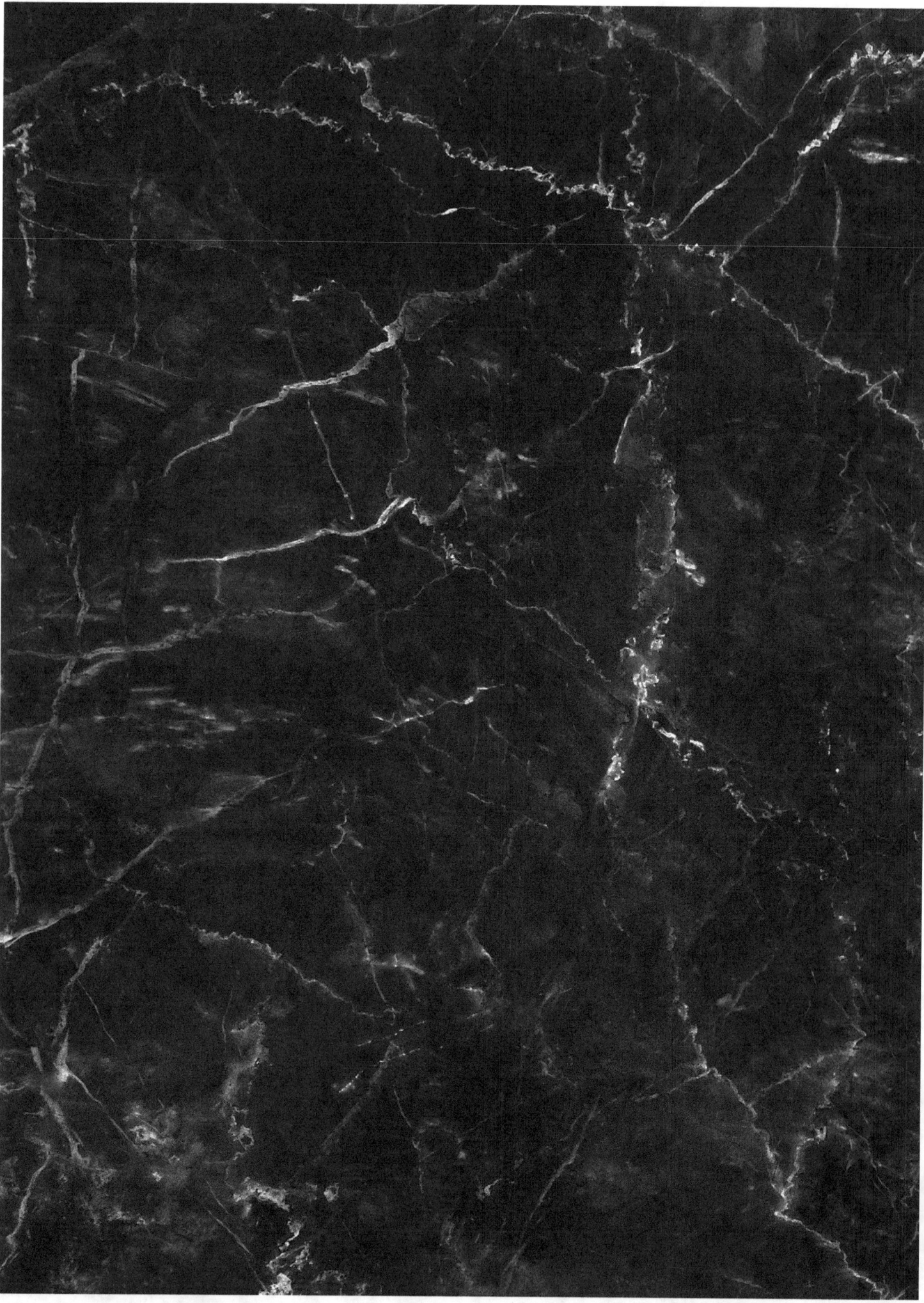

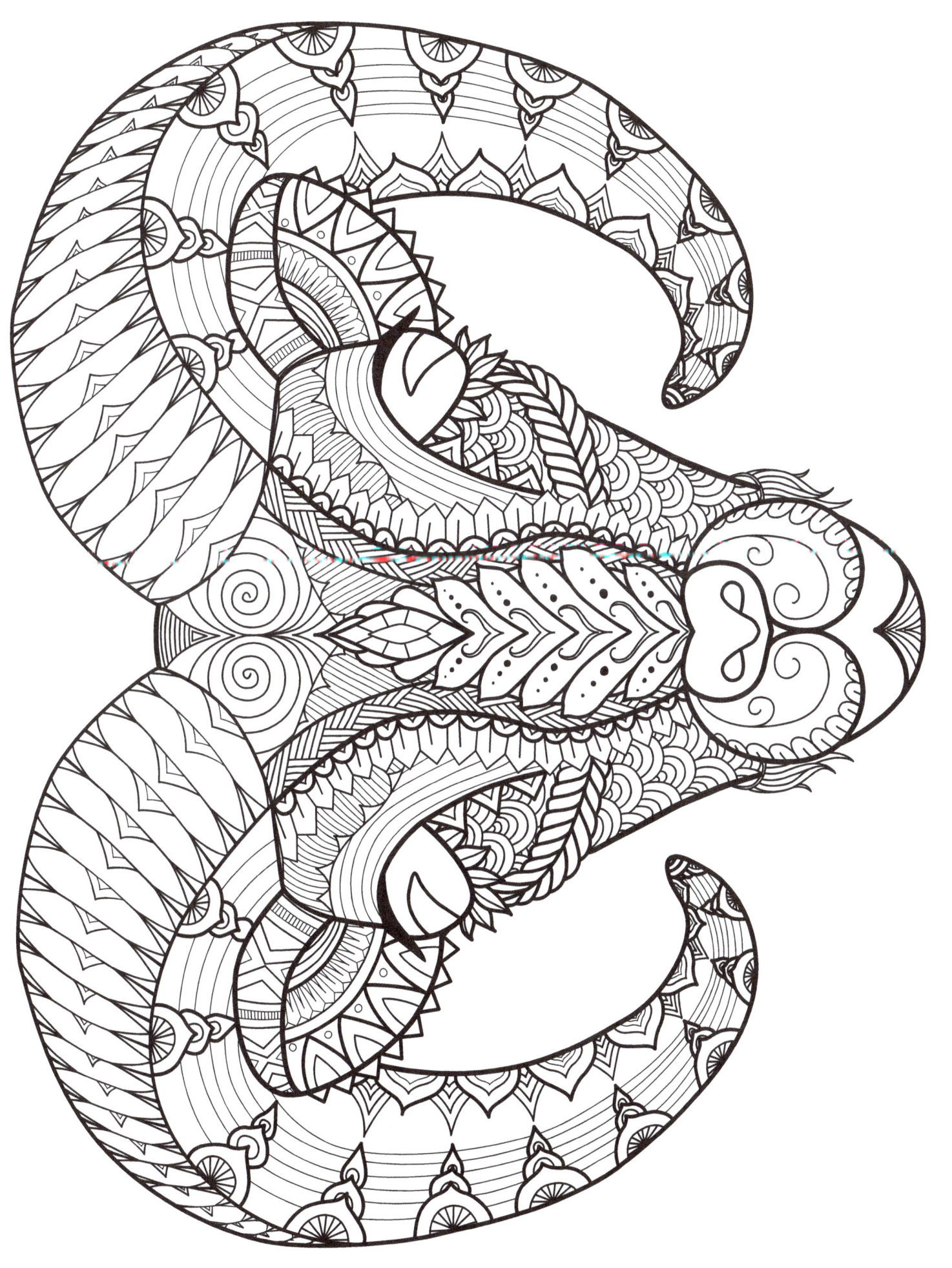

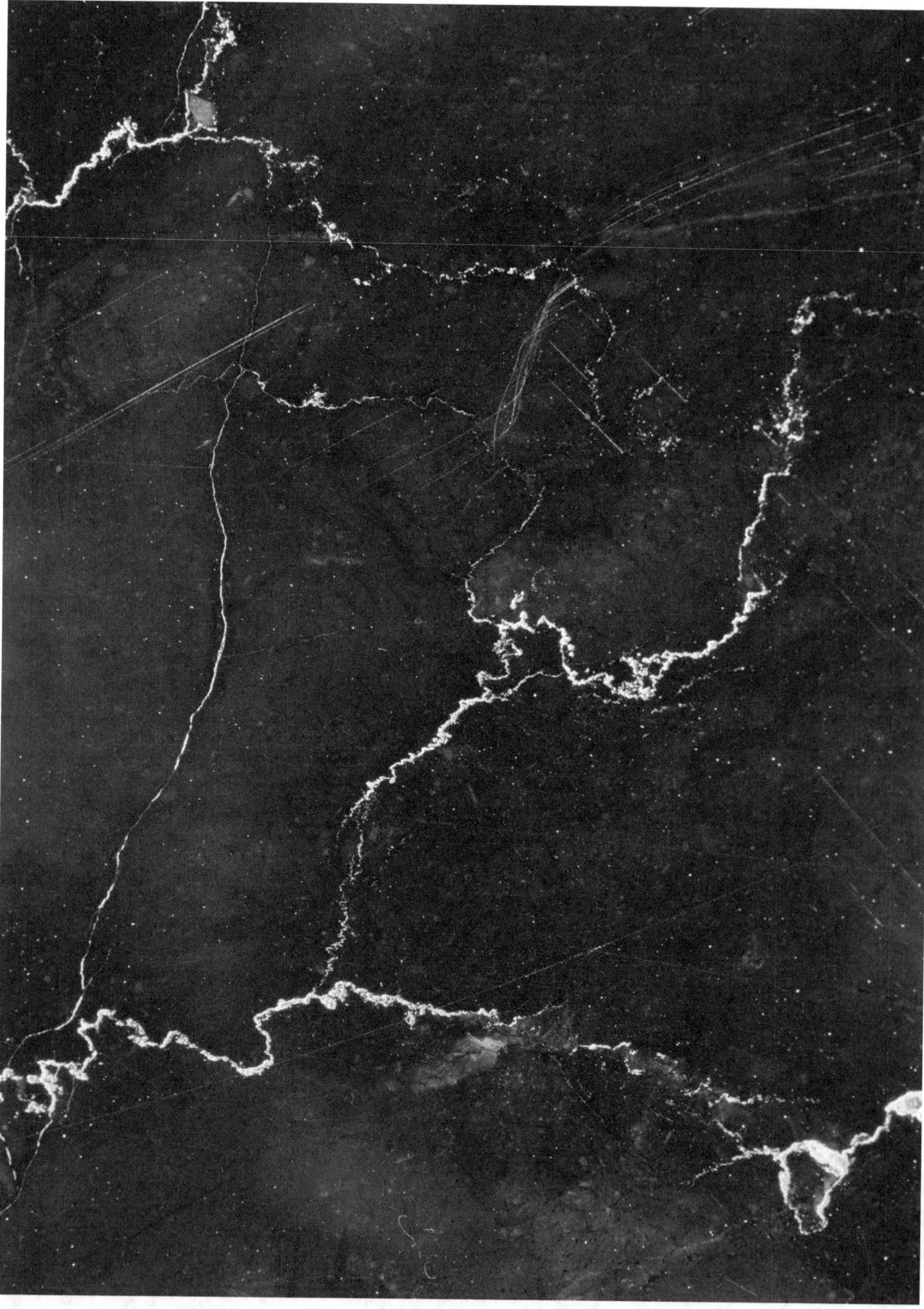

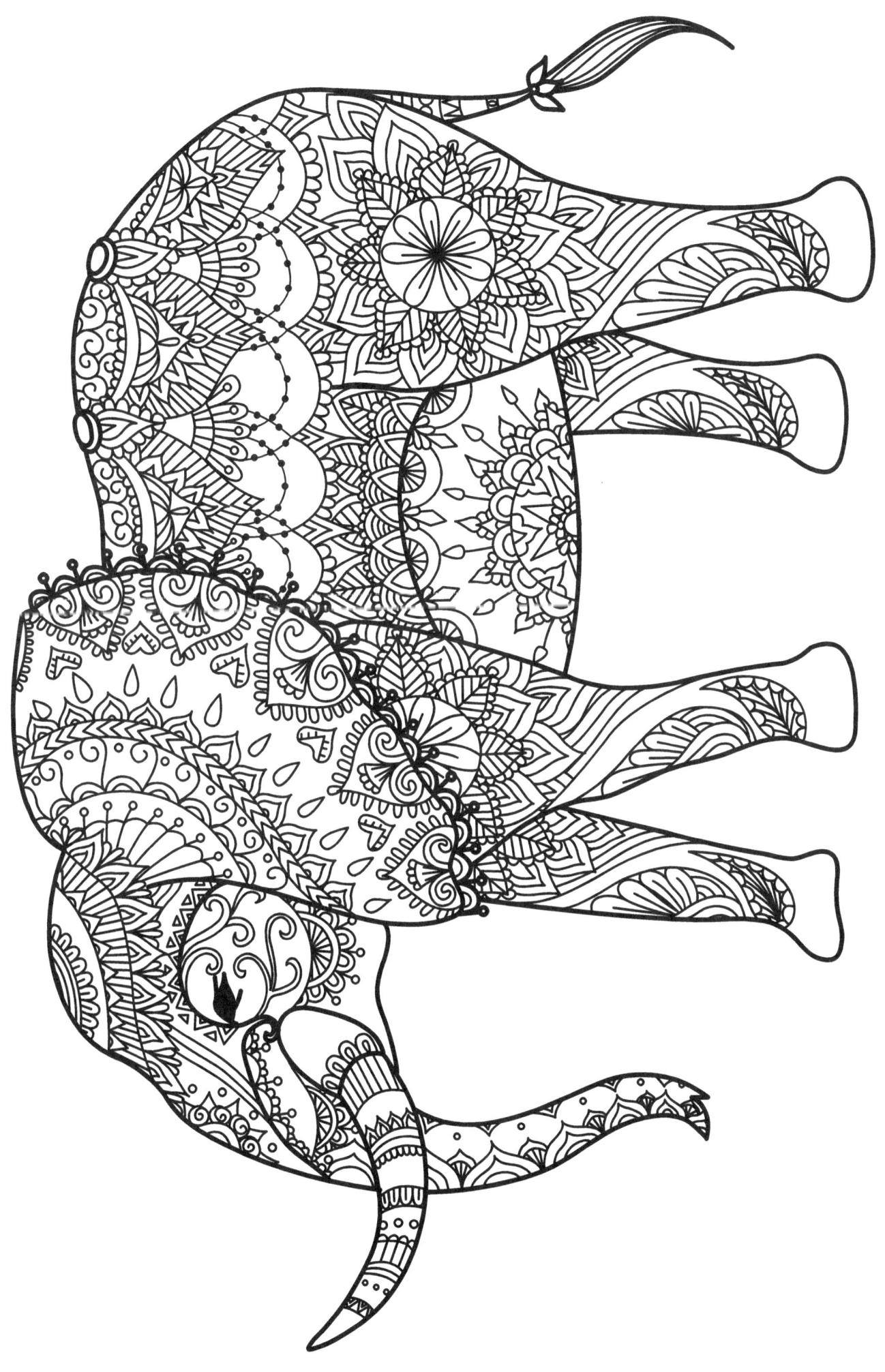

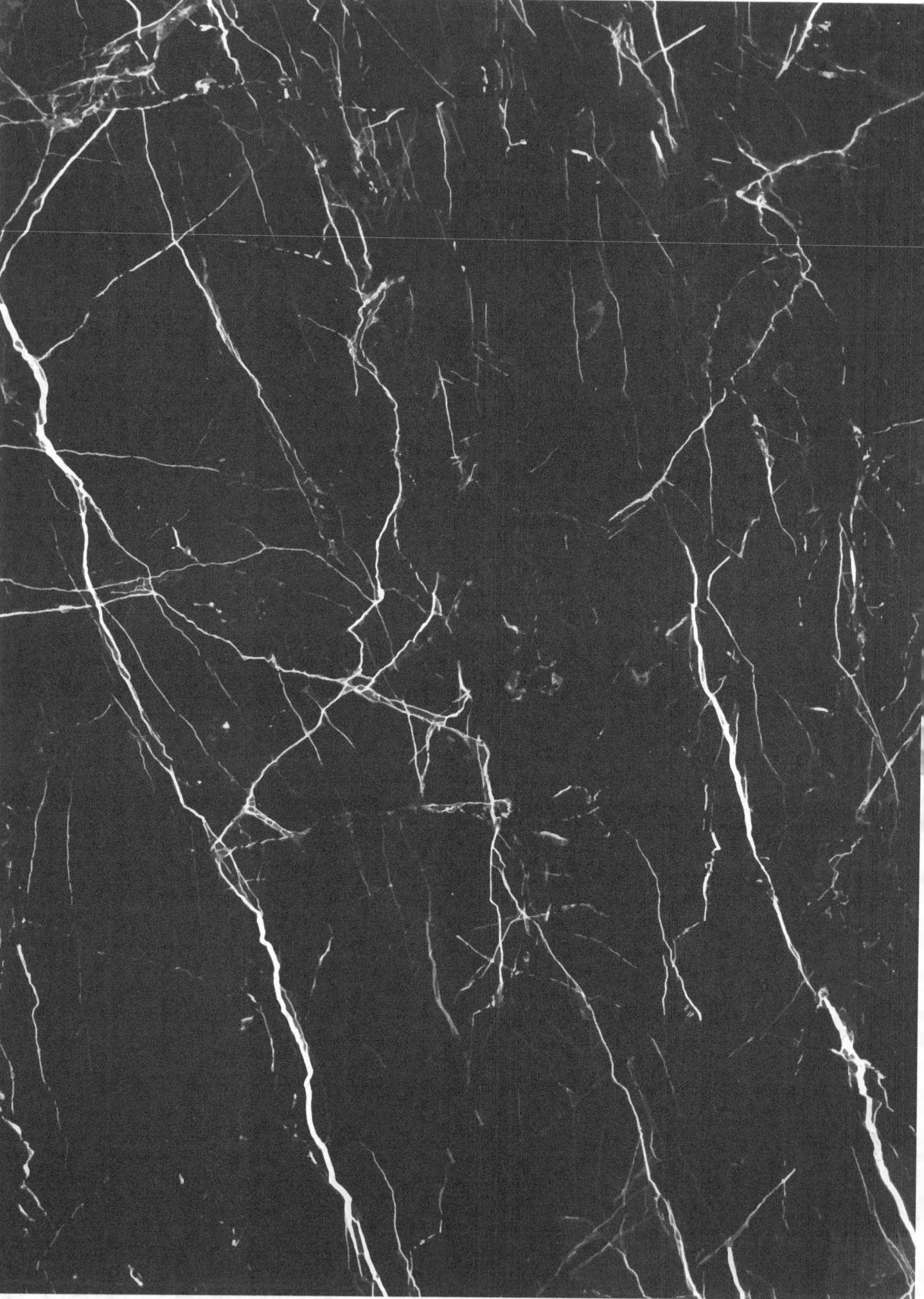

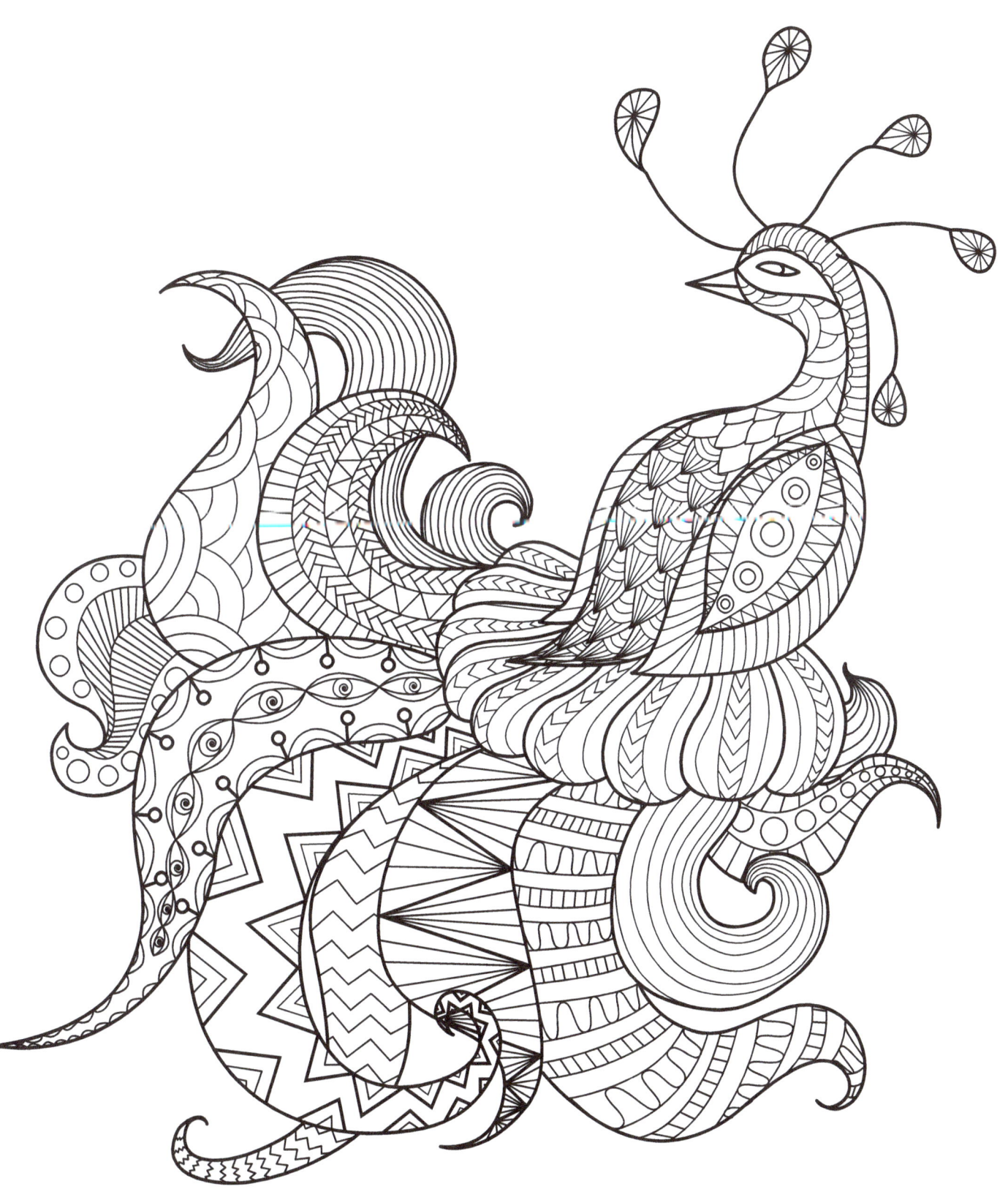

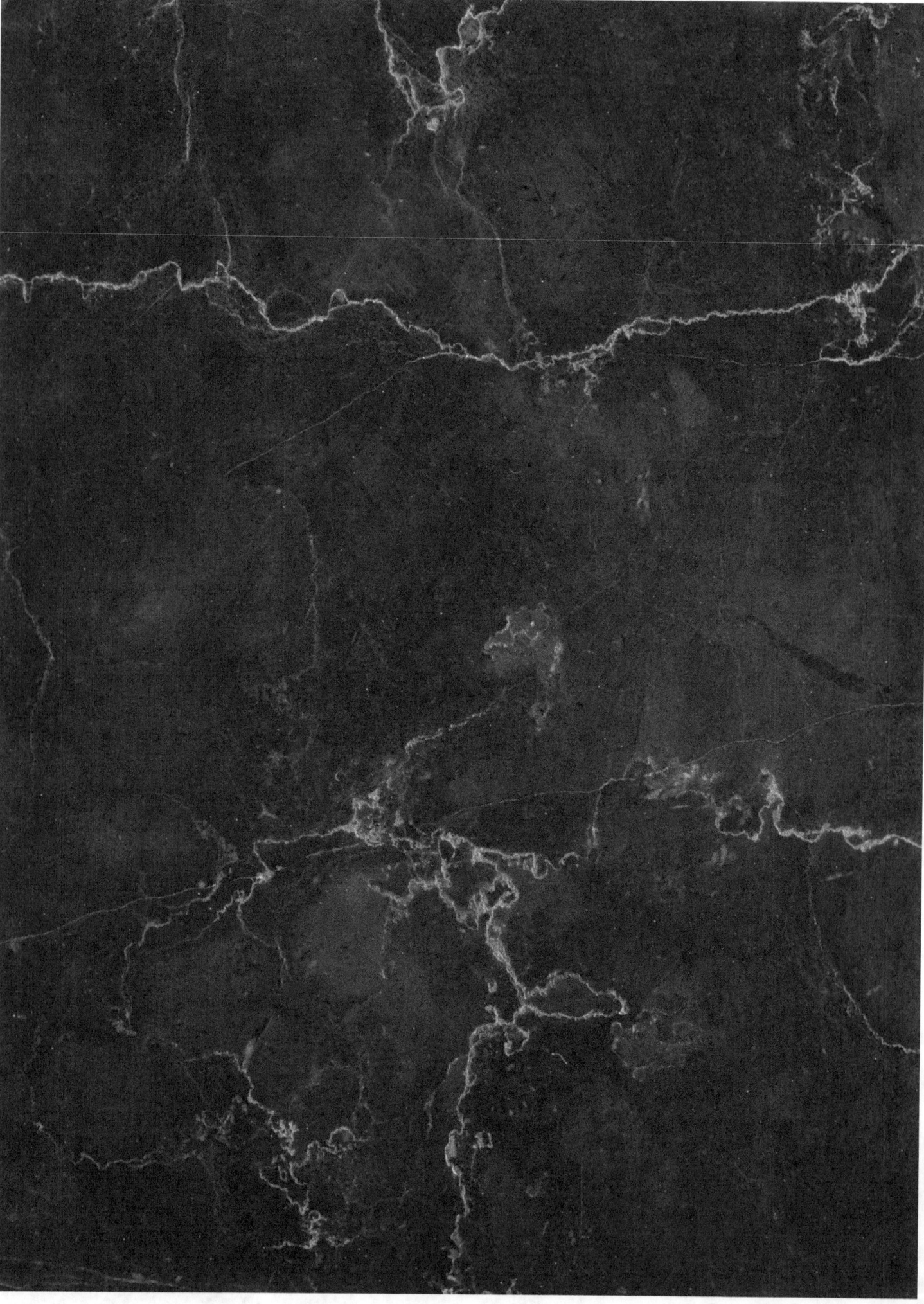

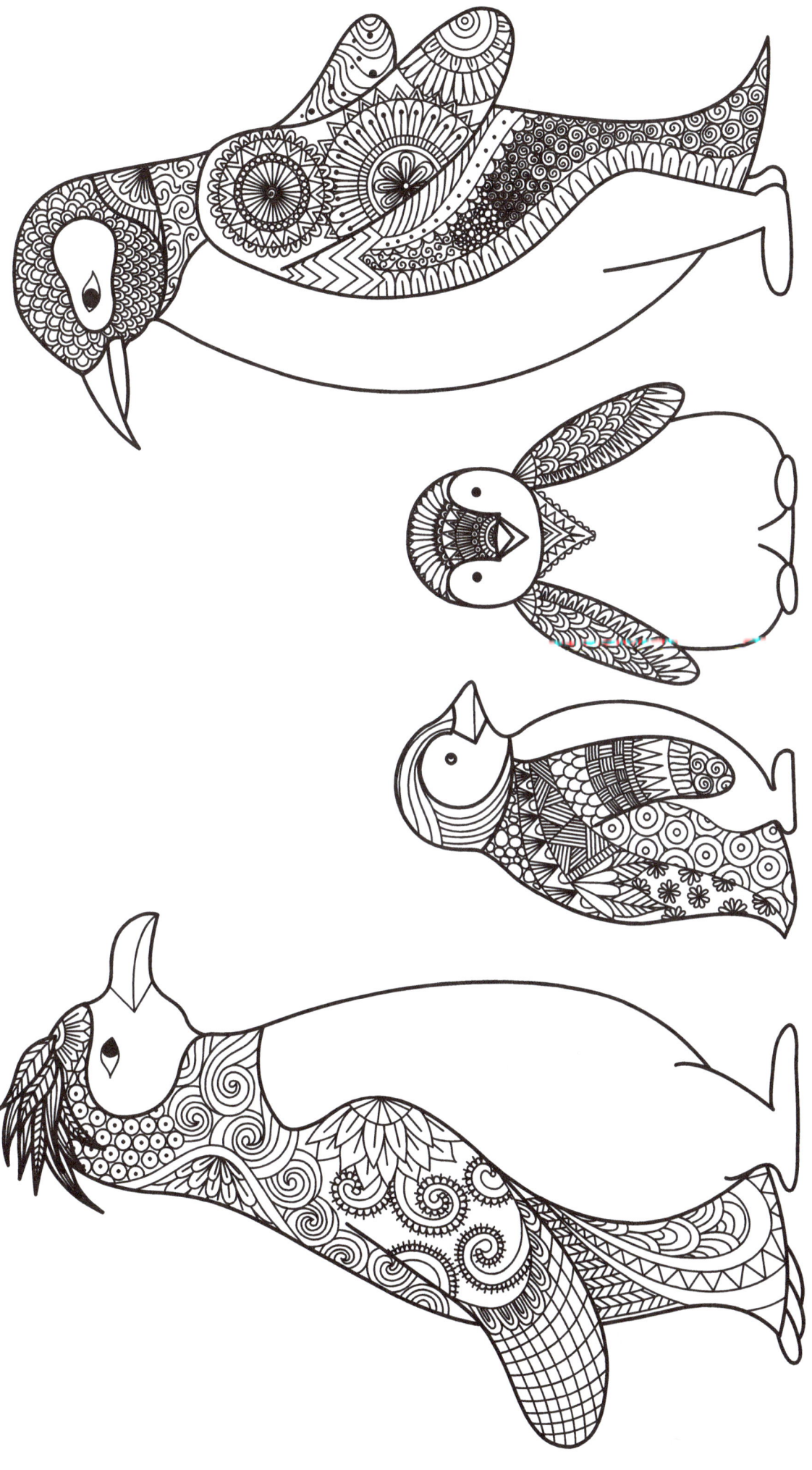

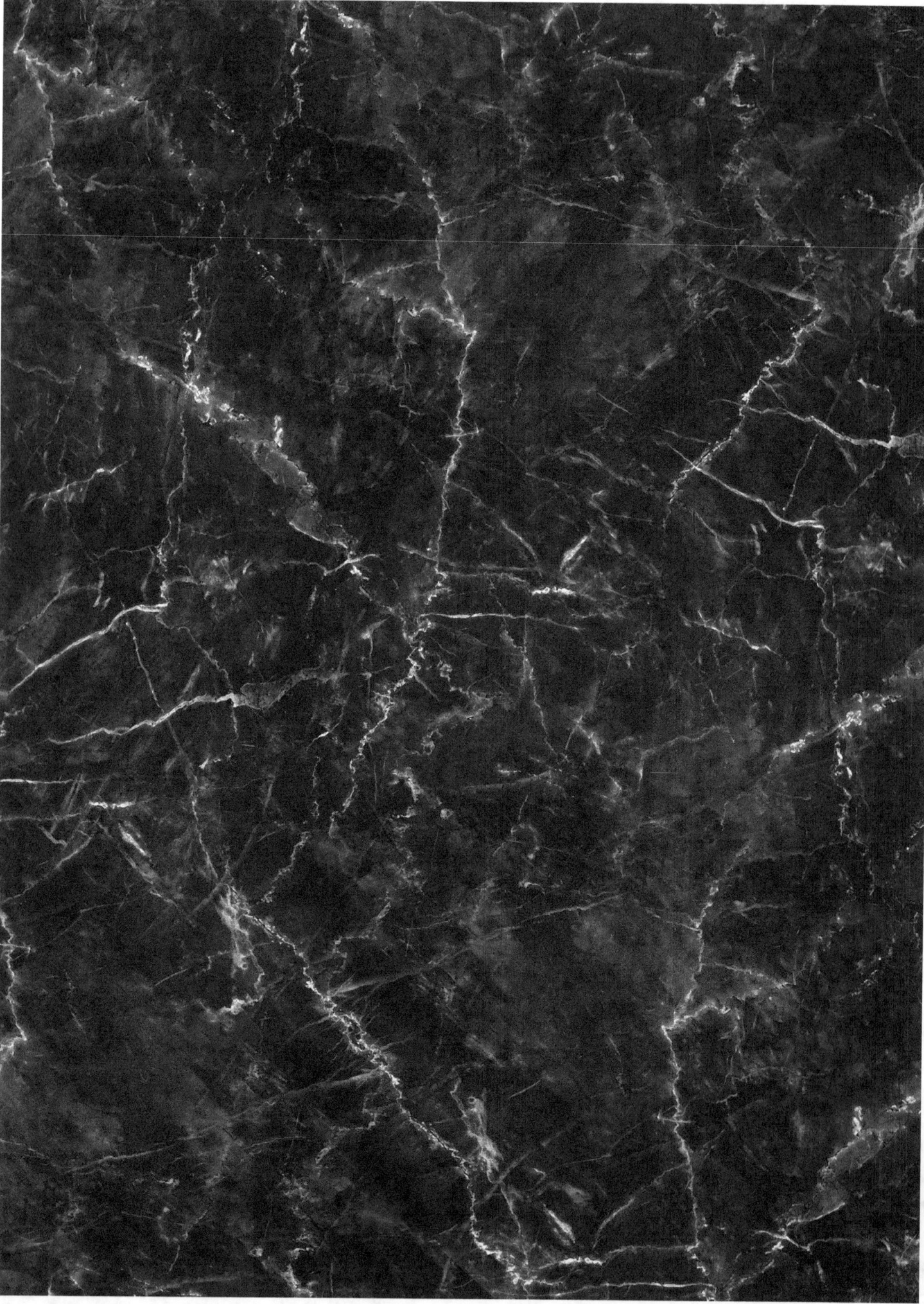

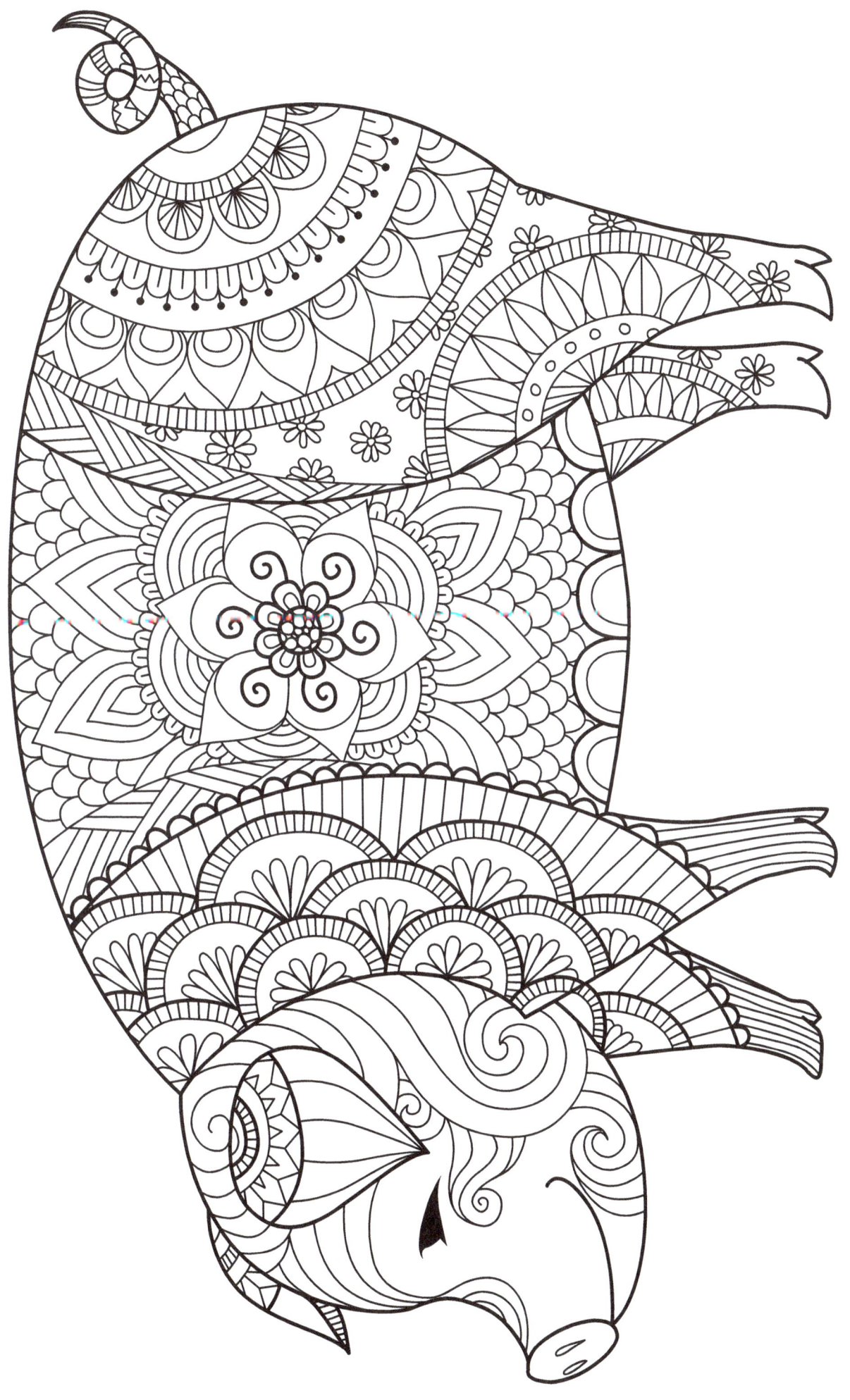

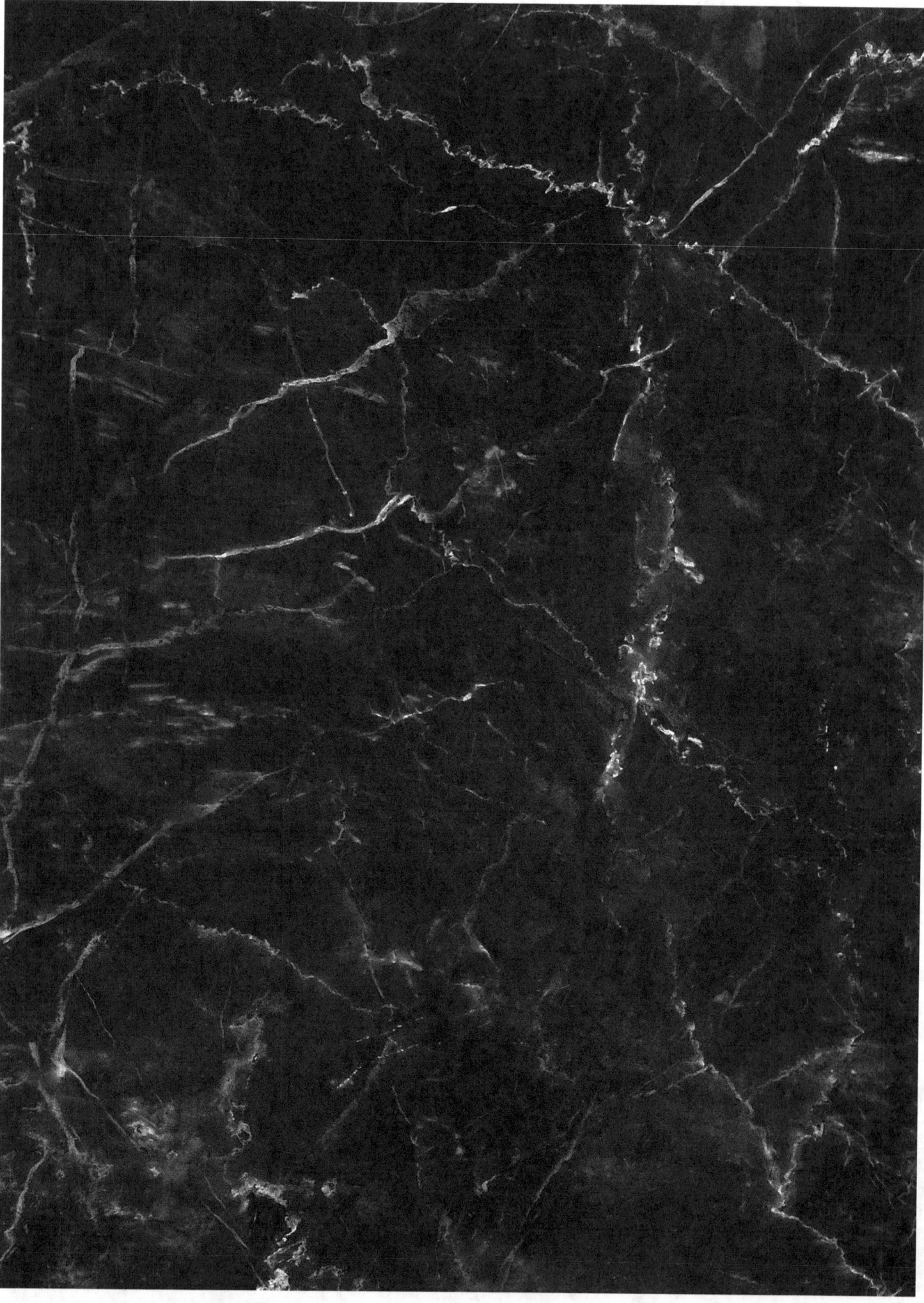

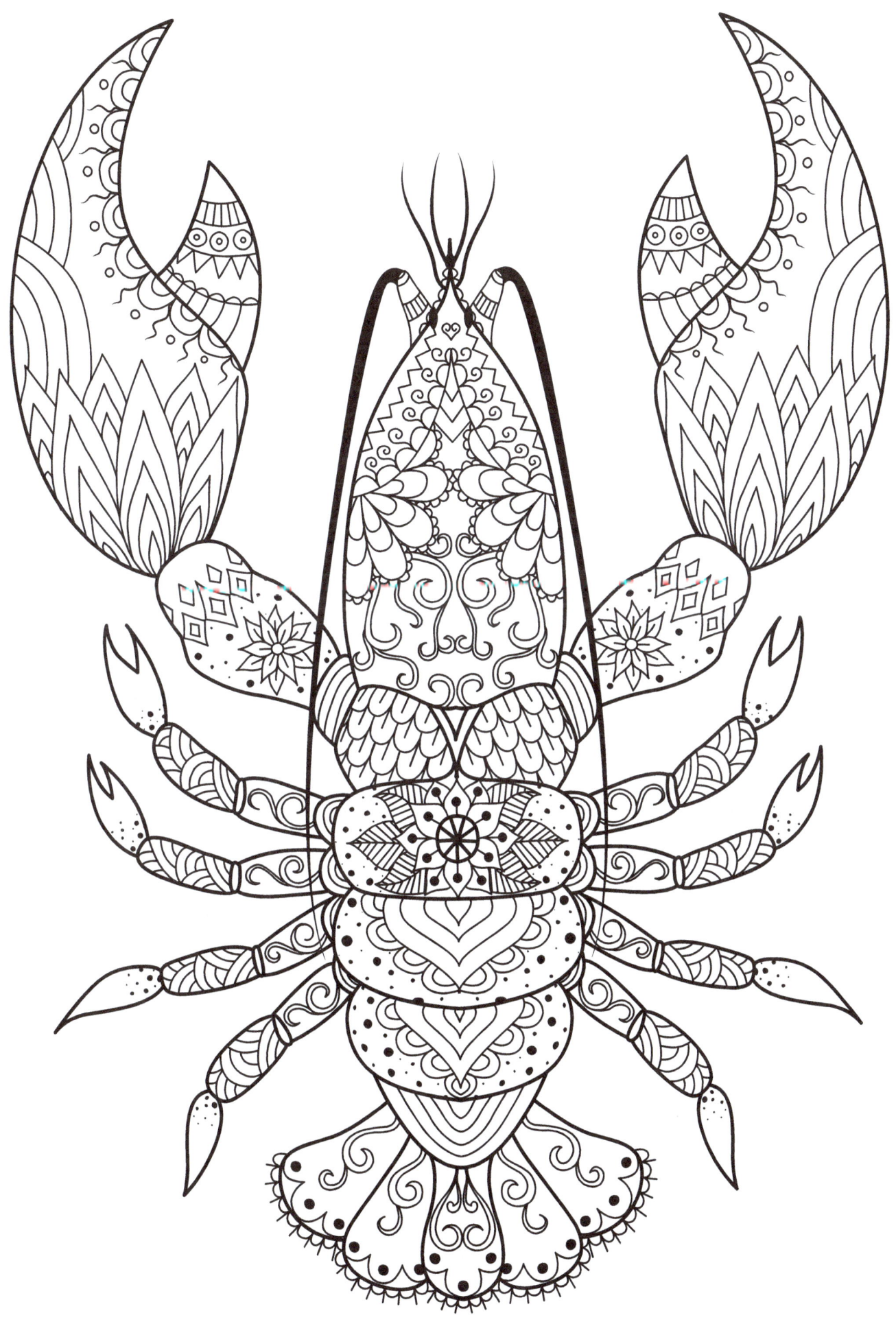

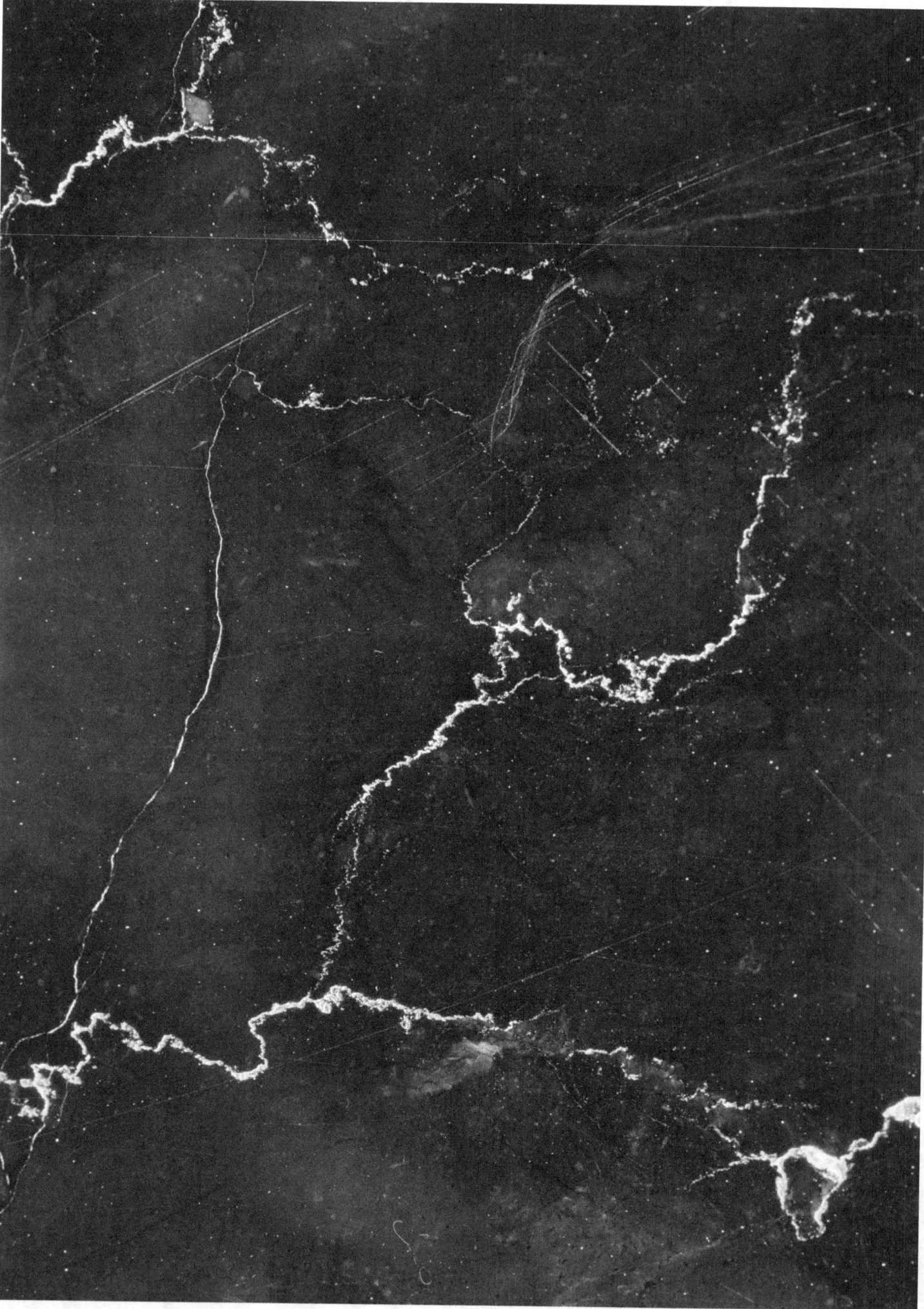

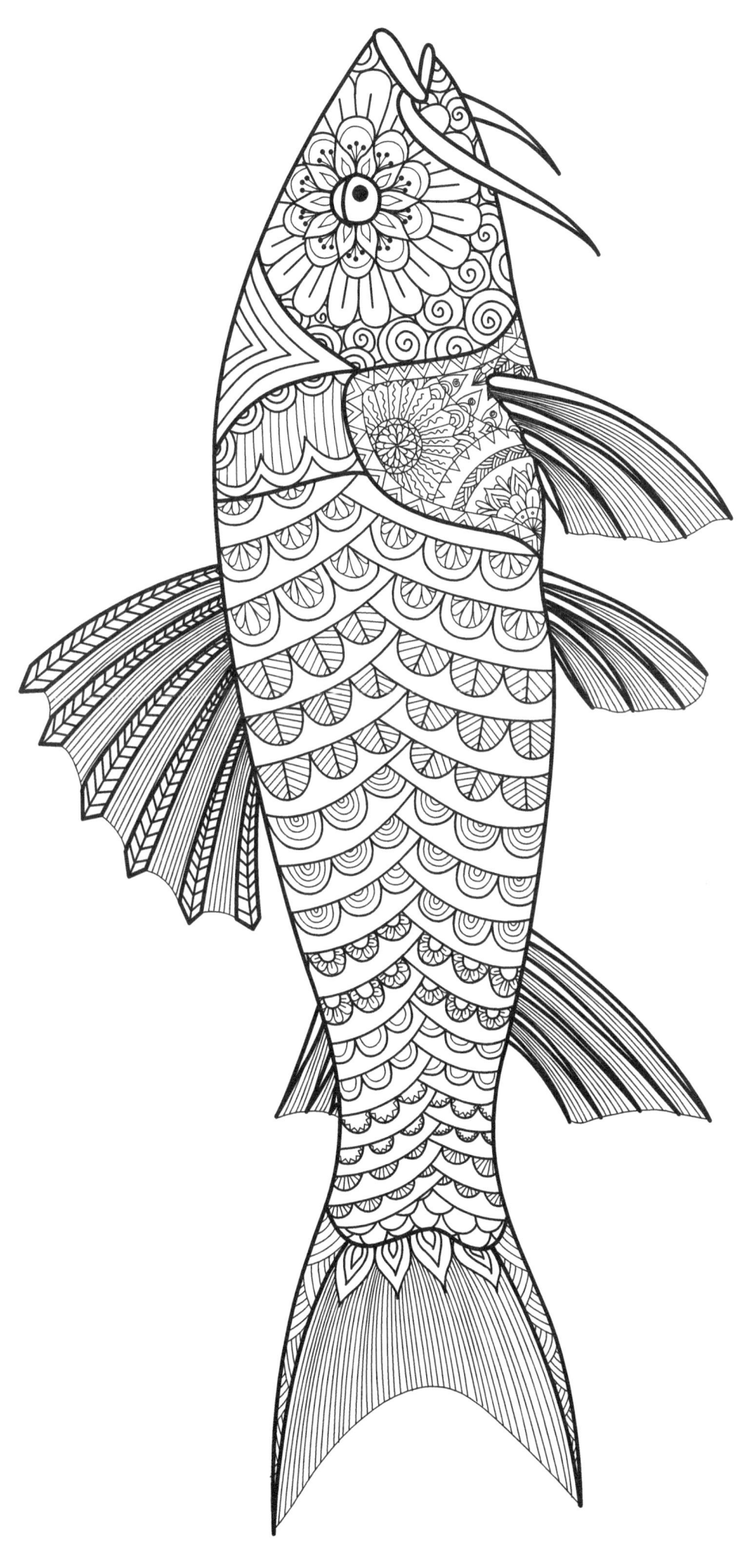

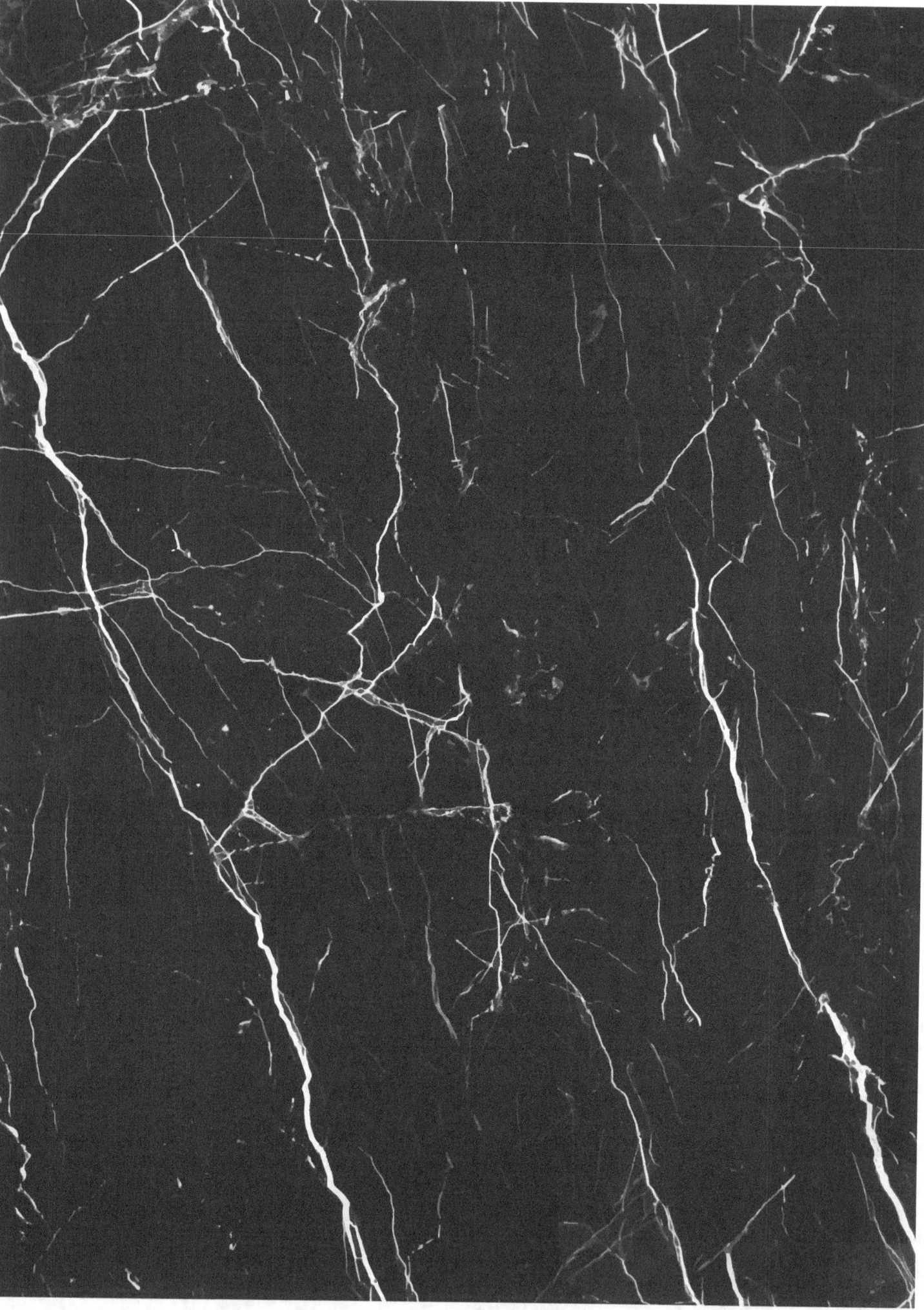

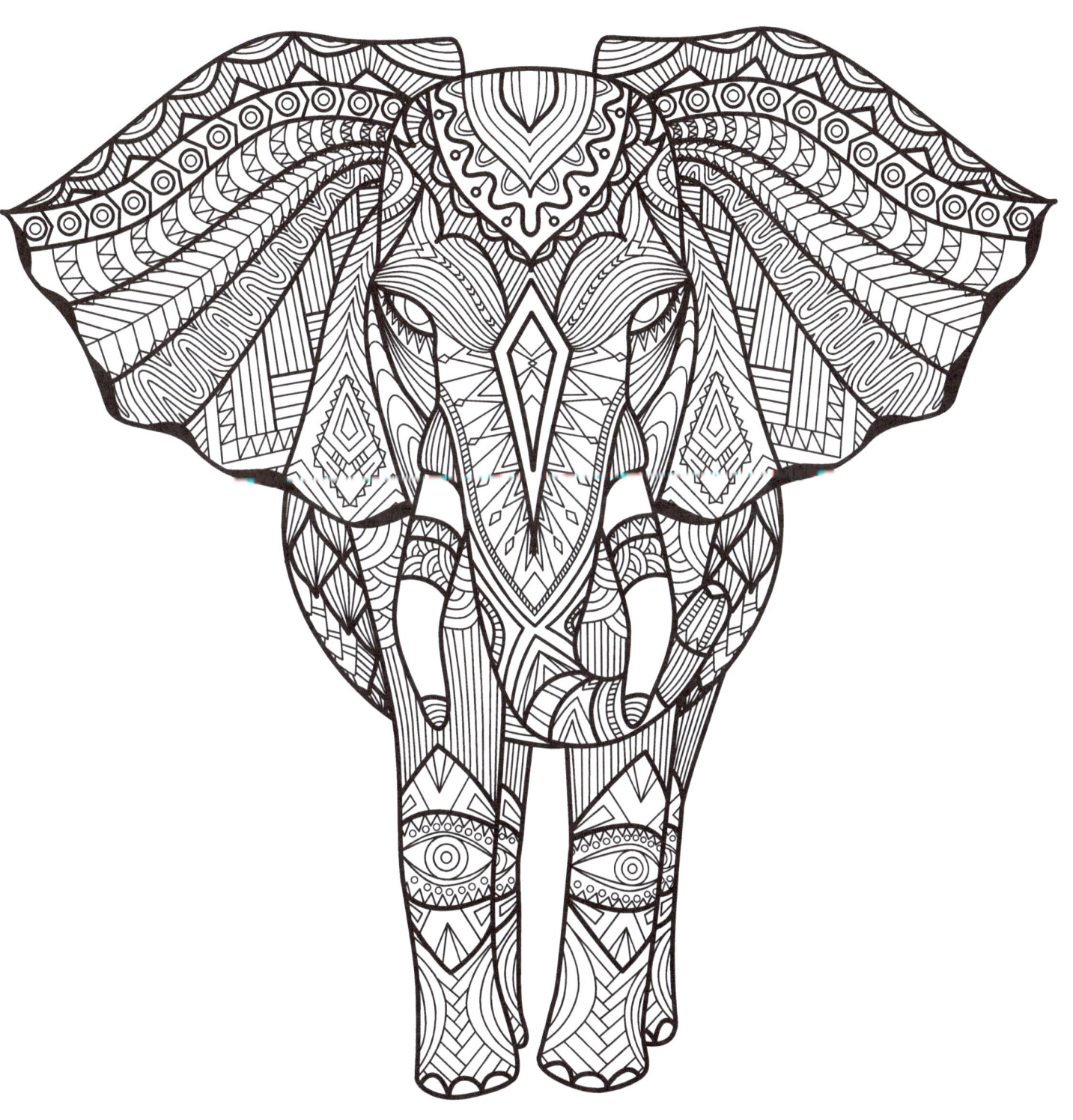

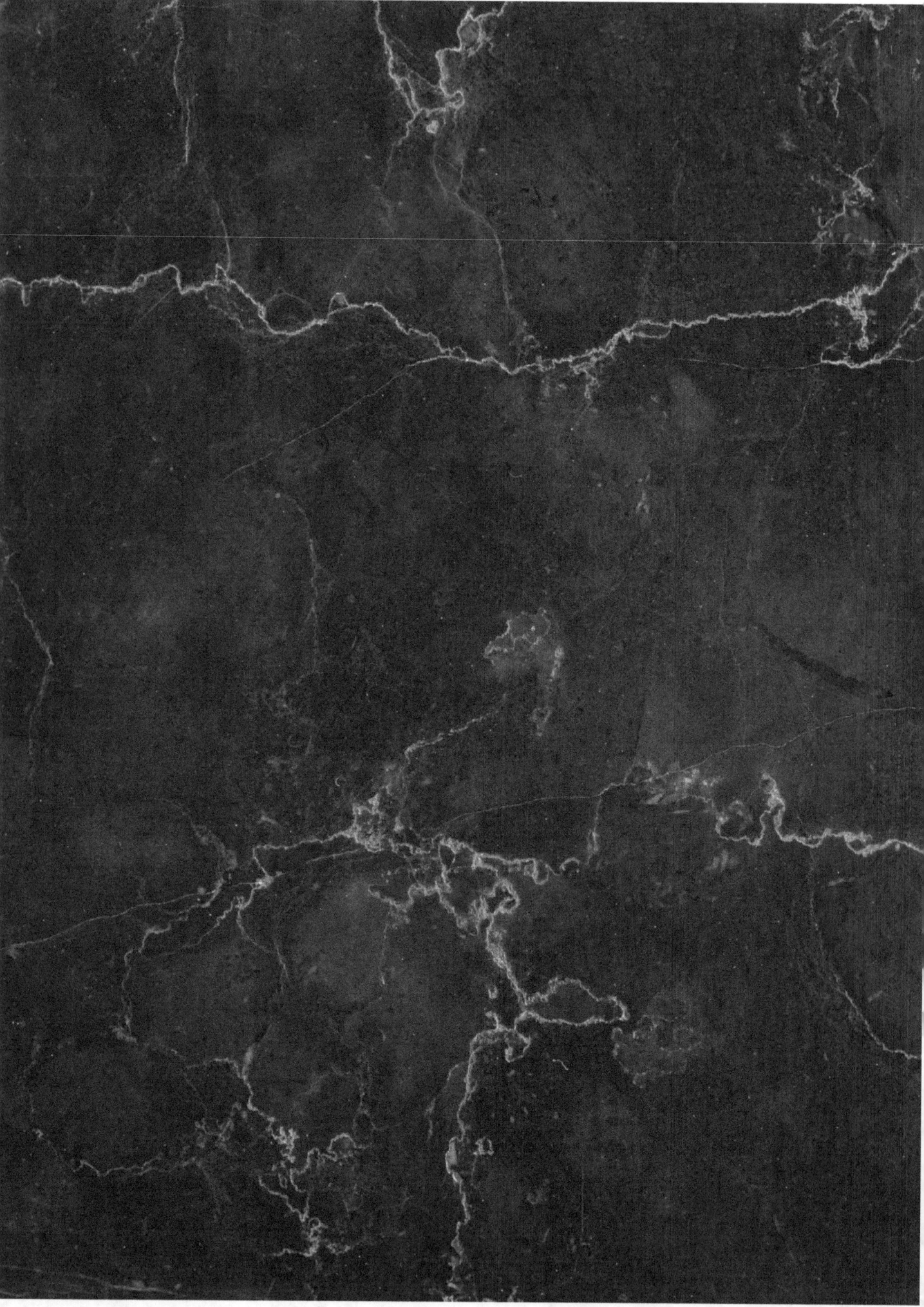

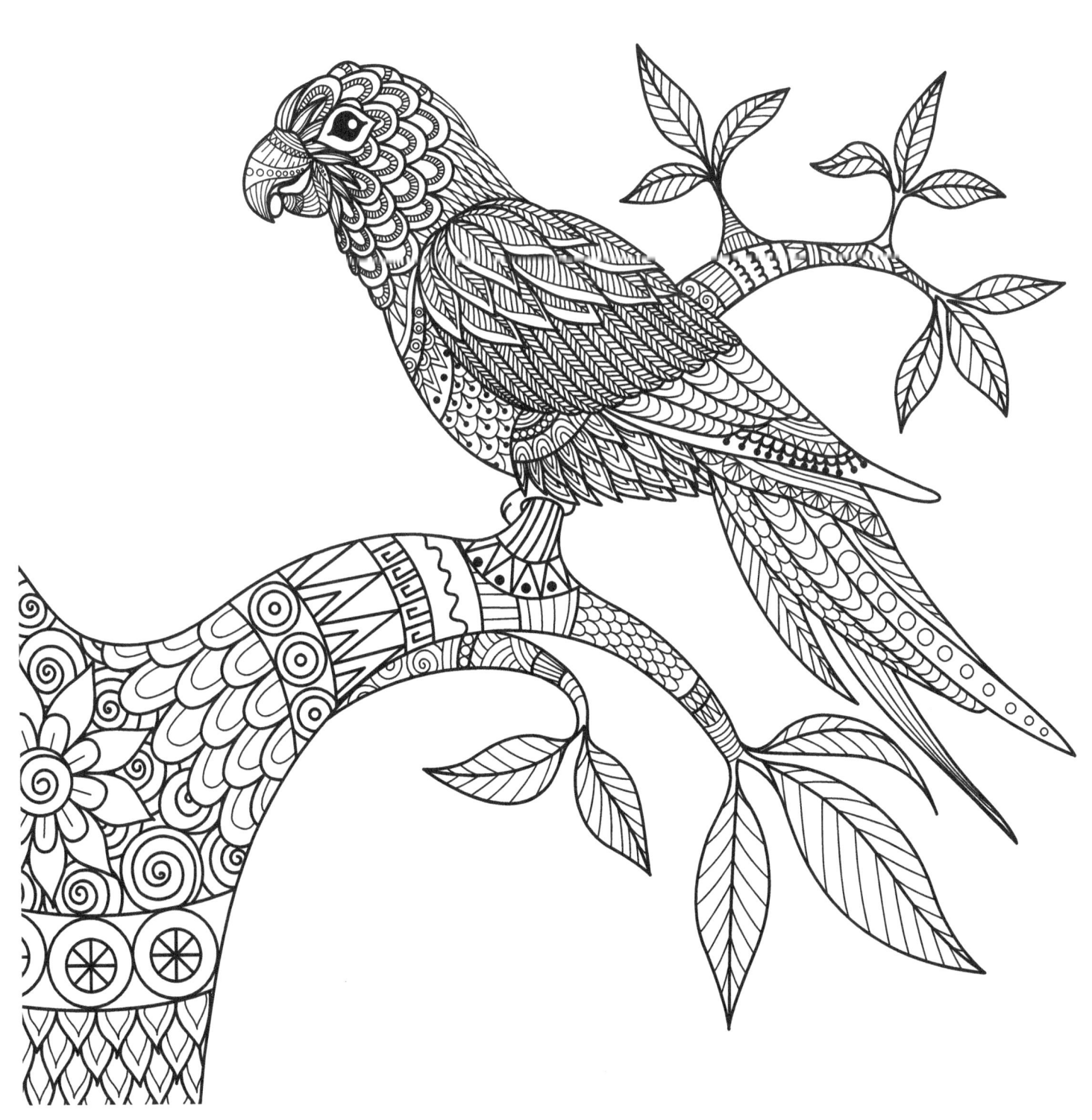

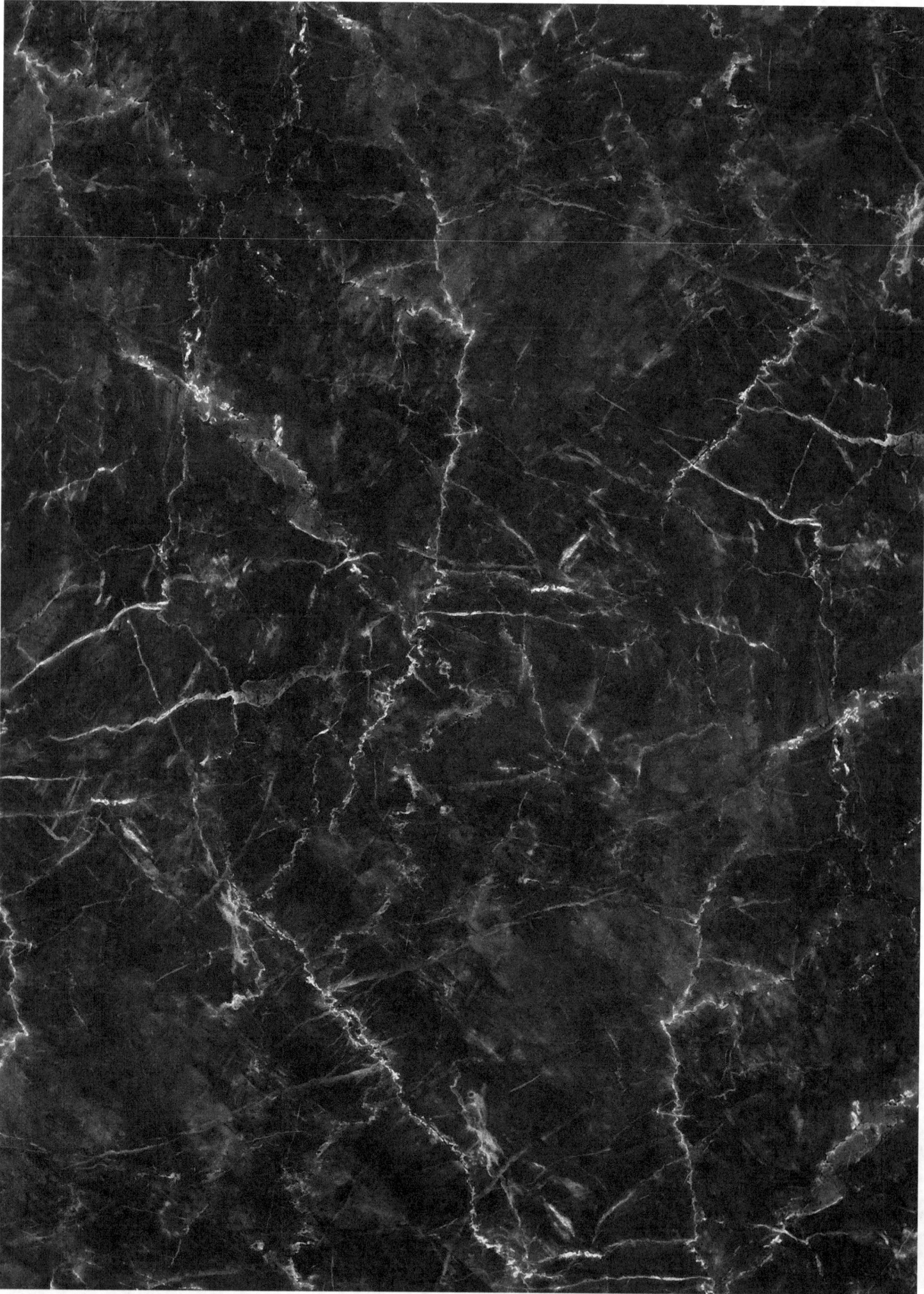

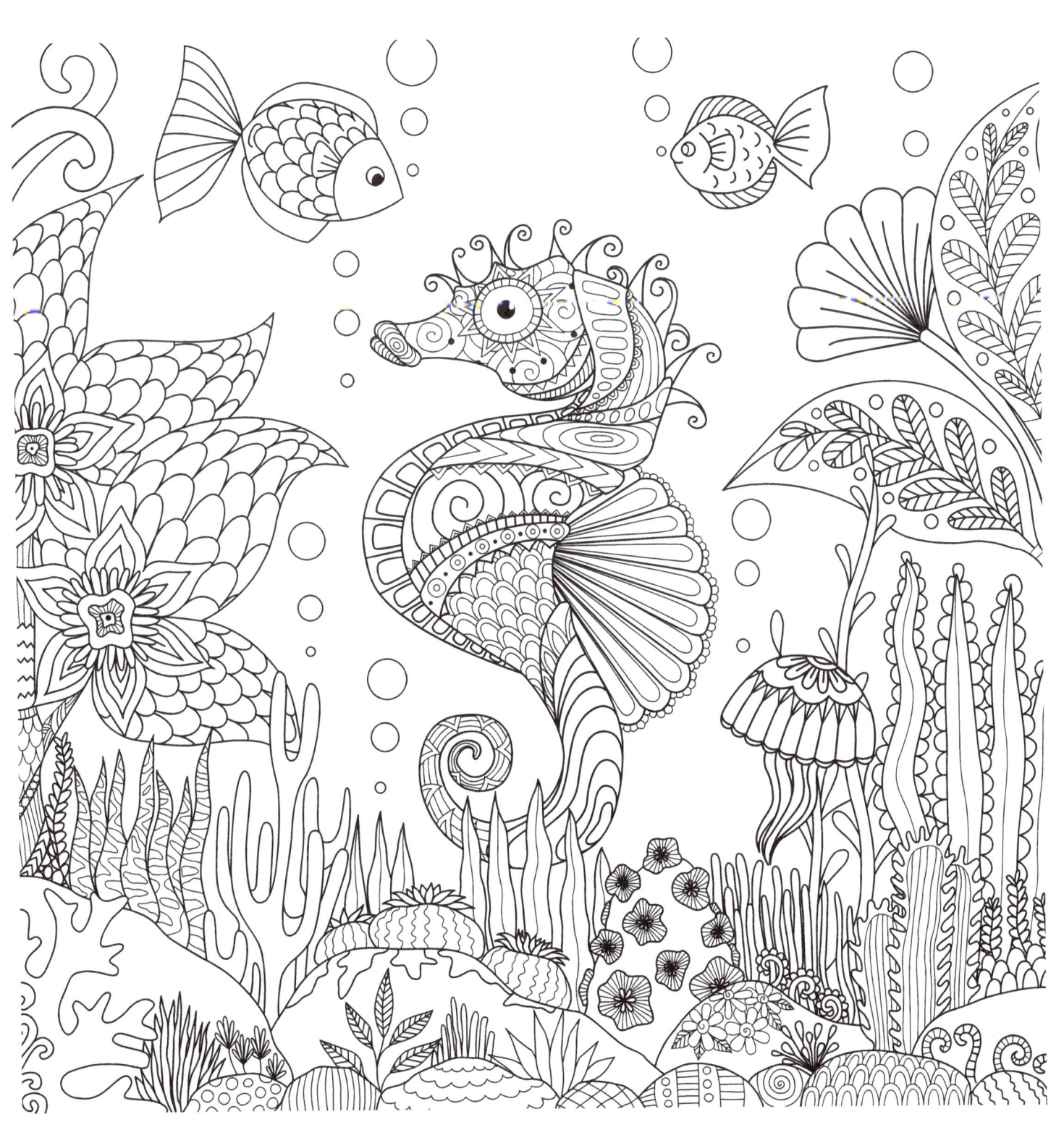

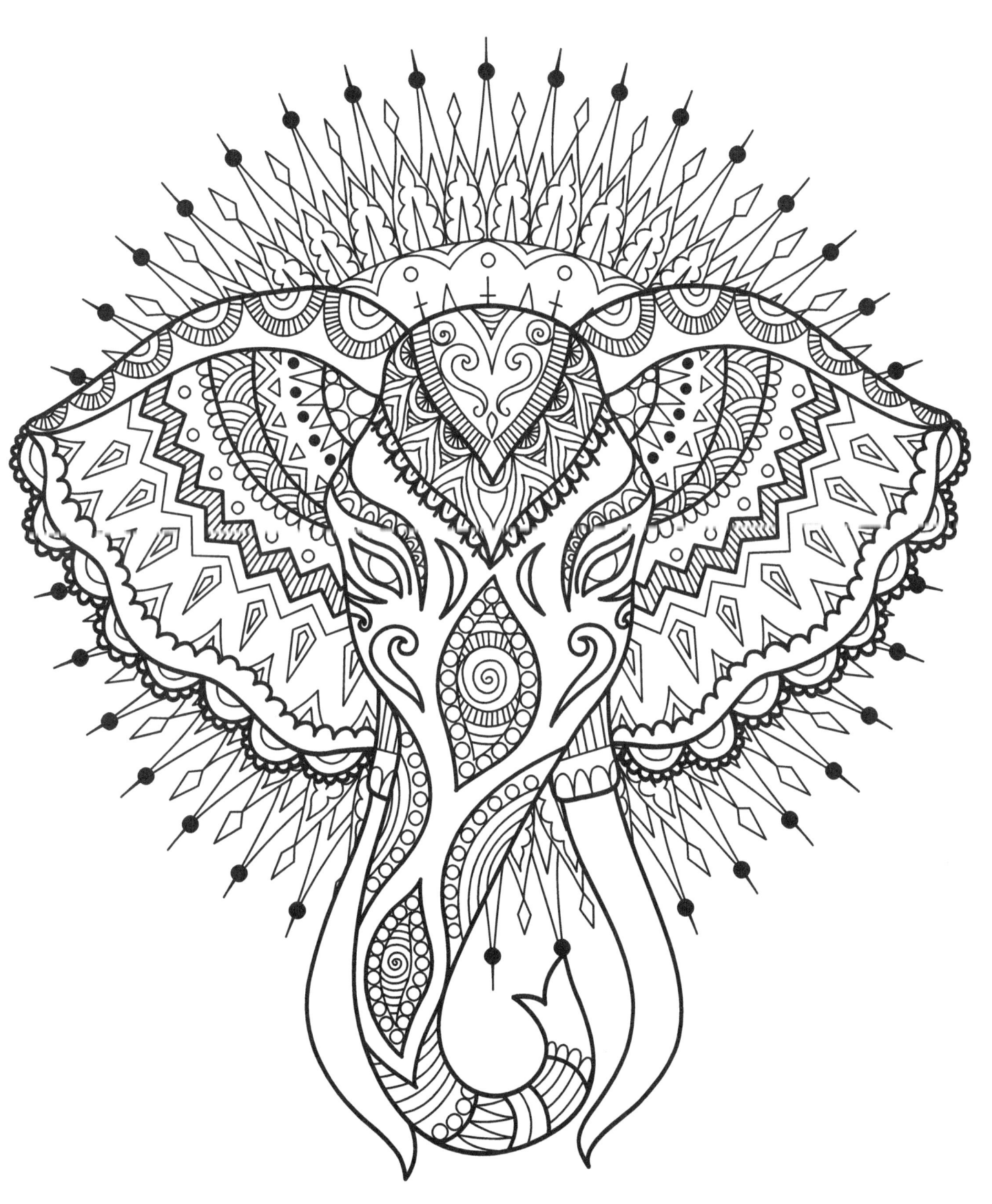

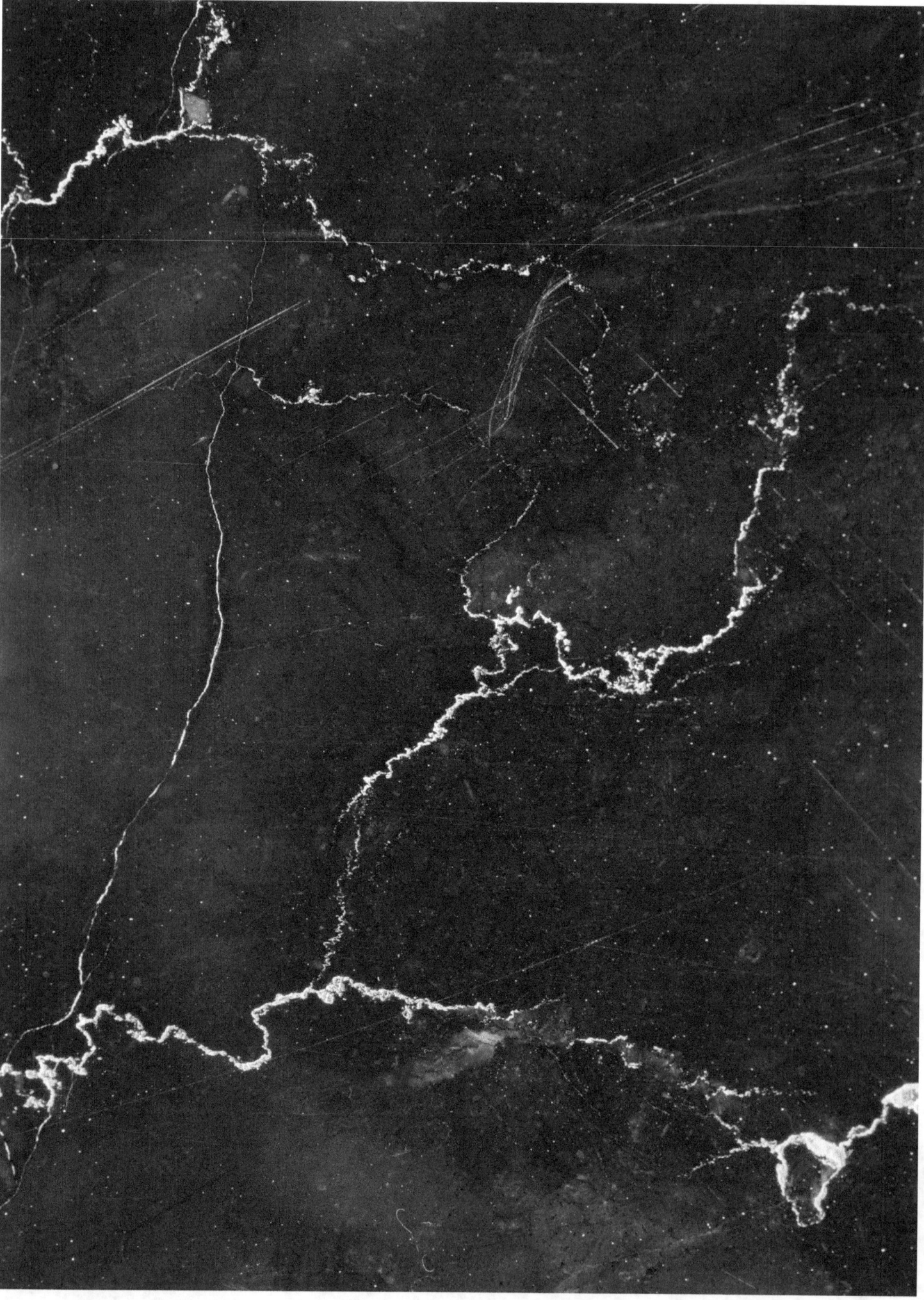

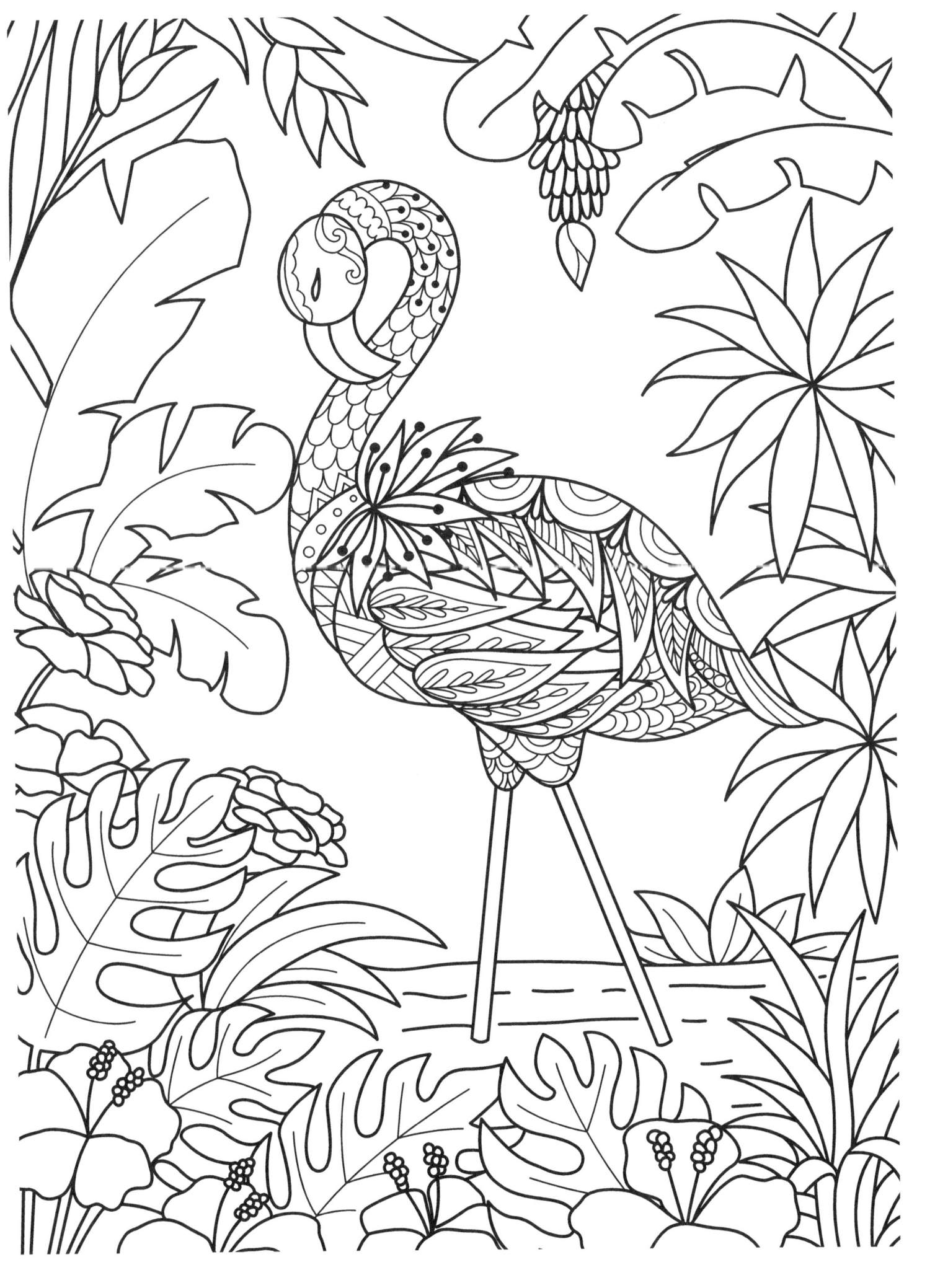

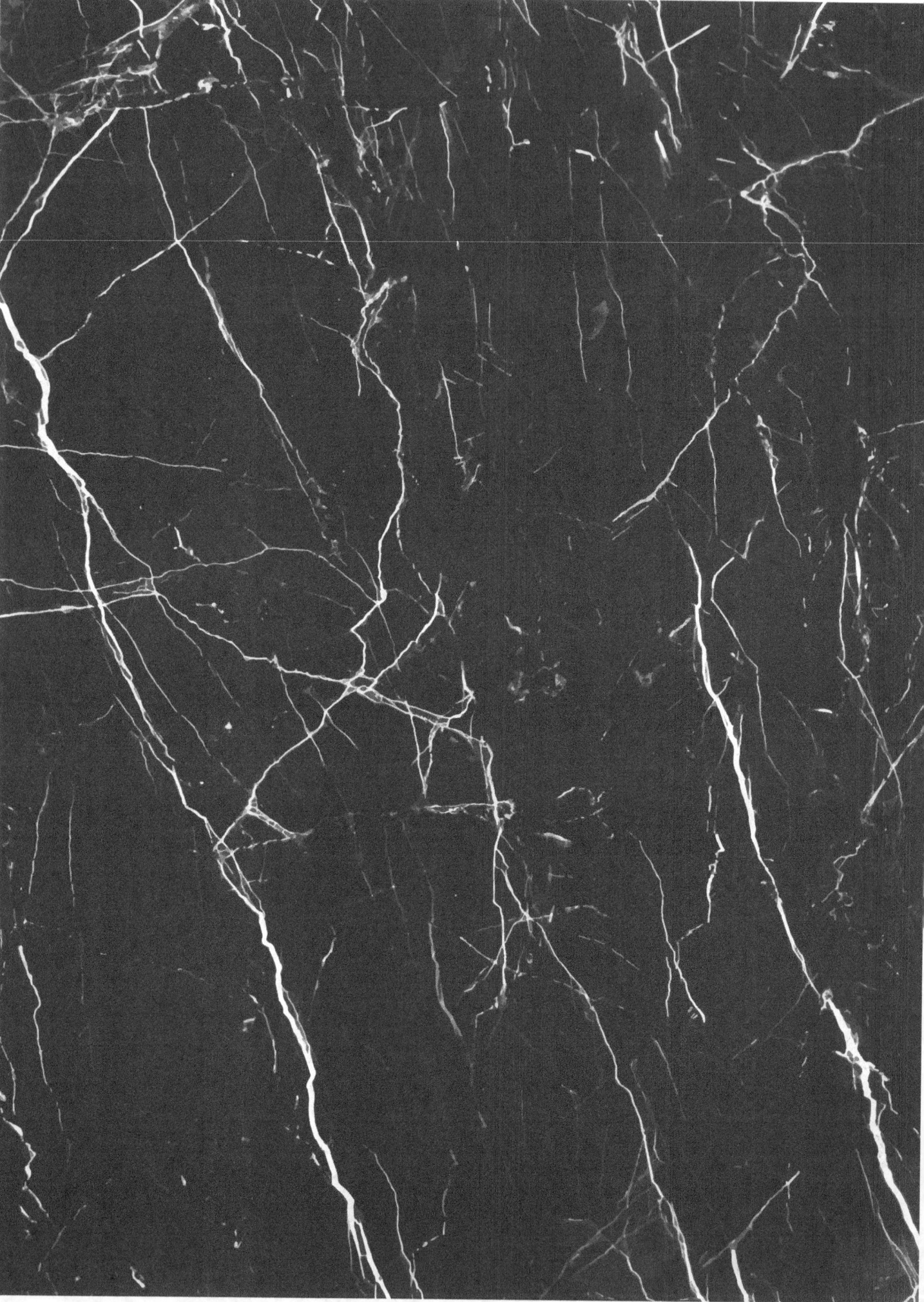

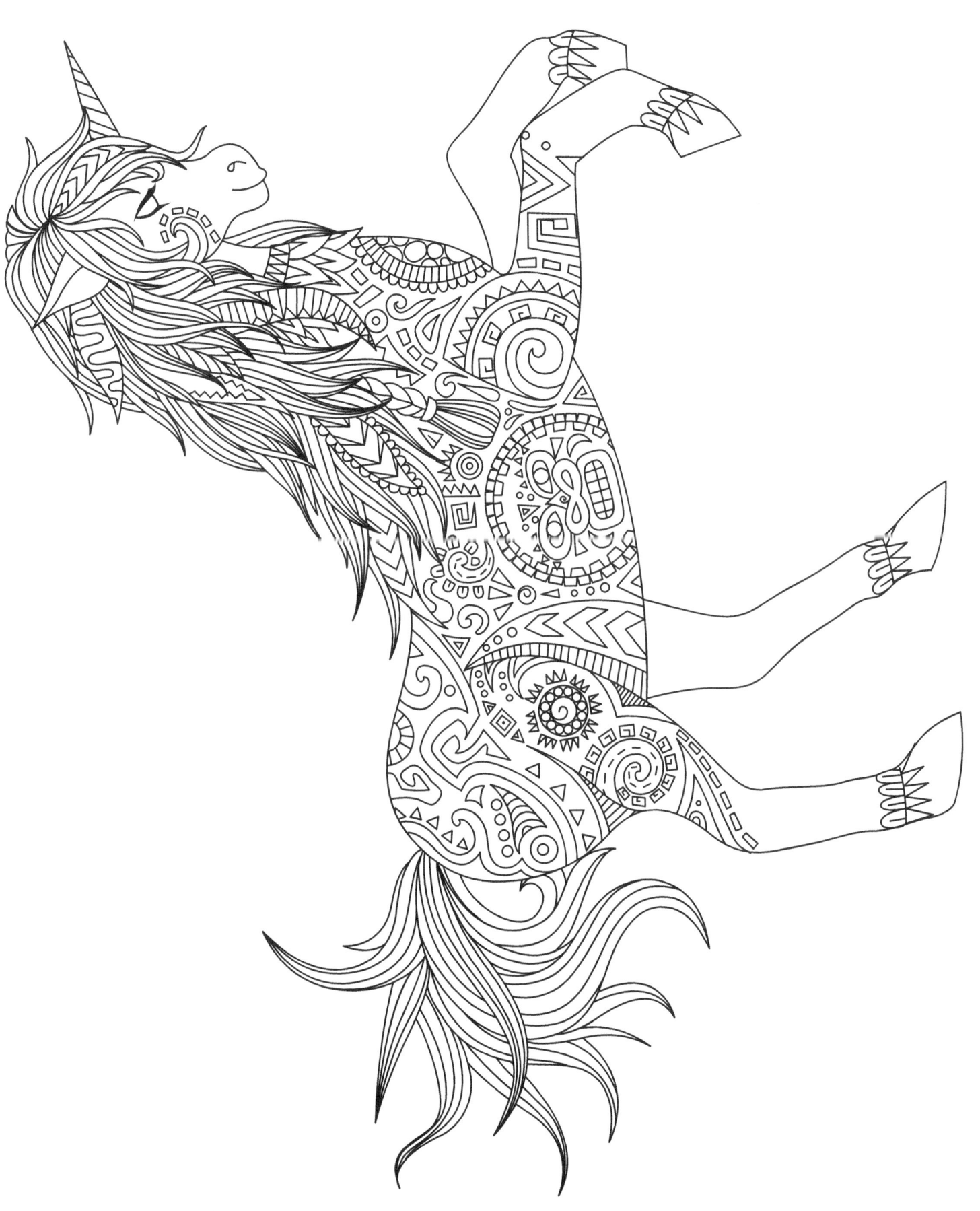

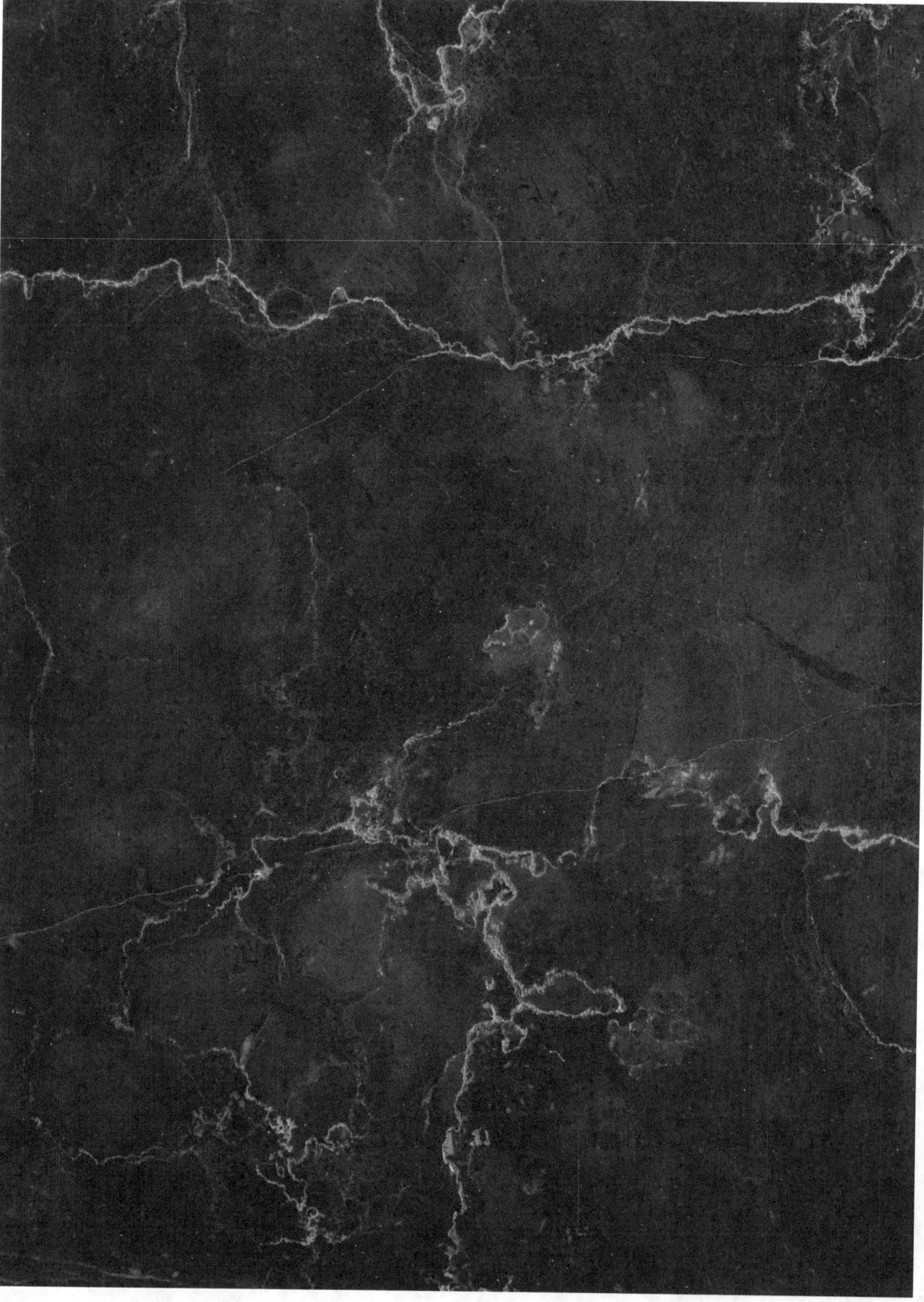

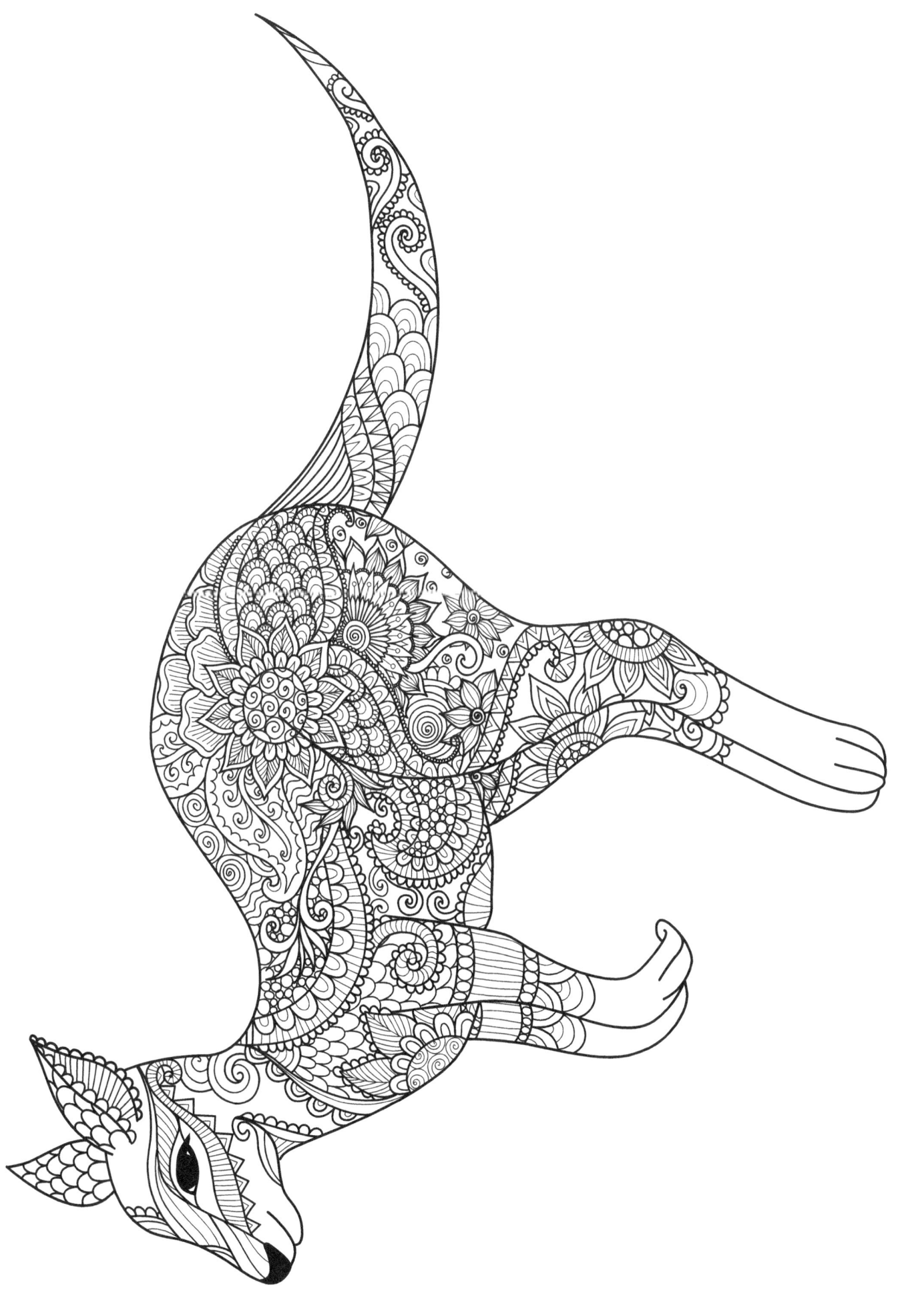

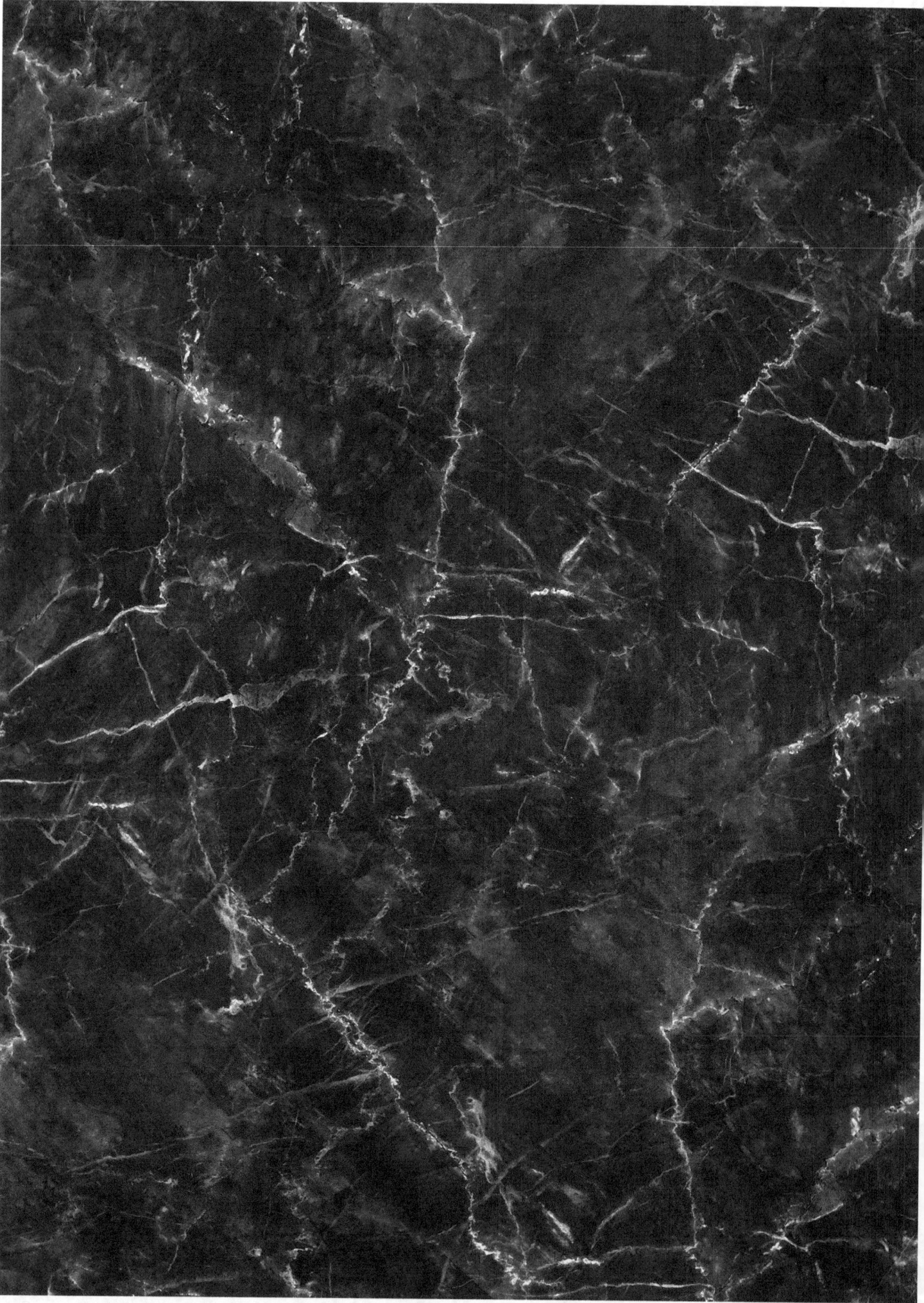

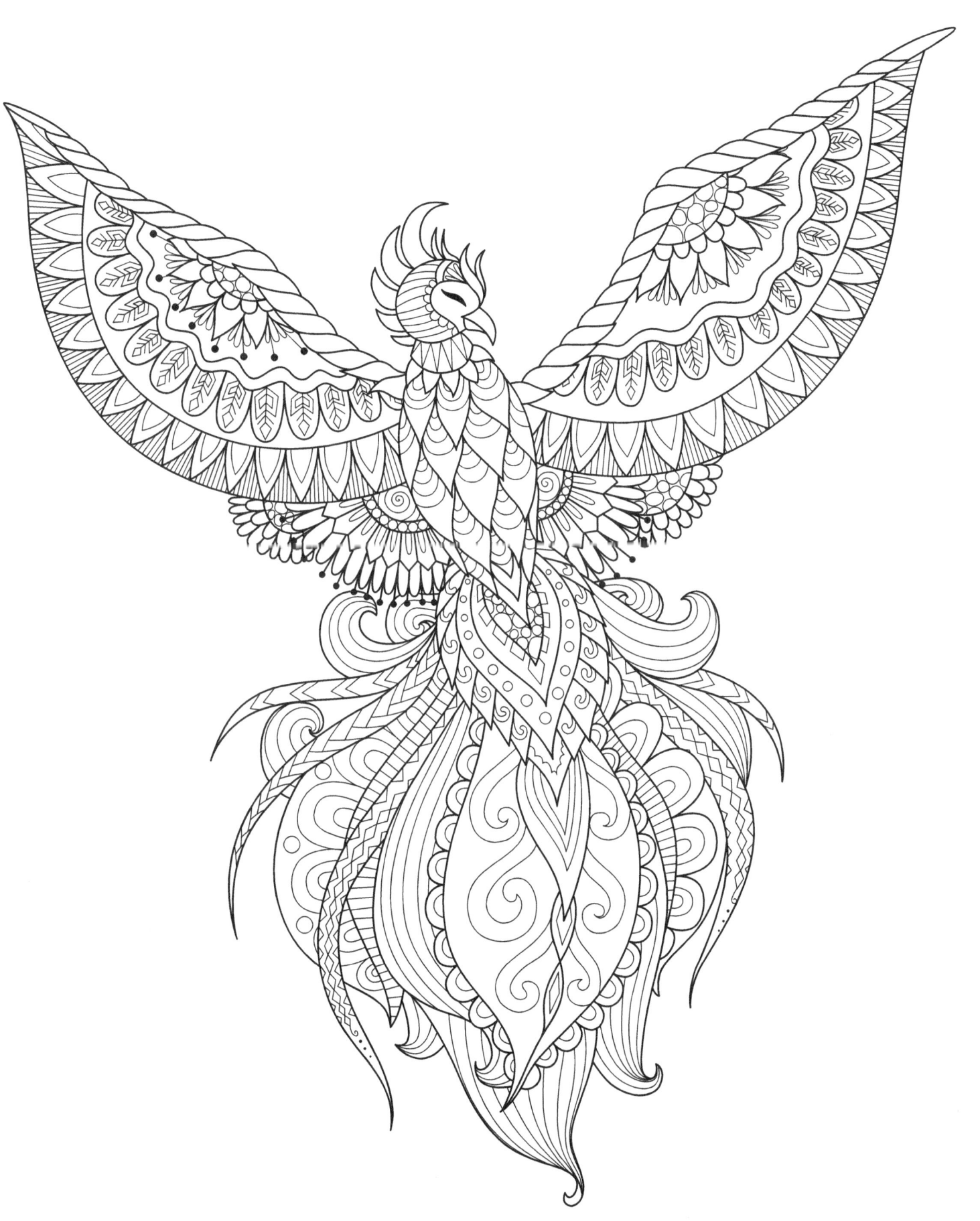

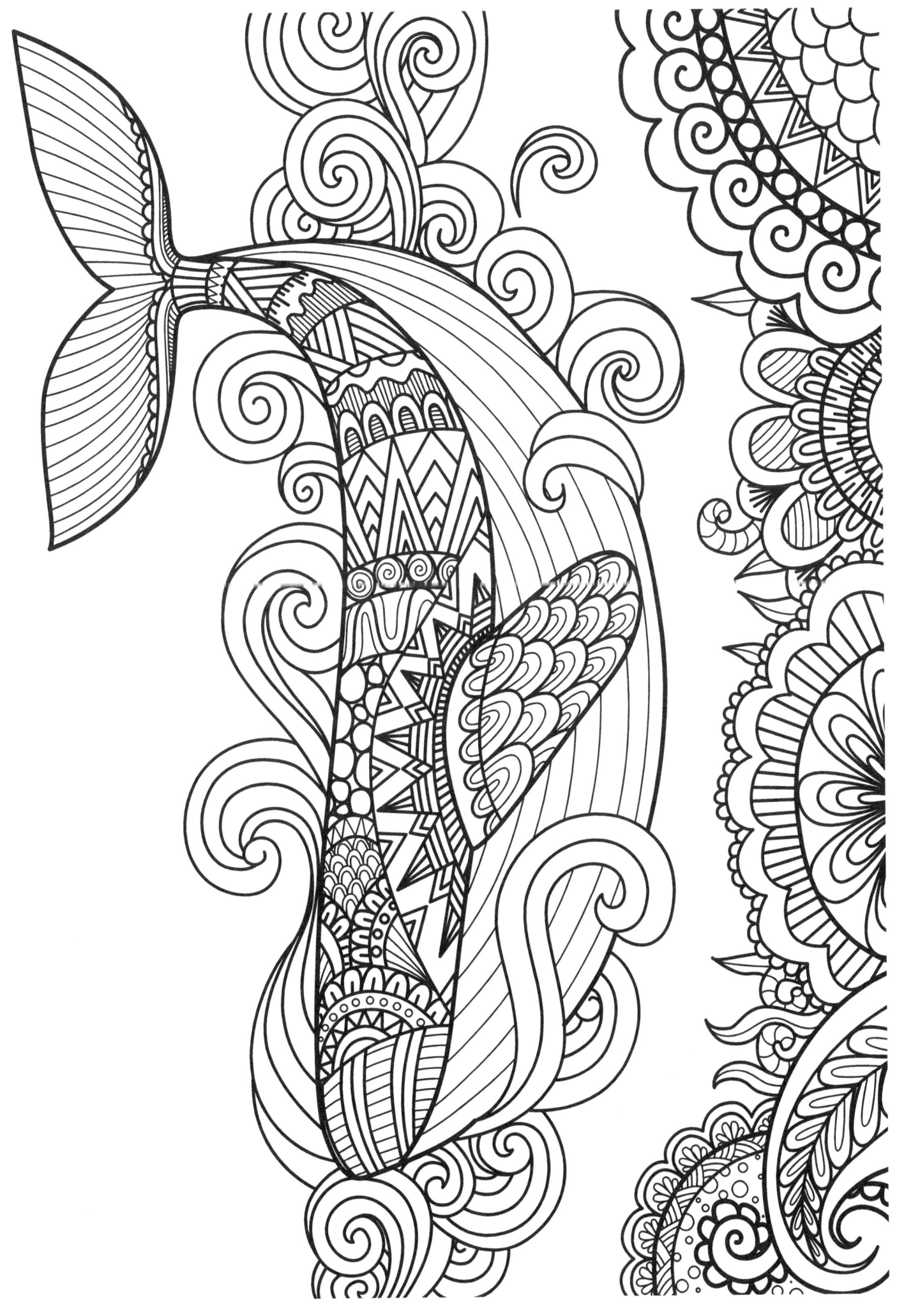

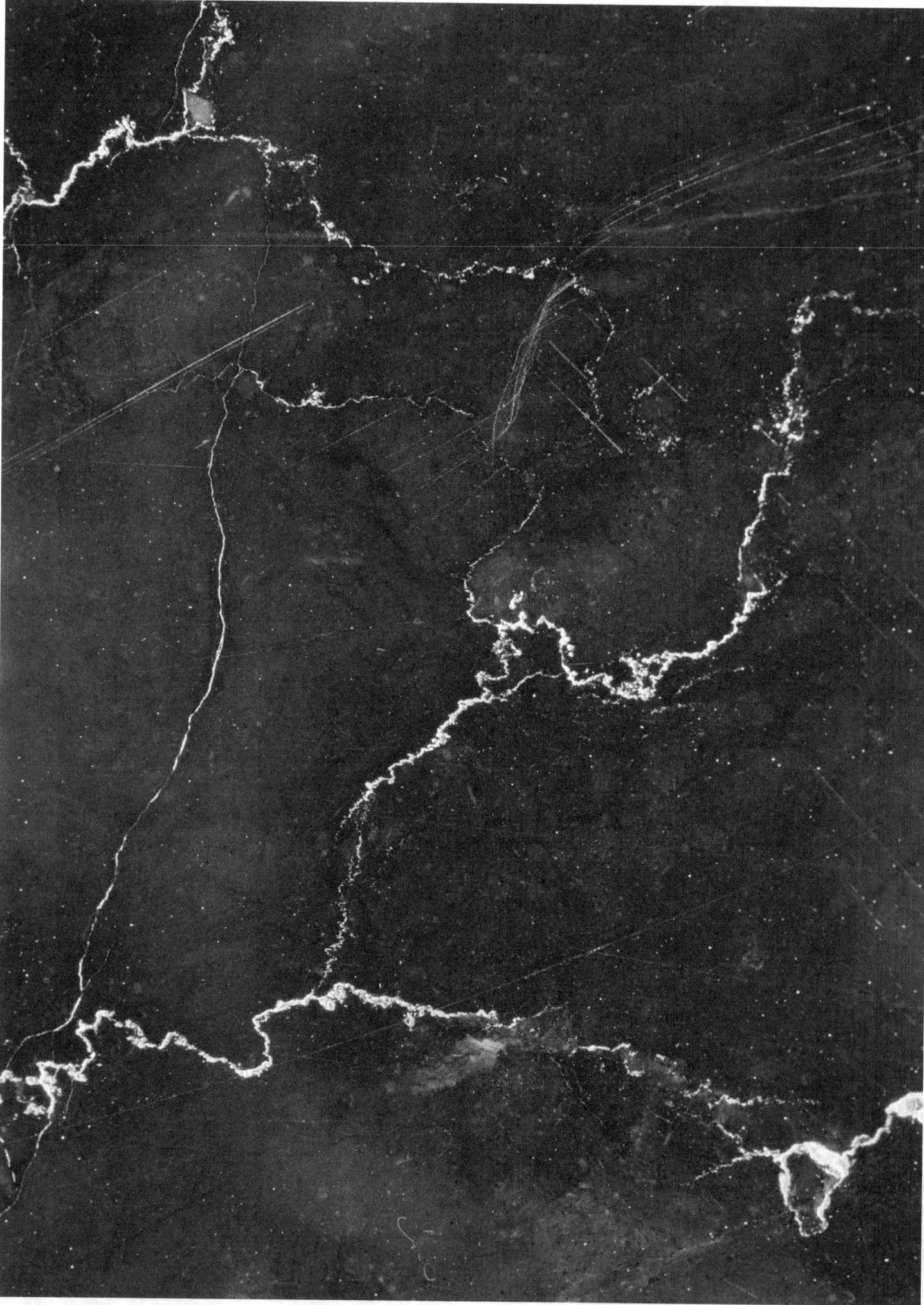

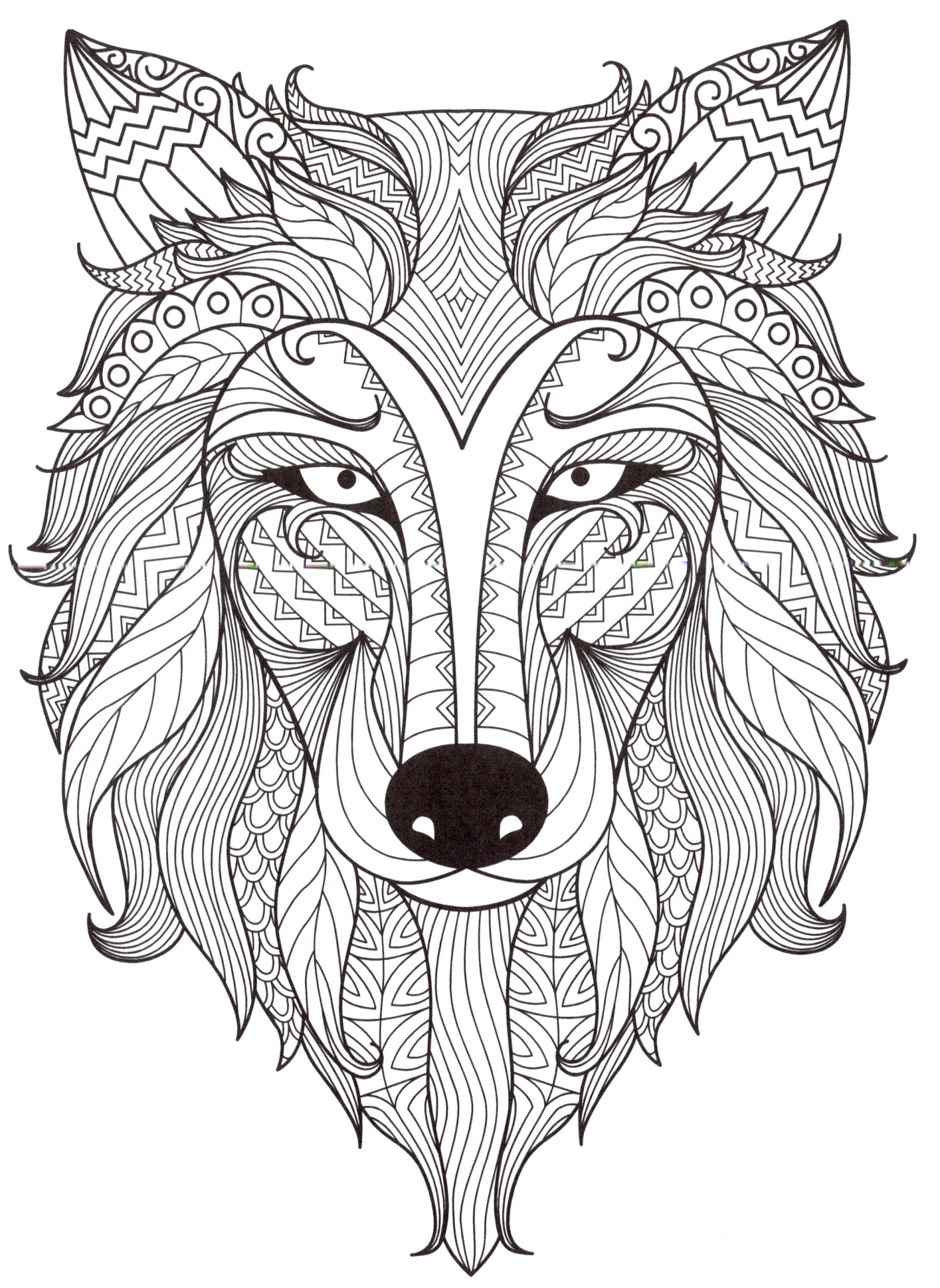

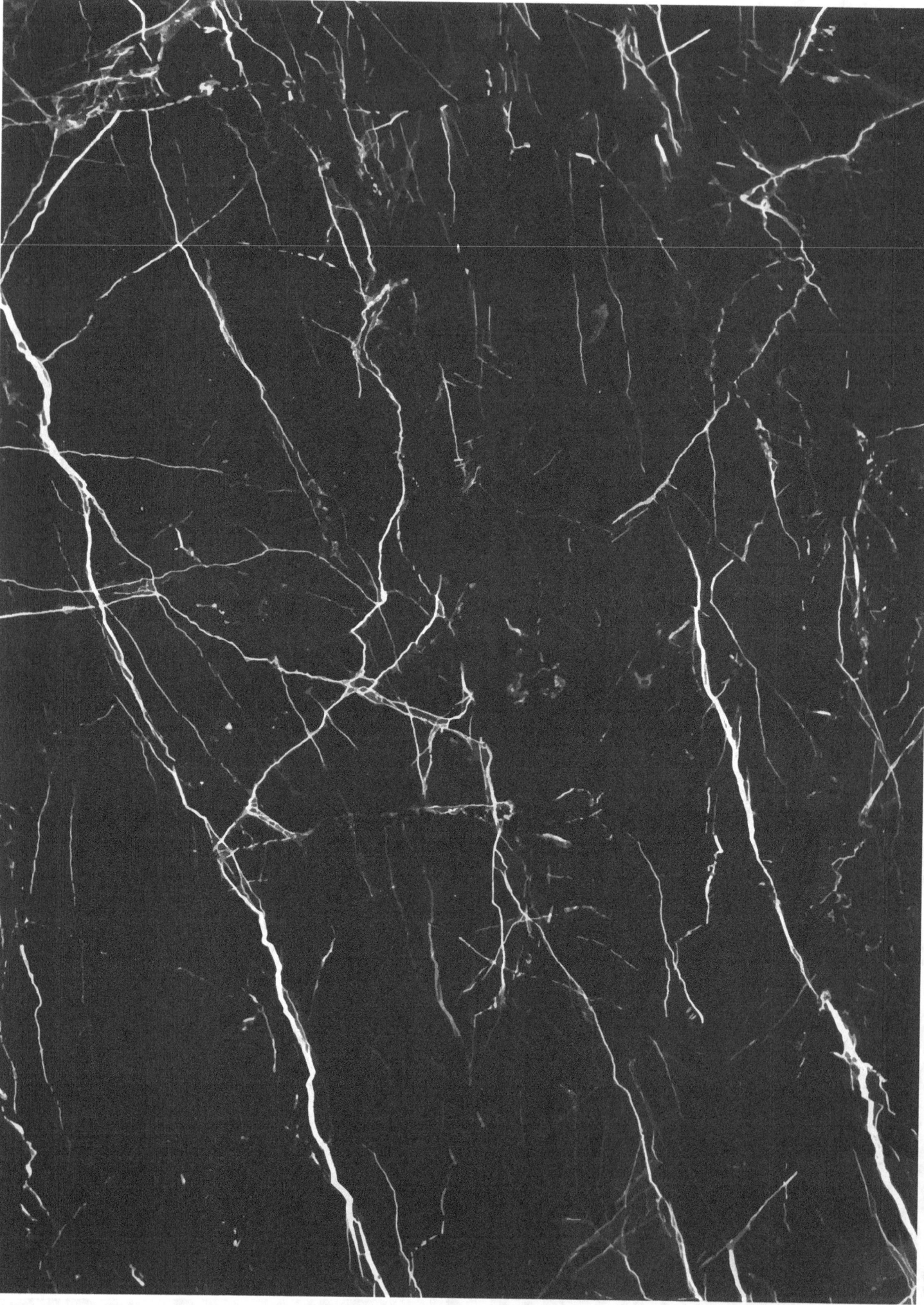

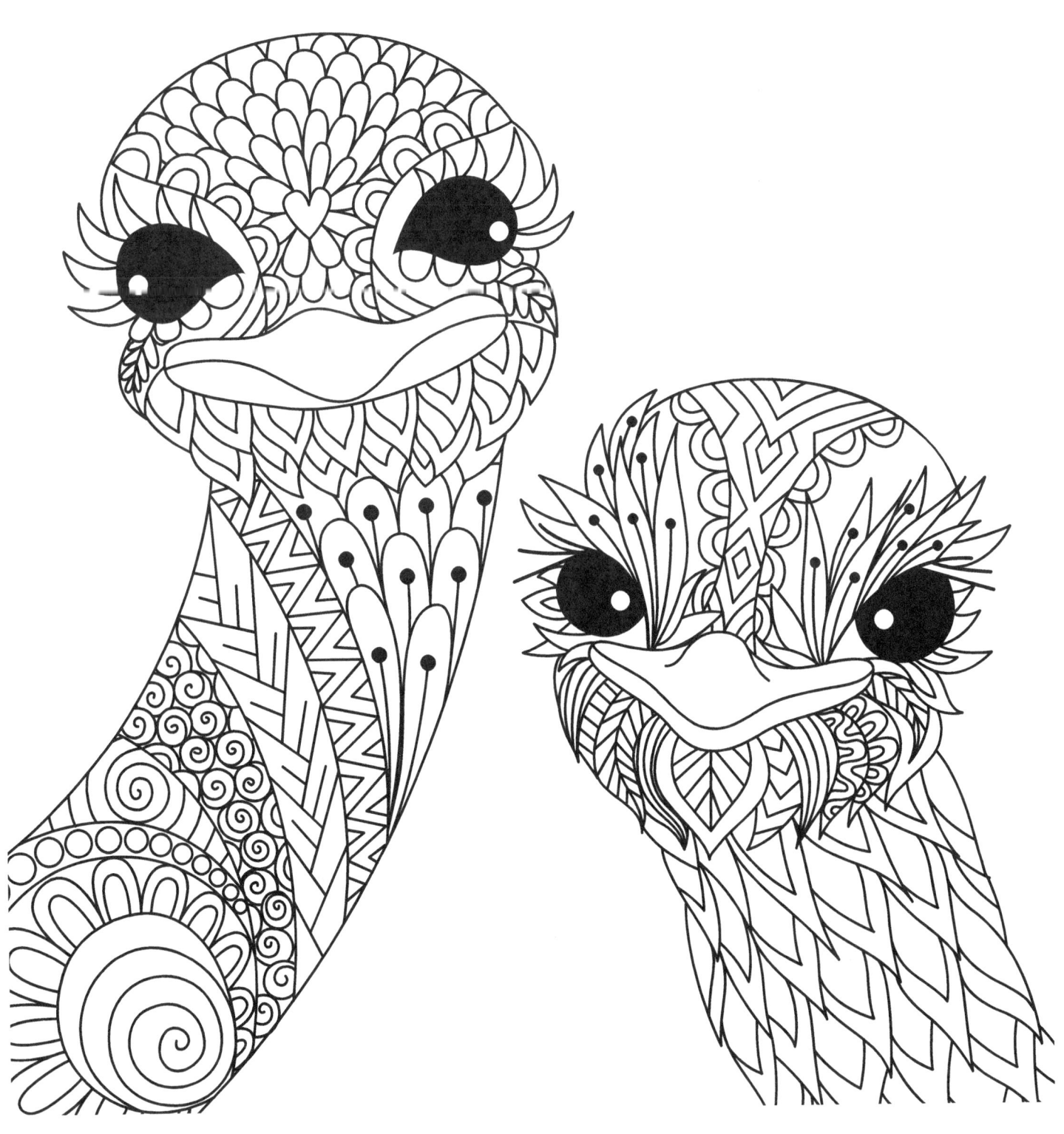

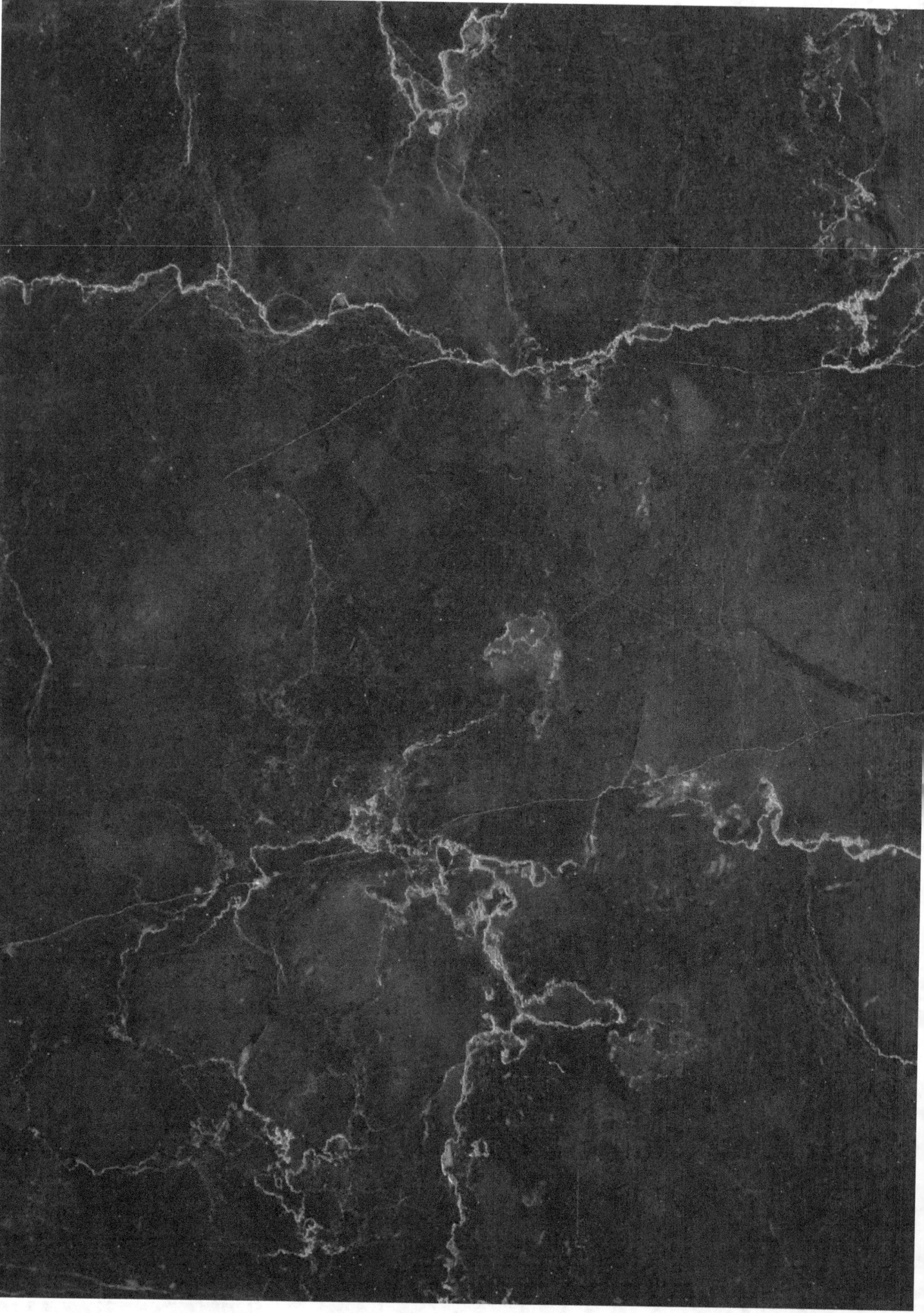

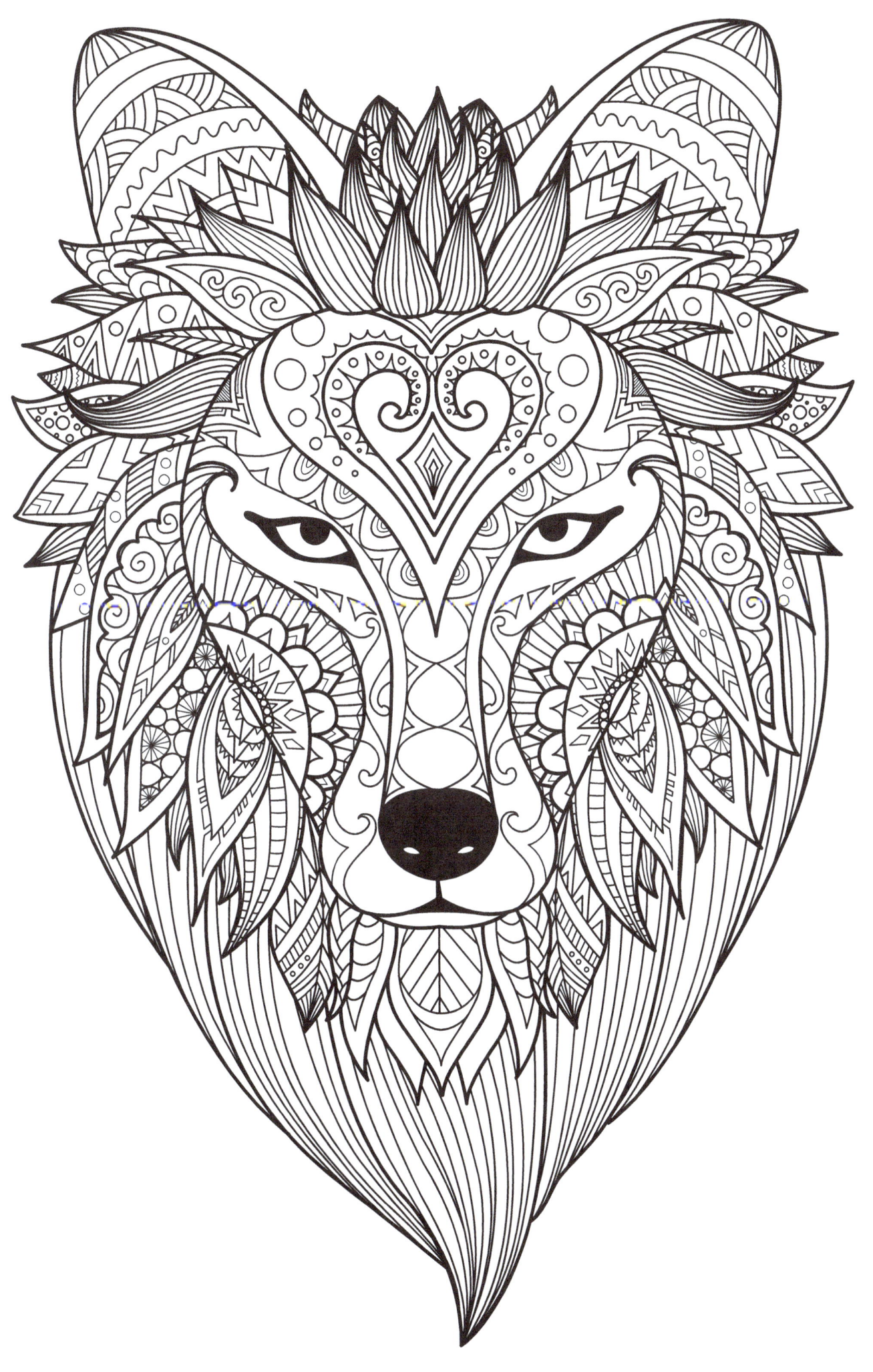

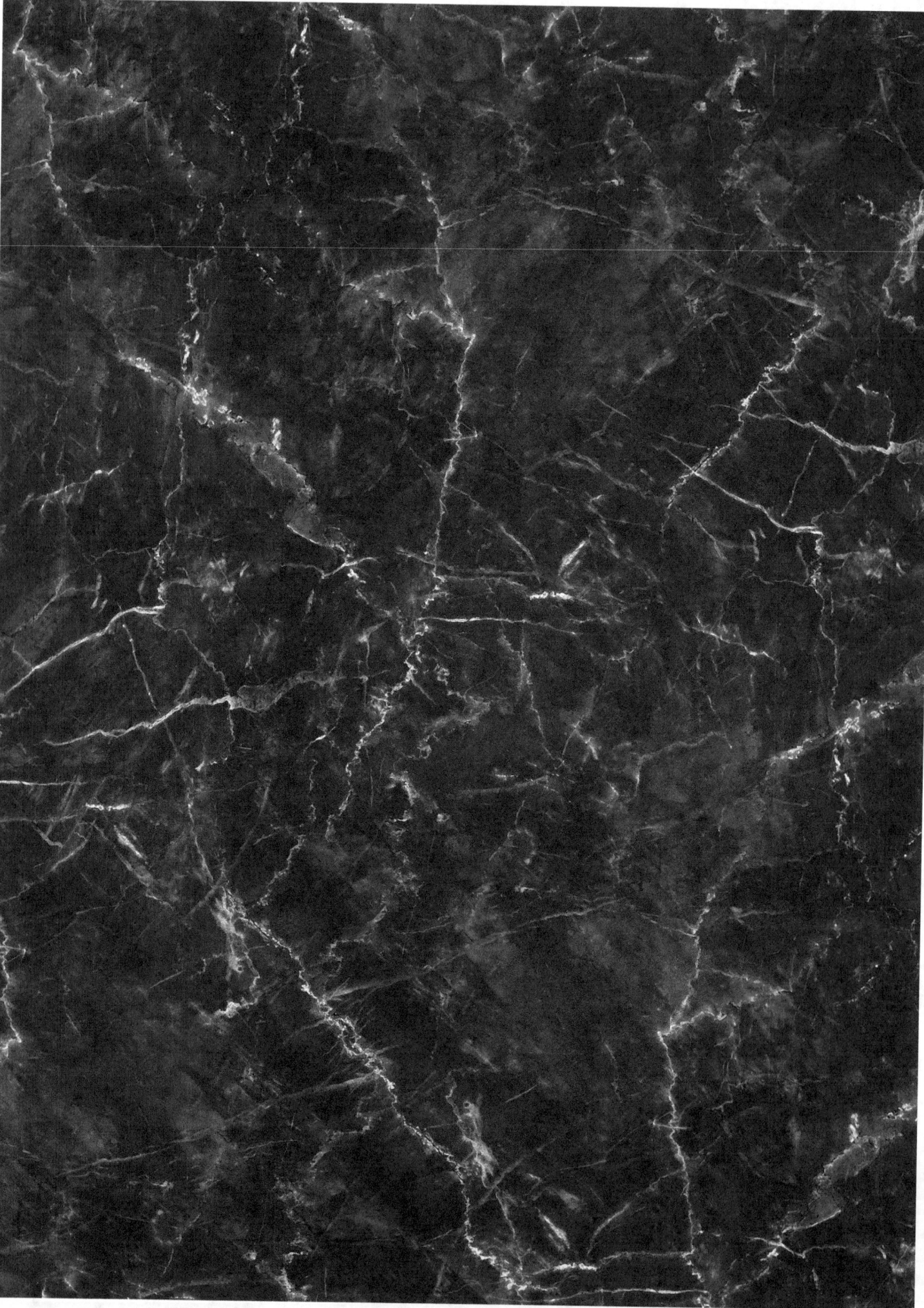

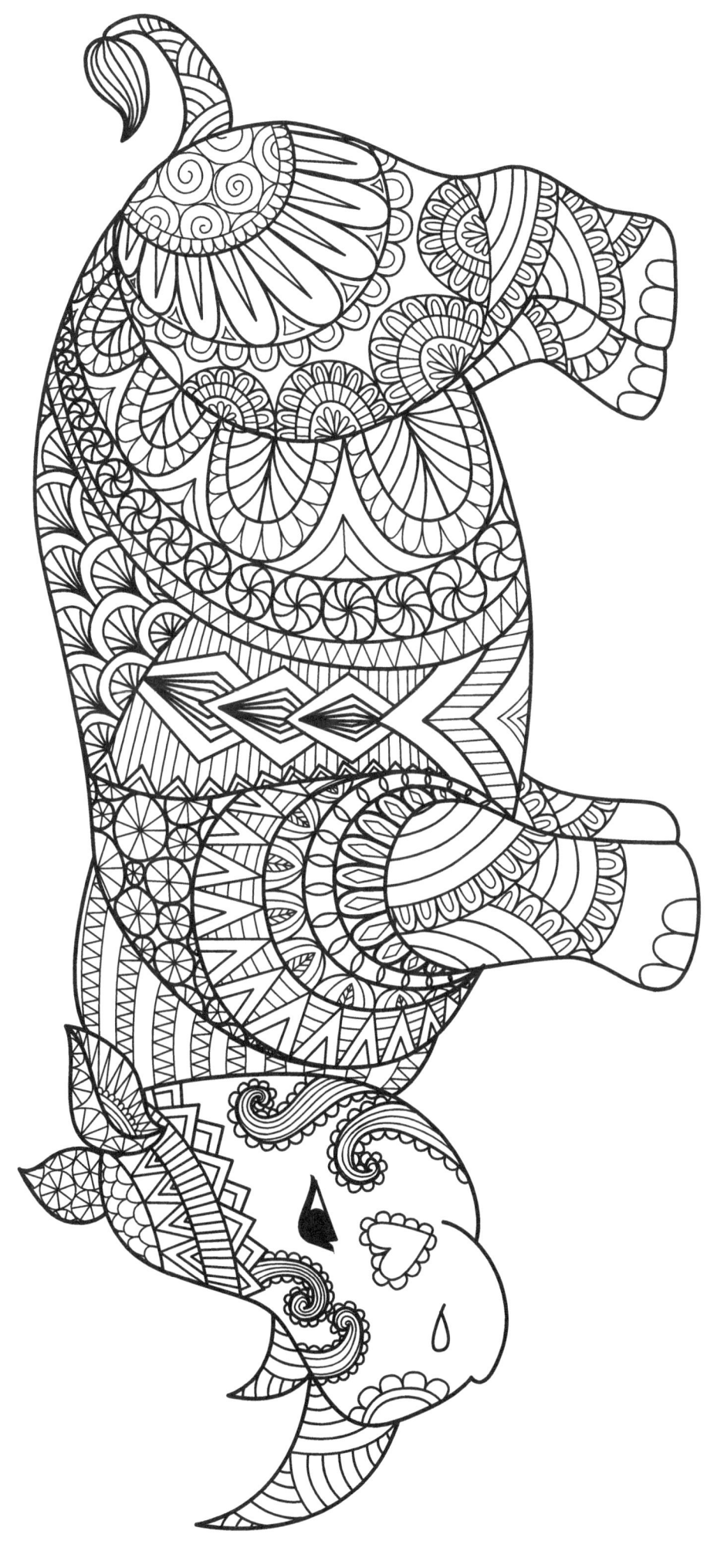

Scannen Sie den QR-Code
um die digitale Kopie herunterzuladen.

Sie können Ihre Lieblingsseiten so oft drucken, wie Sie möchten, oder sie digital ausmalen!

www.ingramcontent.com/pod-product-compliance
Lightning Source LLC
Chambersburg PA
BHW081056240526
465CB00025B/2271